Ingo Kroll

Bunker und Stollen in Kiel

Organisation und Baugeschichte des Luftschutzes 1933 – 1945

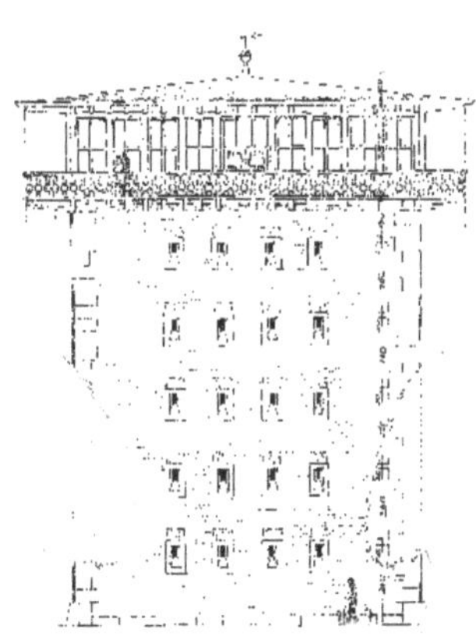

VIRTUS EXTERN

Bibliographische Information Der Deutschen Bibliothek:

Die Deutsche Bibliothek verzeichnet diese Publikation in der Deutschen Nationalbiografie; détaillierte bibliographische Daten sind im Internet über <http:// dnb. dbb.de> abrufbar

1. Auflage

© 2015 Dr. Ingo Kroll

Umschlaggestaltung: Dr. Ingo Kroll

Herstellung und Verlag: BoD - Books on Demand, Norderstedt

ISBN 9783739210001

Ingo Kroll

Bunker und Stollen in Kiel

Organisation und Baugeschichte des Luftschutzes
1933 – 1945

Bibliographische Information Der Deutschen Bibliothek:

Die Deutsche Bibliothek verzeichnet diese Publikation in der Deutschen Nationalbiografie; détaillierte bibliographische Daten sind im Internet über <http:// dnb. dbb.de> abrufbar

1. Auflage

© 2015 Dr. Ingo Kroll

Umschlaggestaltung: Dr. Ingo Kroll

Herstellung und Verlag: Books on Demand G.m.b.H., Norderstedt

ISBN 1175037

Inhaltsverzeichnis

Tabellenverzeichnis

-

Abbildungsverzeichnis

Verzeichnis der Abkürzungen

AusfBest .....Ausführungsbestimmung(en)
BdO ....Befehlshaber der Ordnungspolizei (überörtliche Luft-
schutzführung)
BGB ....Bürgerliches Gesetzbuch
BMVt ....Bundesministerium für Vertriebene, Flüchtlinge und
Kriegssachgeschädigte
DAF ....Deutsche Arbeitsfront
DVO ....Durchführungsverordnung
ES................Erweiterter Selbstschutz
FSchP ....Feuerschutzpolizei
Flak ....Fliegerabwehr (eigentlich: „Fliegerabwehrkanone"; später
als Begriff für die gesamte Fliegerabwehr übernommen. Die
Fliegerabwehrkanone wird nun als „Flak- Geschütz"
bezeichnet.)
G. B. – Bau..Generalbevollmächtigter für die Regelung der Bauwirt-
schaft
GBA ....Generalbevollmächtigter für den Arbeitseinsatz
HB ....Hochbunker
H. Dv. ....Heeresdienstvorschrift
hrsg. ....herausgegeben
K.f.d.A ....Kommissar für den Archivschutz
Kdo..............Kommando
StAK.............Kieler Stadtarchiv
L. Dv. ....Luftwaffendienstvorschrift
L In 13.........Luftwaffen- Inspektion 13 (Abteilung für Luftschutz im
Luftwaffenministerium)
LAS ....Landesarchiv Schleswig – Holstein
LS.................Luftschutz (z.B.: LS- Bunker = Luftschutzbunker)
LSchG ....Luftschutzgesetz
LSGemS......Luftschutzgemeinschaft
Lu ....Luftschutzunterstand
M. Dv..........Marinedienstvorschrift
MbliV..........Ministerialblatt des Reichs- und Preußischen Innenmini-
steriums
NEK-   Nordelbisches Kirchenarchiv
Archiv.........
NSDAP.......Nationalsozialistische Deutsche Arbeiterpartei
NüSdGRä ...Niederschrift über die Sitzung der Gemeinderäte
OB................Oberbürgermeister
OberstLt .....Oberstleutnant
OFD.............Oberfinanzdirektion (Finanz- und Liegenschaftsverwal-

-

tung des Bundes und des Landes Schleswig- Holstein)
RAD ....Reichsarbeitsdienst
RdErl............Runderlaß
RdLuObdL.Reichsminister der Luftfahrt und Oberbefehlshaber der Luftwaffe
RegPräs.......Regierungspräsident
RGBl............Reichsgesetzblatt
RLB..............Reichsluftschutzbund
RLM ....Reichsluftfahrtministerium
RM...............Reichsmark
RmdI ....Reichsminister des Inneren
RmfWEuV..Reichsminister für Wissenschaft, Erziehung und Volksbildung
Rpf...............Reichspfennig
SE.................Selbstschutz
TB ....Tiefbunker
ST.................Stollen (Luftschutzstollen)
StOV............Standortverwaltung
Vfg...............Verfügung
VO ....Verordnung

Einleitung

Fragestellung

Am 04. Mai 1945 um 01:05 Uhr verkündeten die Sirenen das Ende jenes Luftalarms, der die Bürger der Stadt Kiel zum letzten Male in die Bunker und Luftschutzkeller getrieben hatte. Nun endlich endeten nach fast 5 Jahren die Luftangriffe englischer und amerikanischer Bomber, die in ständig steigendem Maße der Stadt und ihren Bewohnern Tod und Zerstörung gebracht hatten. In Kiel, das aufgrund seiner militärischen und wirtschaftlichen Bedeutung seit Kriegsbeginn im Zielkreuz der Angriffe gelegen hatte, waren über 2.000 Bombenopfer zu beklagen, Gebäude und Infrastruktur der Stadt waren weitgehend zerstört.

Die Gefährdung Deutschlands durch feindliche Luftangriffe im Falle eines Krieges war allen Verantwortlichen bereits lange vor dem Krieg bewußt gewesen. Aus diesem Bewußtsein heraus erhielt der Luftschutz im Rahmen der Aufrüstung des Dritten Reiches eine besondere Bedeutung. Neben den Einrichtungen des Militärs und den Industrieanlagen mußten insbesondere die Städte mit ihrer Bevölkerung und ihren Kultureinrichtungen gegen feindliche Luftangriffe geschützt werden. Welche Maßnahmen trafen nun die Behörden, um diese Aufgaben zu bewältigen?

Dazu soll in dieser Arbeit versucht werden, am Beispiel der Stadt Kiel darzustellen, in welchem Umfang in den Jahren 1933 bis 1945 organisatorische und bauliche Maßnahmen ergriffen wurden, um die Bewohner einer Stadt vor den Folgen feindlicher Luftangriffe zu schützen.

Die Luftschutzmaßnahmen für die Zivilbevölkerung lassen sich am Beispiel der Stadt Kiel besonders beispielhaft darstellen. Denn diese Stadt verkörperte ein Ziel ersten Ranges für feindliche Luftangriffe, weil

- sie Kriegshafen und, neben Wilhelmshaven, größter Marinestützpunkt des Reiches war,

- sie keine „offene Stadt", sondern eine Festung war,

- auf ihren Werften vorwiegend Kriegsschiffe, vom U-Boot bis zum Schlachtschiff, gebaut wurden, und

- viele Industriebetriebe im Stadtbereich, als Zulieferer für die Werften, Rüstungsgüter herstellten.

Zunächst werden dazu in der Arbeit die organisatorischen Luftschutzmaßnahmen dargestellt. Daran anschließend soll untersucht werden, in welchem Umfang bauliche Luftschutzanlagen für die Zivilbevölkerung errichtet wurden. Es werden jedoch nur diejenigen Luftschutzbauten berücksichtigt, die innerhalb des Stadtgebietes von Kiel errichtet wurden bzw. errichtet werden sollten. Als Stadtgebiet gilt dabei der Gebietsstand des Jahres 1945. Alle baulichen Luftschutzeinrichtungen in Nachbarorten, die erst nach 1945 eingemeindet wurden (z.B. Russee, Wellsee, Schilksee) bleiben unbeachtet. Aufgrund der Quellenlage werden in dieser Arbeit der Bunkerbau der Wehrmacht, der Werften und der Industrie nur sehr kursorisch behandelt.

Zur Wahrung einer einheitlichen Terminologie werden in dieser Arbeit die Begriffe Luftschutzbauten, Luftschutzbunker (LS- Bunker) und Luftschutzstollen (LS- Stollen) durchgehend für all diejenigen Bauwerke angewandt, die dem Schutz vor feindlichen Luftangriffen dienten. Der Ausdruck „Luftschutzbauten" bezeichnet als übergreifender Terminus sowohl Öffentliche Luftschutzräume und Luftschutzräume („Luftschutzkeller") als auch LS- Bunker und LS- Stollen. „LS- Bunker" bedeutet dabei ein oberirdisch, unterirdisch oder teilweise in die Erde eingelassenes splitter- und/oder bombensicheres Bauwerk in Form eines Hauses aus Beton, und als „LS- Stollen" werden diejenigen Einrichtungen bezeichnet, die als fest ausgekleidete, splitter- und/oder bombensichere tunnelartige Systeme unter der Erde angelegt sind. Die Klarstellung ist notwendig, da in der Literatur eine durchgehend einheitliche Terminologie fehlt. So galten bis 1945 nur diejenigen Bauten als „Luftschutzbunker", die bombensicher erbaut und mit Gasschleusen versehen waren. In Akten, in Büchern und Zeitschriftenartikeln aus der Zeit vor 1945 findet man jedoch neben dem Terminus „Bunker" auch noch die Bezeichnungen „Luftschutzunterkunft" (L.U. bzw. Lu) und/oder „Luftschutzhaus". Die volkstümlich als „Luftschutzkeller" bezeichneten Luftschutzeinrichtungen sind in dieser Arbeit durchweg als „Luftschutzräume" bezeichnet. Dabei wird, wenn notwendig, zwischen „Öffentlichen Luftschutzräumen" und denjenigen „Luftschutzräumen" unterschieden, die, im Haus eingerichtet, normalerweise nur den Bewohnern des Hauses zur Nutzung vorbehalten waren.

Im letzten Abschnitt wird noch auf die Maßnahmen eingegangen, die zum Schutz hochwertiger Kulturgüter in Museen und Kirchen, in Bibliotheken und sonstigen Einrichtungen getroffen wurden. Denn der Luftschutz sollte ja nicht allein die Menschen schützen, sondern auch Kulturgut vor Schaden bewahren.

Auf die Darstellung der Bunkerbautechnik wird verzichtet, da dies den Rahmen der Arbeit sprengen würde. Gleiches gilt für die städtebaulichen Maßnahmen und die Vorbereitungen zur Stadtsanierung im Sinne des Luftschutzes. Auch auf die umfangreichen Evakuierungen und Bevölkerungsverschiebungen [1] innerhalb der Stadt, die ja auch in gewissem Umfang dem Schutz der Zivilbevölkerung vor Luftangriffen dienten, wird insgesamt nicht eingegangen. Denn diese Thematik ist ebenfalls so komplex und umfangreich, daß sie einer gesonderten Untersuchung vorbehalten bleiben muß.

Unberücksichtigt bleibt gleichfalls der aktive Luftschutz (LS), [2] d.h. die gesamte militärische Organisation zum Schutz der Festung Kiel mit ihren Flakbatterien, Sperrballonen und Nebelanlagen. Nur als Ergänzung/Randnote ist dazu im Anhang eine Übersicht über die Gliederung und Dislozierung des Marine- Flak- Regiments beigefügt. [3]

Quellen und Darstellungen

Der Forschungsstand zum Thema ist wenig umfangreich. Der Bunkerbau in Kiel während des Zweiten Weltkrieges wurde bisher kaum untersucht. Allein Foedrowitz und Neitzel haben sich im Rahmen anderer Arbeiten mit dem Bunkerbau in Kiel befaßt. Umfangreichere Dokumentationen und Darstellungen liegen nur über den Luftkrieg bzw. über die Auswirkungen des Bombenkrieges in Kiel vor, in denen jedoch über den Bau von Luftschutzanlagen nicht berichtet wird.

Das offensichtlich geringe Interesse an einer Aufarbeitung der Thematik „Bunkerbau in Kiel" hat dazu geführt, daß mögliche Aussagen von Zeitzeugen kaum mehr verfügbar sind. Das Geschehen ist folglich fast ausschließlich aus Aktenbeständen rekonstruierbar. Dieses Quellenmaterial ist bedauerlicherweise wenig umfangreich und zudem lückenhaft. In den Archiven sind nur Restbestände zu finden. Die Masse der Akten ist verloren. Da die Bauleitung für den Bunkerbau während des Krieges beim Reichsministerium der Luftfahrt in Berlin lag, hatte man die Bauunterlagen in sog. „Pendelakten" zusammengefaßt. Die Akten „pendelten" (im Wortsinne!) zwischen der Kieler Außenstelle der Bauleitung des Luftfahrtministeriums, den beteiligten städtischen Behörden, der schleswig- holsteinischen Provinzialregierung und den Fachabteilungen des Ministeriums in Berlin. So wurden sie entweder bei Bombenangriffen zerstört, gingen verloren oder wurden kurz vor Kriegsende im Luftfahrtministerium vernichtet. [4]

Die Aktenbestände im Stadtarchiv Kiel zum Bunkerbau ermöglichen es immerhin, den Planungsprozeß der Jahre 1939 bis Anfang 1943 einigermaßen befriedigend zu erschließen. Die Baugeschichte einzelner Bunker läßt sich nicht mehr nachvollziehen. Für die Zeit nach 1943 sind so gut wie keine Dokumente vorhanden. Der geringe Bestand an Unterlagen aus den Jahren 1943 – 1945 besteht fast ausschließlich aus Korrespondenz zwischen den städtischen Ämtern und den Behörden der Provinz bzw. des Reiches, die keinen erschöpfenden Einblick in die Bautätigkeit dieser Jahre ermöglicht. Bauunterlagen, die im Tiefbauamt vorhanden gewesen sein mögen, sind mit Sicherheit bei dem Luftangriff vom Mai 1945 vernichtet worden, bei dem das Rathaus schwere Schäden erlitt. Über die Luftschutzorganisation in Kiel lassen die Akten des Stadtarchivs gleichfalls nur einen oberflächlichen Überblick zu, weil dazu die Bestände genauso gering sind.

Im Landesarchiv Schleswig ist die Quellenlage zum Bunkerbau nicht wesentlich günstiger. Das Archiv besitzt aber immerhin einen umfangreichen Bestand an Unterlagen zur Baustoffversorgung und Baustoffzuteilung. Sehr interessant ist außerdem eine umfangreiche Akte mit den Unterlagen zu einem Enteignungsfall.

Der Aktenbestand der Oberfinanzdirektion beschränkt sich auf Unterlagen über diejenigen Kieler Luftschutzbauten, die nach dem Kriege entweder wieder für den Zivilschutz hergerichtet wurden oder aufgrund rechtlicher Verpflichtungen ständig überprüft werden müssen. Das bedeutet, daß keinerlei Vorgänge zu denjenigen LS- Bauten vorhanden sind, die kurz nach Kriegsende völlig beseitigt wurden. Das vorhandene Material besteht zudem überwiegend aus Vorgängen, die 1945 oder später zu den Akten verfügt wurden. Aus der Zeit des 2. Weltkrieges ist nur eine geringe Zahl an Schriftstücken vorhanden.

Von den an der Planung und am Bunkerbau beteiligten Firmen existieren die meisten nicht mehr oder haben, wie z.B. die Firma Frank Heimbau, [5] ihr gesamtes Material bereits vor Jahren vernichtet. Einzig die Kieler Baufirma Max Giese verfügt noch über einige wenige Vorgänge aus der Zeit von vor 1945. [6]

Eine wichtige Quellengruppe mit allgemeine Informationen zur LS-Organisation und zum Bunkerbau vor und während des 2. Weltkrieges sind Zeitschriften und Gesetzestexte. Sie sind noch reichlich in verschiedenen Bibliotheken verfügbar. Erwähnenswert sind die Zeitschrift des Reichsluftschutzbundes und Fachzeitschriften des Bauwesens, wie z. B. „Baulicher Luftschutz" und „Bauwelt". Besonders die während des Krieges erschienenen Hefte enthalten eine Fülle von Informationen. Die Texte des Luftschutzgesetzes mit seinen Ausführungsbestimmungen und die Erlasse des Reichsluftfahrtministeriums zum Bunkerbau sind ebenfalls in vielen Bibliotheken und Archiven vorhanden.

Dokumentationen der Stadt Kiel und des „United States Strategic Bombing Survey – Munition Division" enthalten brauchbare Angaben. Von den Dokumentationen des „United States Strategic Bombing Survey – Munition Division" konnten leider nur die Berichte über die „Deutsche Werke AG Kiel" und die „Krupp Germania Werft Kiel" ausgewertet werden. Diese Hefte sind informativ, weil darin die exakte Lage aller Gebäude im Werftgelände, und damit auch diejenige der Bunker und Luftschutzräume, eingetragen ist. Angaben zum Bunkerbau enthalten die Berichte nicht. Die Dokumentation des „US Strategic Bombing Survey" über die deutschen Luftschutzbunker war hingegen in keiner

Bibliothek und keinem Archiv zu bekommen. Von den Dokumentationen der Stadt Kiel über den Luftschutz und den Bombenkrieg ist die „Mitteilung des Statistischen Amtes der Stadt Kiel, Nr.24" die wichtigste. Sie enthält Aufstellungen über die Auswirkungen des Luftkrieges auf die Stadt, die baulichen Luftschutzmaßnahmen (Bunker, Stollen, Deckungsgräben usw., ohne Luftschutzräume (LS- Keller)), die Luftalarme und die Bombenopfer. In der Liste der LS- Bunker und LS- Stollen fehlen allerdings die meisten Standortangaben. Außerdem ist nicht nachvollziehbar, auf welche Weise die einzelnen Bunker den verschiedenen Kategorien, z. B. „Zivilluftschutz" oder „Werkluftschutz", zugeordnet wurden. Es fehlt eine Aussage darüber, nach welchem Prinzip die Zuordnung erfolgte, so z. B., ob man die Krankenhausbunker in die Kategorie „Zivilluftschutz" oder „Werkluftschutz" einreihte. [7]

An Darstellungen über den Bunkerbau in Kiel gibt es nur 3 Arbeiten, die sich mit der Baugeschichte befassen. Von diesen ist Foedrowitz „Bunkerwelten" der interessanteste Band. Foedrowitz behandelt darin den Bunkerbau der norddeutschen Großstädte im Wehrkreis XI. [8] Obwohl der Stadt Kiel, verständlicherweise, nur ein kurzer Abschnitt gewidmet ist, ist das Buch dennoch die bislang gründlichste Untersuchung zum Thema. Der Autor geht in seinem Werk zudem eingehend auf die Hintergründe ein, die zum Bau der Luftschutzeinrichtungen geführt haben. In einem zweiten Buch beschreibt der gleiche Autor eine sehr spezielle Form von Bunkern, die „Luftschutztürme". Der Kiel betreffende Abschnitt in diesem Band ist umfassend, da es nur 2 Bunker dieser Bauart in der Stadt gab. Beachtenswert sind besonders die Abschnitte über diejenigen Firmen, die sich schon vor dem Kriege mit der Konstruktion von Luftschutzbauten beschäftigten. [9] Die dritte Arbeit ist das Buch von *Neitzel*. Er stellt darin Ubootbunker und Bunkerwerften vor und beschreibt u. a. den Bau der beiden Kieler Ubootbunker KILIAN und KONRAD.

Andere Darstellungen über Kieler Bunker enthalten zur Baugeschichte nichts. Rönnau setzt sich in seinem Werk über den Ubootbunker KILIAN mehr mit dem Thema „Krieg" im allgemeinen auseinander. Die Arbeit von Randau „Kieler Bunker" beschränkt sich auf Fotos der Bunker im Stadtbereich mit einem sehr(!) kurzen Textbeitrag. Die Fotos waren Thema einer gleichnamigen Ausstellung in der Kunsthalle. Allgemeine Darstellungen zum Thema „Bunkerbau", wie z. B. die Arbeit von Virillo, sind im Zusammenhang mit dieser Arbeit ebenfalls unergiebig.

Den „Luftschutz im Dritten Reich" in seiner Gesamtheit behandelt Hampe in seinem Buch „Der zivile Luftschutz im Zweiten Weltkrieg". Es ist DAS Standardwerk zum Thema. Bereits 1963 veröffentlicht, ist es heute noch uneingeschränkt gültig. Hampe beschreibt das Thema umfassend und sachgerecht. Der Autor ist besonders kompetent, da er bereits vor dem 2. Weltkrieg als Referent für Luftschutzangelegenheiten im Reichsluftfahrtministerium tätig war und schon 1937 Mitherausgeber eines Buches über den zivilen Luftschutz war.

Zwischen Dokumentation und Darstellung sind die „Dokumente deutscher Kriegsschäden. Evakuierte, Kriegssachgeschädigte, Währungsgeschädigte" einzuordnen. Sie veranschaulichen in fünf Bänden im wesentlichen die Situation der Betroffenen nach dem Kriege und die staatlichen Hilfsmaßnahmen für diese Bevölkerungsgruppe. Einige Kapitel behandeln aber auch allgemeine Aspekte des Luftschutzes und des Luftkrieges. So ist ein Abschnitt der Organisation des Luftschutzes vor und während des Krieges gewidmet. Zeitgenössischen Originalunterlagen aus Hamburg, dem rheinisch/westfälischen Industriegebiet und Bayern ergänzen diese Schilderungen und veranschaulichen das Gesagte. In je einem weiteren Kapitel wird der Verlauf des Luftkrieges dargestellt, und über die Anstrengungen zum Schutz des Kulturgutes berichtet. Im Anhang sind die Verluste an Kulturgut in Deutschland, geordnet nach Regionen und Städten, aufgelistet.

Darstellungen zum Luftkrieg in und über Deutschland während des zweiten Weltkrieges sind in großer Zahl erschienen. Die Masse dieser Werke behandelt den Luftschutz nicht. Eine Ausnahme ist das Buch von Groehler. Er schreibt auch über den Bunkerbau im Dritten Reich und urteilt dabei äußerst kritisch über die politischen, sozialen sowie wirtschaftlichen Gründe und Auswirkungen des Bunkerbaues.

Darstellungen über die Luftschutzorganisation und über das Alarmwesen in Kiel fehlen völlig. Nur einige wenige Informationen sind in Arbeiten über die Feuerwehr, die Kieler Stadtgeschichte und den Kieler Kreisverband des Roten Kreuzes zu finden. *Kettenbeil* schildert in seinem Werk die Organisation der Kieler Feuerwehr und ihre Einsätze in der Zeit von 1933 bis 1945 recht ausführlich. Doch fehlen bei ihm einige wichtige Details. So verschweigt er z. B. die Tatsache, daß 1944 mehrere Feuerwehrregimenter aus Berlin nach Kiel verlegt wurden und hier zum Einsatz kamen. Talanow berichtet in seinem Buch über das alte Kiel in einigen wenigen Sätzen über organisatorische LS- Maßnahmen aus der Zeit vor Beginn des Krieges und über Maßnahmen zur Sicherung und Bergung von Kulturgütern. Duggen berichtet in zwei Abschnitten ihrer Arbeit über das Kieler Rote Kreuz von Ereignissen aus der Zeit zwischen 1933 und dem Ende des Zweiten Weltkriegs. Schwerpunkt ihrer Darstellung sind Berichte von Zeitzeugen über ihre Tätigkeit im Roten Kreuz und ihrem Einsatz während des Krieges. Über die Organisation des Roten Kreuzes im Luftschutz sind in den entsprechenden Kapiteln nur wenige Einzelheiten enthalten.

Die Behandlung und der Verlust von Kulturgütern in Kiel während des Krieges sind aus einer Reihe von Quellen und Dokumentationen zu erschließen. Über die Verluste der Kieler Kirchen besitzt das Nordelbische Kirchenarchiv reichhaltiges Quellenmaterial. In den Akten sind die zerstörten Gebäude, die vernichteten Bibliotheken, die Verluste an Glokken und anderem Kirchenmaterial dokumentiert. Die „Dokumente deutscher Kriegsschäden. Evakuierte, Kriegssachgeschädigte, Währungsgeschädigte" und die beiden Bände „Kriegsschicksale deutscher Architektur" enthalten umfangreiche Angaben über die Verluste von Kulturgut, wie z. B. Büchereien, sowie über die Zerstörung wertvoller Gebäude in Kiel.

Der Luftschutz in Kiel

Die Organisation des Luftschutzes

Allgemeines

Die Notwendigkeit, die deutschen Städte vor Luftangriffen zu schützen, war bereits im Ersten Weltkrieg erkannt worden. Doch nach 1918 konnte man in der neuen Republik das Problem nicht anpacken. Aktiver Luftschutz war durch den Versailler Vertrag untersagt, und über Maßnahmen des passiven Luftschutzes machte man sich vorerst keine Gedanken. Denn die innen- und außenpolitische Situation des Reiches bereitete genügend Probleme, die vorrangig gelöst werden mußten. So blieb es bis zur Machtübernahme der Nationalsozialisten bei sachlichen und rechtlichen Behelfsmaßnahmen. [10]

Danach änderte sich die Situation allerdings rasch und gründlich. Bereits am 05. Mai 1933 ging die Zuständigkeit für alle Belange des Luftschutzes auf das „Reichsministerium für die Luftfahrt" über. Damit war eine zentrale Steuerung zur Bewältigung der künftigen Aufgaben gewährleistet. Am 05. Juli 1935 [11] trat das Reichsluftschutzgesetz (LSchG) in Kraft. Den Auftrag zur Durchführung erhielt gem. § 1 Abs. 2 LSchG der „Reichsminister der Luftfahrt und Oberbefehlshaber der Luftwaffe (RdLuObdL)". [12] Das Gesetz schaffte die notwendige organisatorische Grundlage, um von nun an alle natürlichen und juristischen Personen [13] des Deutschen Reiches für die Belange des Luftschutzes in die Pflicht zu nehmen. Sie alle waren von nun an „luftschutzpflichtig". [14] Das Gesetz zwang damit alle Deutschen „ ... zu Dienst- und Sachleistungen sowie zu sonstigen Handlungen, Duldungen und Unterlassungen [...], die zur Durchführung des Gesetzes erforderlich ... " [15] waren.

Die Spitzengliederung der Luftschutzorganisation

Der Luftschutz (LS) hatte gemäß § 1 der I. Durchführungsverordnung (DVO) des LSchG die Aufgabe, die Bewohner des Reiches und das Reichsgebiet vor feindlichen Luftangriffen zu schützen. Die dafür notwendigen Maßnahmen waren in der DVO grundsätzlich geregelt. Der § 2 der I. DVO definierte Fachgebiete [16] und ordnete die ihnen adäquaten Institutionen zu, welche mit den Durchführungsmaßnahmen betraut wurden. Die Institutionen selbst blieben fachlich selbständig, sachlich jedoch waren sie eng verzahnt, um ihre Aufgaben erfüllen zu können.

Grundsätzlich bestand die gesamte Luftschutzorganisation aus 2 Teilen: dem hoheitlichen Luftschutz und dem Selbstschutz. Der hoheitliche LS war Aufgabe des Staates. Dazu gehörten der Luftwarndienst sowie der Sicherheits- und Hilfsdienst (SHD.). Die Aufgaben im Selbstschutz hatten die Behörden, Betriebe und Bürger selbst zu regeln und zu erfüllen. Der Selbstschutz gliederte sich in den Werkluftschutz, den Erweiterten Selbstschutz und den Selbstschutz. Der „Trennstrich" zwischen dem Hoheitlichen LS und dem Selbstschutz waren das Werktor bzw. die Haustür. [17] Der LS der Wehrmacht und der „Besonderen Verwaltungen" bildete einen eigenen Bereich. [18] Zu den „besonderen Verwaltungen" gehörten die Reichsbahn, die Reichspost, die Reichswasserstraßenverwaltung, die Reichsautobahn, der Reichsarbeitsdienst, die SS-Verfügungstruppe und die SS-Junkerschulen. [19] Die Wehrmacht und die „Besonderen Verwaltungen" regelten ihre LS-Maßnahmen in eigener Verantwortung, jedoch in Abstimmung mit dem RdLuObdL und nach Maßgabe der Erlasse seines Hauses.

Zur Bearbeitung der Angelegenheiten des zivilen Luftschutzes entstand im Reichsluftfahrtministerium eine besondere Abteilung, die „Luftwaffeninspektion 13 (L In 13)". Sie war die zentrale Dienststelle für alle Belange des zivilen Luftschutzes im Reich. Die Inspektion war in 3 Abteilungen gegliedert. Abteilung 1 bearbeitete Führung und Einsatz sowie den LS- Warndienst. Abteilung 2 war zuständig für Organisation, Ausbildung des Sicherheits- und Hilfsdienstes (SHD.), Verwaltung, LS-Recht und Presse, und die Abteilung 3 befaßte sich mit Luftschutztechnik. Die wichtigste Aufgabe der Inspektion war die Beschaffung von Geldmitteln und Rohstoffen für den zivilen Luftschutz. Aber gerade die sachliche Ausstattung des zivilen Luftschutzes blieb weit hinter den Erfordernissen zurück. [20] L In 13 gab im Rahmen der Mobilmachungsvorbereitungen im Frieden, und später dann im Kriege sowieso, Dienstvorschriften und Weisungen für die Durchführung aller Belange des Luftschutzes heraus. [21] Ihre Weisungen waren für den Luftschutz in sämtlichen zivilen Institutionen, in den Dienststellen der „Besonderen Verwaltungen" und in den Teilstreitkräften der Wehrmacht bindend. [22]

Als weitere Spitzenorganisation entstand die „Reichsanstalt der Luftwaffe für Luftschutz". Hier erfolgte die Ausbildung der Führungskräfte, die Erstellung von Schulungsmaterial, die Prüfung, Begutachtung und Entwicklung von neuen technischen Mitteln, sowie die Erteilung von Betriebsgenehmigungen für technisches Gerät zum Gebrauch im zivilen Luftschutz. [23]

Die organisatorischen Grundlagen für den Luftschutz in Deutschland waren im großen und ganzen durch die Gesetze und Erlasse geschaffen worden. Doch der Wille, die Aufgaben anzupacken und die Gesetzestexte in die Praxis umzusetzen, der war offenbar bei niemandem so richtig vorhanden. Bis in die ersten Kriegsjahre hinein vernachlässigte man den passiven Luftschutz. Vielen Behörden und Dienststellen außerhalb der Fachinspektion im Luftfahrtministerium galt Luftschutz als störend, überflüssig und viel zu teuer. Bezeichnend dafür ist ein Vorgang im Kieler Rathaus im Jahre 1939. In einer Dezernentenbesprechung trug der Oberbaudirektor vor, daß die Stadt für die vordringlichsten Luftschutzmaßnahmen 1 Mio. RM aufbringen müsse. Der Oberbürgermeister (OB) stellte diesbezüglich fest, daß „ ... die Stadt weder Geld noch Arbeitskräfte habe ... " und im übrigen „ ... die Frage geklärt werden [muß], was wichtiger ist, Wohnungsbau oder Luftschutz ... ". [24] Zu dieser offensichtlich weit verbreitenden Einstellung trugen vermutlich auch Görings Worte bei, nach denen „kein feindliches Flugzeug deutschen Boden überfliegen werde". [25]

Aus all dem resultierte, daß man nach dem Kriege über den Zustand des Luftschutzes zu Kriegsbeginn zu folgendem Urteil kam: „ ... Schlechter Stand der Luftschutzvorbereitung. Mangelhafter Luftschutzraumbau. Nicht ausreichende Einsatzmittel ... ". [26] Die Einstellung der Verantwortlichen zum Luftschutz änderte sich erst grundlegend, nachdem sich ab 1941 die Luftangriffe der Alliierten auf deutsche Städte häuften.

Der Luftschutzort

Die knappen Mittel für den zivilen Luftschutz zwangen schon frühzeitig zur Schwerpunktbildung. Dies erforderte, die Städte des Reiches nach dem Grad ihrer Luftgefährdung zu bewerten und entsprechend zu klassifizieren. Am 15. August 1934 erfolgte die geheime Festschreibung der Einteilung aller deutschen Städte in „Luftschutzorte". Die Luftschutzorte stufte man wiederum nach dem Grad ihrer Luftgefährdung in Kategorien von I – III ein. [27]

Kiel erhielt aufgrund seiner Bedeutung die Einteilung zum Luftschutzort der Kategorie I. [28] Kategorie I bedeutete, daß der Selbstschutz, der Erweiterte Selbstschutz, der Werkluftschutz und der Sicherheits- und Hilfsdienst (SHD.) auf- und ausgebaut wurden. Die Organe des SHD. erhielten eine zusätzliche Ausstattung durch den RdLuObdL. [29]

Gemäß § 4 der I. DVO LSchG war der „Luftschutzort" der Ortspolizeibezirk. [30] Dies war somit die unterste Ebene, auf der die Vorschriften des Gesetzes durchzuführen waren. Da das Gebiet der Ortspolizeibehörde Kiel jedoch nur eine geringe Ausdehnung hatte, versuchte 1937 der Kieler Polizeipräsident, in seiner Eigenschaft als Örtlicher Luftschutzleiter, alle Nachbargemeinden Kiels und die an der Förde gelegenen Orte in den „Luftschutzort Kiel" einzubinden. Es sollte ein „Luftschutzort Groß Kiel" geschaffen werden. Nach Ansicht des Polizeipräsidenten war es notwendig, die zivile Luftverteidigung des gesamten Raumes um die Förde herum unter einheitliche Kontrolle zu bringen, weil nur dadurch die Luftschutzmaßnahmen im gesamten Gebiet zu koordinieren seien. Das Gebiet sollte die Orte Laboe, Möltenort, Alt- und Neu-Heikendorf, Kitzeberg, Mönkeberg, Klausdorf/Schwentine, Elmschenhagen, Russee, Kronshagen, Suchsdorf, Schilksee, Strande und Bülk einschließen. [31] Die maßgebenden Institutionen in Kiel, der Oberpräsident in Schleswig sowie die zuständigen Kommandos der Luftwaffe und Marine unterstützten das Vorhaben. Doch der Vorstoß scheiterte. Am 14. Dez. 1937 wandte sich der Kieler Polizeipräsident daher erneut mit seinem Wunsch an den OB. [32] In seinem Schreiben stellte er zunächst fest, daß das Luftfahrtministerium den Antrag mit der Begründung abgelehnt habe, daß „ ... zur Zeit genügendes Luftschutzmaterial für Kiel nur bei seinem bisherigen und nicht bei einem erweiterten Umfange der Stadt zur Verfügung stände ... ". [33] Der Polizeipräsident bat den OB trotzdem, bei den laufenden Verhandlungen der Stadt mit dem Gauleiter über die Frage der Eingemeindungen, nochmals alle Aspekte des Luftschutzes, die für eine Ausdehnung des Stadtgebietes sprächen, mit in die Verhandlungen einzubringen. Er fügte eine Denkschrift bei, in der er sämtliche Argumente anführte, welche, aus seiner Sicht, diese Erweiterung zwingend machten. Letztlich war auch diesem Vorstoß kein Erfolg beschieden. Ein „Luftschutzort Groß- Kiel" kam nicht zustande, und Eingemeindungen unterblieben weitgehend. Nur Elmschenhagen [34] wurde 1939 eingemeindet, alle anderen genannten Orte blieben selbständig.

Die Fachbereiche

Der Luftschutzwarndienst

Im Zentrum der Luftschutzorganisation, sozusagen als ihr Herzstück, stand der Luftschutzwarndienst (LS- Warndienst). Seine Meldungen bildeten die Grundlage für die Durchführung aller Luftschutzmaßnahmen.

Zunächst, seit dem Aufbau der Luftschutzorganisation im Reich ab 1933, gehörten der LS- Warndienst und der Flugmeldedienst zusammen. 1937 erfolgte die Trennung der Dienste, und die Luftwaffe übernahm den Flugmeldedienst als eigene Aufgabe. Der LS- Warndienst blieb eine eigenständige Organisation. Fachlich war er allerdings der L In 13 im Reichsluftfahrtministerium zugeordnet und unterstand damit faktisch dem RdLuObdL.

Die Aufgaben des LS- Warndienstes legte die L. Dv. 401 „Anweisung für den LS-Warndienst im Reichsgebiet" vom 01. Februar 1935 fest. Gem. Ziff. 1 der L. Dv. hatte der LS- Warndienst aufgrund der ihm vom Flugmeldedienst zugehenden Nachrichten

- die angeschlossenen Warnstellen so rechtzeitig vor einem drohenden Luftangriff zu warnen, daß dort alle erforderlichen Maßnahmen getroffen werden konnten,
- die Alarmierungen zeitgerecht auszulösen,
- die Beendigung der Bedrohung aus der Luft unverzüglich weiter zu melden
- und bei Nacht Verdunkelungsmaßnahmen zu veranlassen. [35]

Der LS- Warndienst war in den „Allgemeinen LS- Warndienst" mit seinen Luftschutzwarnzentralen und den „Örtlichen Warndienst" mit der örtlichen Luftschutzleitung, den öffentlichen LS- Warnstellen und den Betriebswarnstellen gegliedert. [36] Den Aufbau und Betrieb der örtlichen Warnstellen mußte die örtliche zivile LS- Leitung übernehmen. Das benötigte Personal rekrutierte sich aus Betriebspersonal der Deutschen Reichspost und Freiwilligen, darunter vielen Frauen.

Der Führer einer LS- Warnzentrale entschied im Einsatz selbständig, wann Warnungen zu geben waren und welche Warnung gegeben werden sollte. Als Warnungen kamen in Betracht: Luftgefahr, Fliegeralarm und Entwarnung. [37]

Die Alarme gab man akustisch, mit der Sirene. So wurde die Sirene „ ... für Millionen von Deutschen zum Synonym für Krieg und Schrekken ... ". [38] Das grub sich bei Unzähligen so tief ein, daß noch lange nach dem Krieg jedes Sirenengeheul erneut Schrecken und Angst bei ihnen auslöste.

In Kiel begann man 1933 mit dem Aufbau des LS- Warnsystems. Die Initiative dazu ging von der Marine aus. Ein erstes Gespräch über den Einbau von Sirenen fand zwischen Vertretern der Marine und der Stadt am 17. März 1933 statt. Dabei legte die Marine eine Liste mit 27 der folgenden geplanten Einbauorte vor: [39]

Redoute Christianspries	Wohnhaus Thomsen und Schwarz-
Schule Fritz-Reuter-Straße,	kopf, Projensdorferstraße
Pries	Schule Flemingstraße
F.T.Empfangsstelle Holtenau	Blindenheim Königsweg
Hafenamt Schleuse Holtenau	Fabrik Andersen, Hassee
Marineschule Kiel- Wik	Pädagogische Akademie Diesterweg
Bellevue	Straßenbahnbetriebshof Gaarden
Kommandogebäude	Kaserne Schutzpolizei Gaarden
Preuß. Eichamt; Düppelstraße	Reichswohngebäude Hügelstraße
Schule,	Mechanikerwerkstatt Deutsche Werke
Hansastr./Schauenburgerstr.	Volksschule Ellerbek
Marine- Bekleidungsamt	Marinearsenal Verwaltungsgebäude
Königliches Schloß	Reichswohngebäude Heikendorferstr.,

Reformgymnasium Klop-   Dietrichsdorf
stockstraße   Schlauchturm Artillerie-Depot
Thaulow Museum   Dietrichsdorf
Schutzpolizeikaserne Eichhof

Nach dieser ersten Kontaktaufnahme ersuchte nun die Standortverwaltung der Marine am 20. März d.J. die Stadt um die Genehmigung „ ... innerhalb des Stadtgebietes Alarmsirenen auf Kosten der Marine ... " [40] aufzustellen. In dem Ersuchen waren allerdings nur noch 6 Aufstellungsorte vorgesehen, nämlich die Schule in der Fritz-Reuter-Straße in Pries, die Schule in der Hansastraße, das Reformgymnasium in der Klopstockstraße, die Schule in der Paul Flemingstraße, die Volksschule in Ellerbek und das Restaurant Bellevue. Am 24. März erklärte die Stadt ihr Einverständnis.

Leider waren keine Unterlagen zu finden, zu welchem Zeitpunkt diese und weitere Sirenen installiert wurden. Im Laufe der Jahre baute man das Alarmierungssystem jedoch weiter aus. In Kiel gab es insgesamt 116 Sirenen, die vermutlich schon zu Kriegsbeginn einsatzbereit waren. Davon gehörten 84 Geräte dem Reich und 32 waren werkseigene Anlagen. [41]

Der Alarmdienst in Kiel funktionierte bei Kriegsbeginn zunächst nur mangelhaft. „ ... Die Steuerung der Alarmsirenen lag [...] im argen. Sie erfolgte unregelmäßig und nach Stadtteilen unterschiedlich. Die in Friedenszeiten auf den Ernstfall vorbereitende Zivilschutz-Organisation zeigte große Mängel ... " [42] schreibt Hupp über das Kieler Alarmsystem in den ersten Wochen des Krieges. Weiter sagt er dann, daß „ ... die Dienststelle des Örtlichen Luftschutzleiters [...] wohl besser sofort bei Kriegsausbruch dem örtlichen) Marineflak-Befehlshaber unterstellt [worden wäre], um eine einheitliche Handhabung der Alarmvorkehrungen zu gewährleisten ... ". [43] Doch in den folgenden Kriegsjahren bekamen alle Beteiligten überreichlich Gelegenheit zum Üben und zum Beseitigen der Mängel.

In den LS- Warn- und Alarmdienst versuchte man anfangs sogar die Kirche als Organisation einzubinden. Im November 1935 forderte der Polizeipräsident den Kirchenkreis Kiel auf, eine Liste mit Ansprechpartnern „ ... als Melde- und Vermittlungsstelle ... " zu nennen, um bei Luftalarm „Glockenalarm" auszulösen. [44] Nach Kriegsbeginn 1939 war von „Glockenalarm" allerdings keine Rede mehr. Im Gegenteil, das Glockenläuten wurde „ ... wegen der etwaigen Störung der Flakartillerie und des Flugmeldedienstes ... " sogar für kirchliche Handlungen stark eingeschränkt. [45]

Durch die zunehmenden Luftangriffe im weiteren Verlauf des Krieges häuften sich die Störungen im elektrischen Versorgungsnetz der Städte. Dadurch fielen die Sirenen als Warneinrichtungen weitgehend aus. Es wurde notwendig, andere Möglichkeiten zu schaffen, um die Bevölkerung vor Fliegerangriffen zu warnen. Man griff nun auf das Drahtfunknetz der Reichspost und auf den Rundfunk zu. Aber erst gegen Ende des Jahres 1943 war das Drahtfunknetz der Reichspost so weit ausgebaut, daß es zu Alarmierungen genutzt werden konnte. [46] Zusätzlich strahlten vom März 1944 an die Rundfunksender den sog. „Kuckucksruf" als Warnzeichen ab. Damit sollten die Örtlichen Luftschutzleiter 15 Minuten vor dem vermuteten Eintreffen der Flugzeuge jede Minute mittels Durchsagen Informationen über die Luftlage an die Bevölkerung geben. Die Alarmierungen über Drahtfunk und Rundfunk blieben allerdings Stückwerk. Denn die Rundfunksender schalteten grundsätzlich bei Feindanflügen ab, um den feindlichen Bombern nicht als Navigationshilfe zu dienen. [47] Auch der Drahtfunk fiel, genau wie die elektrische Steuerung der Sirenen, immer dann aus, wenn die Leitungen durch Bombentreffer zerstört waren.

1944 band die Reichsleitung die Kirchenorganisation doch noch aktiv in das Warnsystem ein, weil sich die steigende Luftbedrohung nicht mehr allein auf die Stadt beschränkte. Für Luftwarnung in den Nachbarorten der Großstädte und in Dörfern ohne Sirenen mußten „Fliegerwarnflaggen" auf den Kirchtürmen gesetzt werden. Denn, so argumentierten die Behörden, das „ ... Setzen der Fliegerwarnflagge [sei] im Interesse der Warnung der Bevölkerung auf dem Lande bei Einflügen und zur Förderung der Einsatzbereitschaft im Luftschutz von sehr wesentlichem Wert ... ". [48]

In Kiel brach in den letzten Kriegswochen der Alarmdienst fast vollständig zusammen. Rundfunk und Drahtfunk konnten wegen der zerstörten Energieversorgung nicht mehr eingesetzt werden. Die letzten verbliebenen Sirenen streikten aus dem gleichen Grund, und so versuchte die Polizei mit sechs, auf Autos montierten, Sirenen die Bevölkerung zu alarmieren. [49] Den erzielten Effekt kann sich jeder vorstellen, wenn man bedenkt, daß die Fahrzeuge oftmals wegen Treibstoffmangel gar nicht eingesetzt werden konnten oder in den durch Trümmer versperrten Straßen nicht vorwärts kamen. So kam es, daß öfters die Flak Alarm schießen mußte, obwohl dazu kaum noch die Munition ausreichte. [50]

Selbstschutz und Erweiterter Selbstschutz

In das Leben eines jeden einzelnen Bürgers griff der Luftschutz bereits lange vor dem Kriege ein. Das LSchG verlangte von jedem Einzelnen die Erfüllung bestimmter Pflichten. Zu diesen Pflichten im Rahmen des „Selbstschutzes" gehörten die Ausbildung im luftschutzmäßigen Verhalten, das Bereithalten von Ausrüstung und die Durchführung vorbereitender Maßnahmen zum Schutz von Personen und Sachen, hier vor allem der Wohngebäude. [51]

Der Selbstschutz gehörte zum Haus, zur Wohnung des Bürgers. Die Zuständigkeit des „Selbstschutzes" endete an der Haustür. Außerhalb des Hauses war der „Sicherheits- und Hilfsdienst (SHD.)" für die Belange des Luftschutzes zuständig.

Zur Durchführung von Luftschutzmaßnahmen im Rahmen des Selbstschutzes teilte man die Bewohner größerer Wohngebäude oder Wohngebäude mit einer geringeren Einwohnerzahl (Villen, Siedlungshäuser) in „Luftschutzgemeinschaften" (LSGemS) ein. Innerhalb der LSGemS bildete man den „Hausluftschutz" und teilte die notwendigen Aufgaben bestimmten Personen zu, damit die erforderlichen Maßnahmen koordiniert und effektiv ablaufen konnten. Solche Aufgaben waren: Luftschutzwart, stellvertr. Luftschutzwart, Hausfeuerwehr, Laienhelfer und Melder. Die Stärke des Hausluftschutzes innerhalb der LSGemS betrug vor dem Kriege 7 Personen. Im Kriege erwies es sich bald, daß diese Stärke nicht zu erreichen war, und man mußte lernen, mit dem verfügbaren Personal auszukommen. [52]

Das Luftschutzmaterial, welches die Hauseigentümer bereitzuhalten hatten, legte die 7. DVO des LSchG vom 23. 05. 1939 nach Art und Menge fest. [53] Zum Aufenthalt im LS- Raum oder LS- Bunker hatte jeder Bürger seine persönliche Ausrüstung selbst zusammenzustellen. Dafür gab es nur Empfehlungen. [54] Vorgeschrieben hingegen war der Besitz einer Gasmaske, der berühmten „Volksgasmaske" (VM37). Die Maske mußte selbst beschafft und bezahlt werden. [55] Der Bestand an Volksgasmasken war in Kiel bei Kriegsbeginn 1939 absolut unzureichend. Es gab zu diesem Zeitpunkt nur rund 15.000 Stück (für 270.000 Einwohner) und Ende August 1939 waren keine Gasmasken für Männer mehr auf Lager. [56]

Die Selbstschutzausbildung, der Ausbau von Luftschutzräumen, die Luftschutzübungen, all das mußte organisiert, sachgerecht durchgeführt und überwacht werden. Damit waren die LschGemS'en allein überfordert. Aus diesem Grunde führte im Auftrage des Staates ein Verein, der „Reichsluftschutzbund" (RLB), diese Maßnahmen durch. [57] Der RLB überwachte die Luftschutzübungen und betrieb Aufklärung, Werbung sowie Ausbildung im Selbstschutz. Seine Arbeit erfolgte in enger Zusammenarbeit mit der Inspektion LS im Reichsluftfahrtministerium (RLM). Das Ausbildungsprogramm des RLB umfaßte praktische Demonstrationen, Vorträge und Filmvorführungen. [58] Zur Unterstützung seiner Ausbildungs- und Aufklärungstätigkeit gab der RLB eine Zeitschrift heraus, die „Sirene". Die Zeitschrift war mit 0,20 Rpf äußerst billig, reich bebildert und erschien alle 14 Tage mit Artikeln, Hinweisen und offizielle Instruktionen zu allen Fragen, die den Luftschutz betrafen. [59]

Der RLB war am 28. April 1933 vom Reichsminister der Luftfahrt Hermann Göring, Generalleutnant Grimme und Major Waldschmitt als „Eingetragener Verein (e.V.)" gegründet worden. [60] Die Mitgliedschaft im RLB war freiwillig. 1937 besaß der RLB 11,6 Mio. Mitglieder, bis Kriegsende mehr als 20 Millionen. [61] 1940 wandelte man den Verein in eine „Körperschaft des öffentlichen Rechts" um. Jede Tätigkeit im RLB war nun „öffentlicher Dienst". [62] Eine Unterordnung unter staatliche oder andere Stellen unterblieb aber auch jetzt noch. Erst mit der Umorganisation des gesamten Luftschutzwesens im Februar 1945 unterstellte man den RLB fachlich der NSDAP. [63]

Der RLB gliederte sich in Landesgruppen, diese wieder in Bezirks- und Ortsgruppen. In Kiel bestanden zwei Ortsgruppen, die Ortsgruppen Kiel- Ost und Kiel- West. Unterste Dienststelle des RLB war der „Block". Der „Block" umfaßte die „Luftschutzgemeinschaft (LSGemS)". Dies war der Herrschaftsbereich des „Luftschutzwarts". [64]

Den „Erweiterten Selbstschutz" mußten in Luftschutzorten I. Ordnung nach den Vorschriften der L. Dv. 755 „ ... öffentliche und private Dienststellen und Betriebe [...], die nicht zum Werkluftschutz gehören, bei denen aber zum Schutze der Betriebe und der in ihnen befindlichen Personen der Selbstschutz nicht ausreicht ... " durchführen. [65]

Die „Bestimmungen für die Durchführung des erweiterten Selbstschutzes im Luftschutz" waren in der L. Dv. 755 v. 11. November 1938 und im § 2, Abs. 4 der I. DVO zum LSchG festgelegt. [66] Nach den Bestimmungen der L. Dv. 755 hatten „ ... größere gewerbliche Betriebe, die nicht zum Werkluftschutz gehören, Behörden und Verwaltungsgebäude, Waren- und größere Geschäftshäuser, Bürohäuser, Banken und bankähnliche Betriebe, große Bildungs- und Unterhaltungsstätten wie Theater, Museen, Lichtspielhäuser usw., Schulen und Hochschulen, größere Gast- und Vergnügungsstätten, Krankenhäuser, Altersheime, Stifte, Klöster, Kirchen ... " [67] Luftschutzmaßnahmen durchzuführen. Für einige Betriebe und Einrichtungen bestanden Sonderbestimmungen, wie z.B. Schulen oder Kultureinrichtungen. Die Sonderbestimmungen erschienen als Ergänzungen zur L. Dv. So galten für den Luftschutz an Schulen die L. Dv. 755/2 und den in Kultureinrichtungen die L. Dv. 755/6. [68]

In den Institutionen, die zum Erweiterten Selbstschutz verpflichtet waren, bekam ein Betriebsluftschutzleiter die Verantwortung zur Vorbereitung und Durchführung aller Luftschutzmaßnahmen übertragen. Waren mehrere Betriebe in einem Gebäudekomplex untergebracht, bestellte man einen gemeinsamen Betriebsluftschutzleiter. Der RLB übte im Erweiterten Selbstschutz nur eine beratende Funktion aus.

Den organisatorischen Ablauf der LS- Maßnahmen regelte der „Betriebsluftschutzplan". [69] Darin waren alle Maßnahmen festgelegt, die bei Alarmierungen sowie während und nach einem Luftangriff durchgeführt werden mußten. Die Betriebsangehörigen teilte man Einsatz- und/oder Bereitschaftsgruppen zu. Die Einsatzgruppen bestanden aus Betriebsordnern, Betriebsfeuerwehr, Betriebssanitätstrupps, Fernsprechern und Meldern sowie Trupps für Sonderzwecke wie Rohrtrupps, Entgiftungs- und Aufräumtrupps. [70] Zur Bereitschaftsgruppe gehörten alle nicht fest eingeteilten Betriebsangehörigen. Sie konnten im Notfall zur Unterstützung der Einsatzgruppen herangezogen werden. [71]

Die Selbstschutzmaßnahmen erhöhten die Sicherheit der Bevölkerung vor Luftangriffen durch die Einrichtung von Schutzräumen, durch Ausbildung und Übungen. So schaffte man Verbesserungen beim Brandschutz, bei Hilfeleistungen für Verletzte und Verwundete sowie bei Hilfsmaßnahmen für Gebäude und Einrichtungen. Dabei sind vor allem die Übungen hervorzuheben, die besonders zur sicheren Anwendung der SE- Geräte beitrugen und Vertrauen in die getroffenen Maßnahmen herstellten.

Der Sicherheits- und Hilfsdienst (SHD.)

Der SHD. war aufgrund der I. DVO zum LSchG v. 04. Mai 1937 für den zivilen Luftschutz in allen Luftschutzorten I. Ordnung aufzustellen. Er unterstand dem Reichsluftfahrtministerium, seine Ausbildung und taktische Führung lag aber in den Händen der Ordnungspolizei. [72] Der Leiter der Ordnungspolizei fungierte als „Örtlicher Luftschutzleiter" nach dem LSchG. Das war in Kiel der Polizeipräsident.

Die Zuständigkeit des SHD. begann dort, wo die Zuständigkeit der Einsatzkräfte im Selbstschutz bzw. Erweiterten Selbstschutz endete. Da die Aufgaben im Luftschutz denen im Katastrophenschutz glichen, faßte man unter der Bezeichnung SHD. alle bestehenden staatlichen, kommunalen und privaten Organisationen zusammen, die im Katastrophen- und Hilfsdienst eingesetzt werden konnten und bereits im Frieden mit ähnlichen Aufgaben betraut waren. Nur dort waren erprobte Führungsstrukturen und die notwendige technische Ausrüstung vorhanden, um im Ernstfall effektiv einzugreifen. Das Stammpersonal [73] stellte(n) für den/die

Sicherheitsdienst	die Polizei
Feuerlöschdienst	die freiwilligen und Berufs- Feuerwehren
Luftschutz- Instandsetzungsdienst	die Technische Nothilfe
Luftschutz- Entgiftungsdienst	Reinigungsbetriebe (Straßenreinigung und sonstige Reinigungsbetriebe)

Luftschutz- Sanitätsdienst	öffentliche Gesundheitseinrichtungen (z.B. Krankenhäuser) und Rotes Kreuz
Luftschutz- Veterinärdienst	öffentliche und private Organisationen aus dem Bereich der Tiermedizin
Fachtrupps	die Störungsdienste der Versorgungsbetriebe
Hafenluftschutz	die Wasserbauämter
Havarietrupps	die Schiffahrts- und Hafenbetriebe.

Die Personalergänzung mit Hilfspersonal erfolgte durch die Dienstverpflichtung von Personal, welches von den Wehrersatzdienstellen und den Arbeitsämtern freigestellt worden war. [74] Da aber Wehrmacht, Industrie und Wirtschaft Vorrang vor dem SHD. hatten, erreichte dessen Personalstärke selten mehr als 70% der Soll- Stärke. [75]

Einsatzleiter des SHD. war der Örtliche Luftschutzleiter. Er trug die Verantwortung für das reibungslose Zusammenwirken seiner Einsatzkräfte mit den Luftschutzhilfskräften des „Werkluftschutzes", des „Erweiterten Selbstschutzes" und des „Selbstschutzes" in seinem Zuständigkeitsbereich. Zur Durchführung seines Auftrages beschrieb er in einem „Luftschutzplan" die Aufgaben aller Beteiligten und grenzte deren Aufgabengebiete gegeneinander ab. In dem zugehörigen „Luftschutzkalender" legte er die einzelnen Maßnahmen fest, welche die Befehlszentralen beim Aufruf des Luftschutzes durchzuführen hatten. Zum Stab des Örtlichen Luftschutzleiters traten Vertreter aller Fachsparten sowie der Stadtverwaltung, des Werkluftschutzes und des Selbstschutzes.

Für Einsatzzwecke unterteilte man die Stadt in Luftschutzgruppenkommandos, Luftschutzabschnittskommandos und, als unterste Befehlsebene, die Luftschutzreviere. Alle Bereiche deckten sich mit den entsprechenden Polizeiabschnitten der Stadt.

Im Laufe der ersten Kriegsjahre baute man den SHD. umfangreich aus. Seinen ortsfesten und den motorisierten Teil trennte man mit Wirkung vom 1. Juni 1942 organisatorisch völlig. Den ortsfesten Teil des SHD. benannte man in Luftschutzpolizei um und unterstellte ihn dem Chef der Ordnungspolizei. Die SHD.- Abteilungen (mot.) wurden in die Luftwaffe eingegliedert. Von weiteren Organisationsänderungen blieb der SHD. bis Kriegsende verschont. [76]

Im Einzelnen waren folgende Fachsparten im SHD. zusammengefaßt:

1. Beobachtungsdienst

   mit Turmbeobachtern. Sie gaben bei Bombenangriffen Schadensmeldungen an die Einsatzleitstellen ab, um der Einsatzführung die Möglichkeit zu geben, ein Lagebild zu erstellen und Hilfskräfte zielgerichtet einzusetzen.

Einer der Beobachtungsposten in Kiel befand sich auf dem Rathausturm. 77 Die Standorte der anderen Posten waren nicht festzustellen.

2. Feuerbekämpfungsdienst

mit dem Personal der freiwilligen und Berufsfeuerwehren sowie zusätzlich zur Brandbekämpfung ausgebildetem Personal.

Die Kieler Berufsfeuerwehr unterstellte der Regierungspräsident bereits am 17. 12. 1934 dem SHD. Die Feuerwehr erhielt außerdem einen taktischen Leiter, der ebenfalls vom Regierungspräsidenten bestellt worden war. Mit diesen Maßnahmen entzog man der Stadt Kiel den Einfluß auf ihre Feuerwehr. Mit gleicher Verfügung ordnete der Regierungspräsident die Löschzüge folgender Gemeinden dem Ortspolizeibezirk Kiel zu: Heikendorf, Mönkeberg, Schönkirchen, Klausdorf, Elmschenhagen, Wellsee, Rönne, Moorsee, Molfsee, Russee, Kronshagen, Ottendorf, Suchsdorf, Dänischenhagen, Sprenge und Schilksee. Die Verfügung begründete der Regierungspräsident damit, daß die Brandschutzkräfte im Luftschutz gestärkt werden müßten. 78

1938 änderte ein Reichsgesetz den Status der Feuerwehren. Mit Wirkung vom 23. 11. übertrug man den Feuerwehren Polizeiaufgaben. Sie wurden „Feuerschutzpolizei" und damit Teil der Ordnungspolizei. Die Ordnungspolizei bestand nunmehr aus den Dienstzweigen Luftschutzpolizei, Technische Nothilfe und Feuerschutzpolizei. Die Wehren unterstanden damit bis 1945 zentral dem Reichsinnenminister und Chef der Deutschen Polizei. 79 Mit einer Verordnung vom 25. 10. 1939 wandelte man auch die freiwilligen Feuerwehren um und verlieh ihnen den Status einer Hilfspolizeitruppe. 80

Die Feuerschutzpolizei erhielt neue grüne Polizeiuniformen. Ihre Fahrzeuge verloren das „Feuerwehr- Rot" und bekamen eine grüne Lackierung. 81 Die Stärke der jeweiligen Einheiten der Feuerschutzpolizei orientierte sich an der Bevölkerungszahl einer Stadt. Da Kiel auf eine Einwohnerzahl von fast 300.000 anstieg, erhöhte sich der Personalbestand der Feuerwehr entsprechend. 82

Nach Kriegsbeginn führte der verstärkte Ausbau aller LS- Organisation in Kiel auch bei der Feuerschutzpolizei vermehrt zur Bildung von Personalreserven. Sie erhielt neben etwa 90 Hitlerjungen zusätzliches Personal, welches der Polizeipräsident zur Dienstleistung einzog. Dadurch erreichte der Brandschutzdienst des SHD. in Kiel eine Stärke von ca. 1.400 Mann. Das Personal bestand zu etwa einem Drittel aus Feuerschutzpolizei, zu einem weiteren Drittel aus dienstverpflichteten Bewohnern der Stadt und einem Drittel aus dienstverpflichteten Ausländern, meist Tschechen und Ukrainern. [83]

Der Kieler Brandschutzdienst gliederte sich in die beiden Abschnittskommandos Ost und West, die Feuerwachen I – III, die Freiwillige Feuerwehr Kiel und die Luftschutz- Feuerwehrbereitschaften. Die letzteren waren in folgenden Unterkünften stationiert: [84]

LS- Feuerwehr-bereitschaft	Martensdamm 28/30 und Buchwaldscher Hof
LS- Feuerwehr-bereitschaft	Kasernenanlagen Eichhof
LS- Feuerwehr-bereitschaft	Gaststätte Eichhof
LS- Feuerwehr-bereitschaft	Feuerwache Nord, Gerhardstraße und Unterkunft Düsternbrooker Weg
LS- Feuerwehr-bereitschaft	Schule Rodehoffplatz und Wache Ost Gaarden/ Schulstraße 30, mit Außenstelle Quittenstraße und Holsatiamühle
LS- Feuerwehr-bereitschaft	Schule Rendsburger Landstraße und Waldwiese
LS- Feuerwehr-bereitschaft	Pickertkaserne Gaarden

Grundsätzlich sollte zudem jedem LS- Revier (Polizeirevier) ein Feuerwehr- und Bergungstrupp in Stärke von 1 Führer und 8 Mann zugeordnet werden. [85] Ob dies so auch in Kiel durchgeführt wurde, ist unbekannt.

Am 22. Februar 1944 entzog ein „Führerbefehl" den Feuerwehren die Zuständigkeit für den Krankentransport. Diese Aufgabe hatte von nun an das Deutsche Rote Kreuz (DRK) durchzuführen. Die Krankenwagen der Kieler Feuerwehr wurden in der Hospitalstraße 9 zusammengezogen und von dort aus auch eingesetzt. [86]

Ab dem Spätsommer 1944 verlegte man zusätzliche Feuerwehr-Regimenter aus Berlin zur Unterstützung der örtlichen Brandschutzkräfte nach Kiel. Die Regimenter unterstanden organisatorisch direkt der Polizeiführung des Reichsinnenministeriums, Einsatzbefehle bekamen sie von der örtlichen Einsatzleitung. [87]

Im Kieler Schloß wurde im Frühjahr 1944 zum Schutz der Einrichtungen des Oberpräsidenten eine Einheit der „Feuerwehr- HJ" stationiert. Die Einheit bestand aus einem hauptamtlichen Feuer-

wehrmann und einer Anzahl von Hitlerjungen im Alter von 14 –
16 Jahren. Neben ihrer Hauptaufgabe, der Brandbekämpfung im
Schloß, wirkte die kleine Truppe aber auch bei zahlreichen Einsätzen in der näheren Umgebung mit, so u.a. am 26. August 1944 bei
der Bekämpfung der Häuserbrände im Umfeld des Reichshallen-
Bunkers. [88]

3. Sanitätsdienst

durch Personal des LS- Sanitätsdienstes. Der Sanitätsdienst bestand aus einem Leitenden Polizeiarzt, den LS- Ärzten der LS-
Abschnitte und dem erforderlichen Hilfspersonal. Die Ärzte wurden zu diesem Dienst eingezogen, das Hilfspersonal nach dem
LSchG dienstverpflichtet. Die Ärzte erhielten eine Sonderausbil-
dung für den Luftschutz. Das Hilfspersonal, welches vorwiegend
aus dem Roten Kreuz – Dienst kam, erhielt dort seine Ausbildung.

Der LS- Sanitätsdienst sollte Verletzte versorgen, Verschüttete
bergen helfen, Verwundete transportieren, versorgen und betreu-
en. Zur Erfüllung seiner Aufgaben verfügte er über stationäre und
mobile Einsatzkräfte. Die mobilen Teile waren in LS- San- Abteilungen, LS- San- Bereitschaften, LS- San- Gruppen und LS- Kran-
kentransportstaffeln gegliedert. [89]

In Kiel stellte der Sanitätsdienst Helfer in alle LS- Bunker und LS-
Stollen ab. In Gruppen von jeweils 2-3 Männern und/oder Frauen
sorgten sie in den Wachstuben der Luftschutzeinrichtungen während der Luftalarme für die medizinische Erstversorgung der
Bunkerinſaßen. [90] Nach einem Luftalarm hatten sich die Sani-
tätswachen auf dem nächstgelegenen Polizeirevier zu melden und
sich dort für mögliche Hilfseinsätze bereitzuhalten. [91] Nach der
Umgliederung des SHD. im Jahre 1942 kam die Hauptstelle der
mobilen San- Luftschutzpolizei in die ehemalige Förderschule in
der Schulstraße in Gaarden. Dort waren vier Züge untergebracht,
die bei Bedarf innerhalb des Stadtgebietes eingesetzt werden
konnten. Das Personal dieser Einheiten bestand vorwiegend aus
Geschäftsleuten, die nicht zur Wehrmacht eingezogen worden
waren. [92]

Weitere Einzelheiten zur Kieler Organisation des Sanitätsdienstes
waren nicht zu ermitteln.

4. Entgiftungsdienst

mit Personal aus chemischen Betrieben sowie Straßen- und sonstigen Reinigungsbetrieben. Der Entgiftungsdienst bestand aus den
ortsfesten Kampfstoffuntersuchungsstellen, Entgiftungsparks und

Sachentgiftungsanstalten sowie den mobilen Gasspür- und Entgiftungstrupps. [93]

Über die Organisation und den Einsatz dieses Dienstzweiges in Kiel waren keine Informationen zu finden.

5. Veterinärdienst

mit Tierärzten und Personal aus Tierarztpraxen, Schlacht- und Viehhöfen. Seine Aufgabe bestand darin, Schutz und Hilfsmaßnahmen bei Nutztieren sowie Schutzmaßnahmen in zoologischen Gärten und Zoohandlungen durchzuführen. Der Veterinärdienst war ebenfalls in einen ortsfesten und einen mobilen Anteil gegliedert. [94]

Über den LS- Veterinärdienst in Kiel waren keine Informationen zu finden.

6. Reparaturdienst

Die Reparatureinheiten, auch als Fachdienste für Gas, Wasser, Elektrizität und Kanalisation bezeichnet, bildete man vornehmlich aus Experten für die jeweiligen Fachbereiche. Ihre Aufgabe war es, Sicherungs- und Reparaturmaßnahmen bei Schäden am bzw. im Versorgungsnetz durchzuführen.

In Kiel stellten die Stadtwerke Ingenieure und Facharbeiter als Führer der Einsatztrupps für Gas, Wasser und Elektrizität. Kraftfahrer und Helfer kamen aus fremden Berufen. Die Kanalisationstrupps stellte man gänzlich aus Fachkräften der Stadtwerke zusammen. Für Instandsetzungsarbeiten an der Kanalisation mußten im Krieg allerdings zusätzlich Fachfirmen in Anspruch genommen werden, da die umfangreichen Schäden von den Einsatztrupps [95] allein nicht zu reparieren waren.

Die Organisation der Fachtrupps für Gas Wasser und Elektrizität bestand bei Kriegsausbruch aus den Fachführern beim Stab des Örtlichen Luftschutzleiters, den Abschnittsleitungen Ost und West sowie 22 Fachtrupps zu je 5 Mann. [96] Die Einteilung erwies sich nach den ersten „scharfen" Einsätzen als zu aufwendig. Das Personal wurde übermäßig belastet, da neben dem Wachdienst auch noch die normale Arbeit verrichtet werden mußte. Aus diesem Grunde strukturierte man die Organisation grundlegend um. Die Befehlszentrale kam nun in das Verwaltungsgebäude der Stadtwerke im Knooper Weg, die Wachen brachte man in der Förderschule an der Humboldtstraße unter. In Abwandlung der starren SHD. –Organisation stellte man jetzt die Stärke der Eingreiftrupps für jeden Schadensfall einzeln, sozusagen maßgeschneidert, zusammen. Zusätzlich bildeten die Stadtwerke einen Erkundungsdienst, der bei sich abzeichnenden Störungen im Wasser- und Stromnetz selbständig tätig wurde. [97]

Der Kanalisationsdienst bestand 1942 aus 4 Fachtrupps zu je 5 Mann, die im Bauhof Gutenbergstraße und in der Schule Gaußstraße ihren Aufenthaltsort hatten. [98]

Die Stadtwerke mußten im Laufe des Krieges die Organisation ihrer Stör- und Eingreiftrupps ständig den sich ändernden Verhältnissen anpassen. Es waren aber keine Informationen über die Organisation der Störtrupps nach 1942 aufzufinden.

7. Instandsetzungsdienst (I.-Dienst)

mit dem Personal der „Technischen Nothilfe". [99] Der I.- Dienst sollte Verschüttete bergen, Verkehrshindernisse und Einsturzgefahren an Gebäuden beseitigen, Blindgänger freilegen und, falls erforderlich, beseitigen sowie behelfsmäßige Luftschutzräume bauen. Für diese Aufgabe war der I.-Dienst mit zweckentsprechendem Gerät wie Baumaschinen und Hebevorrichtungen, aber auch mit Sprengmaterial ausgerüstet. Der I.-Dienst gliederte sich in Instandsetzungseinheiten und Spezialtrupps (Sprengtrupps). [100]

Über den I.- Dienst in Kiel waren keinerlei Informationen zu finden.

8. Hafenluftschutz

Der Hafenluftschutz war normalerweise Bestandteil der LS- Polizei und unterstand dem Örtlichen Luftschutzleiter. Doch die Luftschutzmaßnahmen in Häfen erwiesen sich als besonders schwierig, da für die Hafengebiete vielfach mehrere Luftschutzträger zuständig waren. Die Organisation unterschied sich deshalb von Ort zu Ort erheblich. [101] Ob in Kiel eine besondere Hafenluftschutz-Organisation bestand, kann nicht gesagt werden, da keine Unterlagen zu finden waren. Möglicherweise war in Kiel allein die Marine für diesen Bereich zuständig.

Der Werkluftschutz

Der Werkluftschutz vereinte in sich die Elemente des Selbstschutzes und des SHD. Gliederung und Aufgabenstellung ähnelten beiden Organisationen, wobei sich Abwandlungen aus der Art der Betriebe ergaben. Verantwortlich für die Durchführung aller Luftschutzmaßnahmen war der „Reichsverband der Deutschen Industrie", nach 1933 in „Reichsgruppe Industrie" umbenannt. Diese Organisation der deutschen Wirtschaft behielt die Verantwortung für den Werkluftschutz bis 1945. [102]

Die organisatorischen Grundlagen für den Werkluftschutz waren das LSchG mit seinen DVO und die L. Dv. 756 „Werkluftschutz". Die L. Dv. beschrieb in 12 Teilen den Aufbau und die Durchführung der Maßnahmen im Werkluftschutz und legte in 15 Anlagen Sondermaßnahmen für bestimmte Betriebe oder Produktionszweige fest (z.B. Anlage 1: Sonderanweisung für Brauereien). [103]

Die „Reichsgruppe Industrie" führte als Zentralstelle auf Reichsebene den Werkluftschutz nach den Weisungen des RdLuObdL, Inspektion Luftschutz (L In 13). [104] Der Unterbau der „Reichsgruppe" bestand im Frieden aus den Bereichs-, Bezirks- und Ortsvertrauensstellen. Der Betriebsleiter ernannte den Betriebs- Luftschutzbeauftragten, dessen Aufgaben denen des örtlichen Luftschutzleiters ähnlich war. Im Kriege änderten sich die Unterstellungsverhältnisse insofern, als man die Ortsvertrauensstellen in Fragen der Führung und Taktik dem Örtlichen Luftschutzleiter unterstellte. [105]

Der Werkluftschutz sollte nicht nur die Mitarbeiter und Anlagen der Betriebe schützen. Sein Hauptauftrag bestand vor allem darin, die Produktion zu sichern. Zur Erfüllung dieses Auftrages stellte die Industrie schon vor Kriegsbeginn erhebliche Mittel für den Werkluftschutz bereit. Allein die rheinisch-westfälische Industrie brachte in einem einzigen Jahr (1933/34) vier Millionen RM nur für den Bunkerbau auf, während die Städte und Gemeinden im ganzen Reich innerhalb von zwei Jahren nur zehn Millionen RM für sämtliche Luftschutzmaßnahmen aufbringen konnten, wovon dann nicht einmal die Hälfte den Luftschutzbauten zukam. [106] Der Zweck solch enormer Investitionen war die Aufrechterhaltung der Produktion. Das dies in weiten Teilen der Industrie und es Militärs als selbstverständlich angesehen wurde, darf man ohne Frage voraussetzen. Die Feststellungen des Majors Otto Beutler vom Wehrwirtschaftsstab, die dieser in der Hauptausschußsitzung des Reichsverbandes der Deutschen Industrie am 25. November 1936 vortrug, kann man aber getrost als „Schaufensterrede" einstufen. Er sagte damals u.a. „ ... nicht ist es Hauptaufgabe des Werkluftschutzes, zu verhüten, daß Menschenleben verlorengehen. [...] Hauptgesichtspunkt ist die Produktion. Wenn ihre Aufrechterhaltung Menschenleben kostet, so liegt das im Wesen des Krieges begründet. Der Gesichtspunkt, daß die Produktion über alles andere zu stellen ist, muß bei der Werkluftschutzarbeit im Vordergrund stehen ... ". [107] Eine solch überscharf und reichlich menschenverachtende formulierte Ansicht wird in der Praxis wohl kaum ein Verantwortlicher aus der Industrie bedingungslos unterstützt haben. Denn warum hätte die Industrie überhaupt so viel Kapital in den Personenschutz investieren sollen, wenn dieses nicht gerade zur Bewahrung ihrer hochwertig ausgebildeten Facharbeiter genutzt worden wäre. Ohne diese Fachkräfte war keine Produktion möglich. Facharbeiter waren nämlich nicht so ohne weiteres zu ersetzen, wie es sich dann später im Kriege in vielen Bereichen zeigen sollte.

Auch in Kiel investierte die Industrie, hier vorrangig die Werftindustrie, schon im Frieden erhebliche Mittel in den Luftschutz. Denn besonders das zusammenhängende Werft- und Arsenalgelände auf dem Kieler Ostufer bildete ein leicht zu treffendes Ziel für feindliche Flugzeuge. So waren z.B. bis Kriegsbeginn durch die Deutsche Werke Kiel A.G. (DWK) fast 5 Mio. Reichsmark in den Werkluftschutz investiert worden. Der Werkluftschutz der Werft war so gut ausgebaut, daß er als Vorbild für andere Betriebe galt. 1938 errichtete man dort eine Werkfeuerwehrwache, die zugleich die Luftschutzbefehlsstelle aufnahm, und eine verbunkerte Fernsprechzentrale. 1939 folgten eine Werkrettungsstelle mit Anlagen zur ärztlichen Betreuung von Verwundeten und eine Entgiftungsstelle. [108]

Der Brandbekämpfung schenkten speziell die Großwerften besondere Beachtung, und dies durchaus auch im Hinblick auf den Luftschutz. So unterhielten die DWK als hauptamtliche Brandbekämpfungskräfte in ihren Betrieben Kiel und Friedrichsort schon im Frieden eine Werksfeuerwehr in Stärke von 75 Mann. Auf der Friedrich Krupp – Germaniawerft leistete ebenfalls eine Berufsfeuerwehr in Stärke von 45 Mann ihren Dienst. Die Howaldtswerke Neumühlen-Dietrichsdorf und das Marinearsenal stützten sich hingegen nur auf freiwillige Feuerwehren. [109]

Im Kriege erbauten die Firmen sowohl auf eigene Rechnung als auch im Rahmen des „Führer- Sofortprogramms" eine große Anzahl von LS-Bunkern und LS- Stollen. Bis Kriegsende entstanden in Kiel folgende LS-Bunker und Stollen für den Werkluftschutz:

DWK, Werk Friedrichsort	2 Hochbunker, Holmag I und II
Germania- Werft	2 Hochbunker, Germania I und II
	1 Stollen
DWK, Werk Kiel	1 Hochbunker, Geb. 71
	1 Hochbunker, Tor X
	Ubootbunker KONRAD
	1 Stollen, Katzheide (der Stollen diente als Luftschutzanlage für die Insassen des Wohnlagers Katzheide, vor allem der dort untergebrachten Lehrlinge der Werft.) [110]
Howaldtswerke	2 Hochbunker, Howaldt I und II
	Ubootbunker KILIAN
Waltherwerke	2 Stollen in Projensdorf
Feinmech. Werkstätten/ Diedrichsdorf	1 Stollen
Land und See Leichtbau	1 Hochbunker, Land&See, Kiel- Hassee

Stadtwerke Kiel	1 Hochbunker, Gaswerk Wik
	1 Hochbunker, Gasbehälter Rondeel (der
	Bau ist fraglich!)
Ziegelei Hansen	1 Stollen
Ziegelei Wulff	1 Stollen [111]

Neben den genannten LS- Bunkern und Stollen existierten zusätzlich splittersichere Luftschutzräume auf dem Gelände der jeweiligen Werke, die der Belegschaft Schutz boten. [112] Auf der Howaldtswerft z. B. befanden sich je ein LS- Raum im Geb. Nr. 20 (Schwentinestraße unter der alten Maschinenbauhalle) und im Geb. Nr. 23 (Schwentinestraße unter der alten Maschinenbauhalle), 2 LS- Räume im Geb. 100 (neue Schlosserei neben der Helling), 3 LS- Räume im Kai an Liegeplatz 10 (in der Mitte und an beiden Enden) sowie ein LS- Raum im Geb. Nr. 115 (E-Werkstatt hinter Liegeplatz 9). Dazu kam, als zusätzliche Luftschutzmaßnahme, ein Feuerlöschteich nördlich vom Eichenbergskamp. [113]

Den enormen Anstrengungen des Werkluftschutzes in Kiel, speziell auf den Werften, war es zu verdanken, daß bis kurz vor Kriegsende nicht nur die Produktion im wesentlichen gesichert war, sondern durch die umfangreichen baulichen Maßnahmen auch viele Menschenleben gerettet werden konnten.

Verdunkelung und Tarnung

Der Verdunkelung maß man im Dritten Reich eine ungewöhnlich große Bedeutung bei. Damit sollten alle Einrichtungen des öffentlichen Lebens, die Wohnungen in Stadt und Land, der Verkehr auf Schiene, Straße und Wasser und möglichst alle Bereiche der Industrie jeglicher Fliegersicht entzogen werden. Ein solches Ansinnen erforderte allerdings intensive Vorbereitungen „ ... technischer, verwaltungsmäßiger und organisatorischer Art ... ". [114] Die organisatorischen Vorbereitungen schlossen eine gründliche Aufklärung und Schulung des gesamten Volkes sowie umfangreiche Übungen mit ein.

Die Verdunkelung „ ... löste ein Maßnahmenpaket gewaltiger Dimension aus, das alle Zweige und Bereiche der Volkswirtschaft und des normalen Lebens umfaßte. ... ". [115] Die umfangreichen Vorkehrungen bewirkten, daß gesetzliche Regelungen erst spät erlassen werden konnten, da bislang keinerlei Erfahrungen auf diesem Gebiet vorlagen. Alle organisatorischen und technischen Grundlagen mußten erst erarbeitet werden. Daher erschien auch erst am 23. Mai 1939 die 8. DVO zum LSchG, die „Verdunkelungsordnung". Wirkliche Erfahrungen mit der Vorschrift machte man natürlich erst im Kriege, weshalb die DVO vielfach ergänzt und verändert wurde. [116]

In Kiel begannen die Verdunkelungsvorbereitungen schon frühzeitig, wenn auch zunächst noch sehr verhalten. So erschien z. B. am 14. März 1935 eine Bekanntmachung des Polizeipräsidenten, in der es hieß: „Alle nicht unbedingt notwendigen Innenlampen sind zu löschen". [117] Später führte man eine Reihe größerer Verdunkelungsübungen durch. Eine solche größere Verdunkelungsübung fand im März 1937 statt. Am 18. März mußte von Beginn der Dunkelheit bis 2000 Uhr „Eingeschränkte Beleuchtung" und danach bis 2300 Uhr „Verdunkelung" durchgeführt werden. Am 19. März dehnte man die Zeiten der „Eingeschränkten Beleuchtung" bis 2200 Uhr, und die „Verdunkelung" bis 0600 Uhr aus. Betroffen von dieser Maßnahme waren neben der Stadt Kiel auch alle Orte von Bülk um die Förde herum bis Stein. Sogar der Schiffsverkehr auf der Förde wurde eingeschränkt. [118]

Ende August 1939 begann der Ernstfall. Aber die Kieler Bürger hatten durch die vorangegangenen Übungen gelernt, mit der Verdunkelung zu leben und sich eingerichtet. Man hatte bei „ ... Weipert [...] Verdunkelungsstoffe und [bei] Flügger Verdunkelungspappen zum Abdecken von Fenstern, Glasdächern und Schaufenstern ... " [119] eingekauft. Man meinte, zumindest in dieser Hinsicht, auf das Kommende vorbereitet zu sein.

Am 31. August schalteten die Stadtwerke die Straßenbeleuchtung noch einmal nur „zur Übung" ab. [120] Dann am 1. September 1939 wurde es endgültig Ernst. In allen Tageszeitungen erschien die „Polizei-Verordnung über die Durchführung der Verdunkelung". Von nun an war die Verdunkelung „ ... bis auf weiteres täglich ... " durchzuführen. [121] Am gleichen Tag erschien in den Kieler Neuesten Nachrichten folgender Aufruf des Polizeipräsidenten an die Kieler Bevölkerung: [122]

Verdunkelung in Kiel.
Sofort-Anordnung des Polizeipräsidenten.
Jeder tue seine Pflicht!
Die Kieler Bevölkerung hat bei jeder der Verdunkelungsübungen, die bisher durchgeführt worden sind, vorbildliche Disziplin bewiesen. Nunmehr hat sie zu zeigen, daß der Gedanke des Luftschutzes in jedem Volksgenossen fest wurzelt. Der Polizeipräsident veröffentlicht im Amtlichen Teil eine Verordnung, die bestimmt, daß ab sofort bis auf weiteres täglich mit Dunkelwerden bis Hellwerden die Verdunkelung durchzuführen ist. Jedem Volksgenossen kann nur geraten werden, diese Verordnung, die auch das Reichs-kriegs-

> hafengebiet einbezieht, genau zu lesen und
> peinlichst genau zu befolgen.
> In einer weiteren Polizeiverfügung wird das
> luftschutzmäßige Verhalten der
> Bevölkerung bei Fliegeralarm und bei der
> Entwarnung bekanntgemacht. Auch diese
> Bestimmungen seien besonderer Beachtung
> empfohlen.

In der Nacht zum 2. September „ ... blieben plötzlich alle Straßen dunkel. Das grelle Licht drüben auf den Werften schien erloschen, die Arbeit zu ruhen, doch hörte man das Hämmern und Schlagen ... ". [123] Solche Nächte sollte die Kieler Bevölkerung in den folgenden Jahren noch viele erleben. Und die Menschen wären sicher froh gewesen, wenn es nur bei der Dunkelheit geblieben wäre.

Die Verdunkelung führte in vielen Bereichen zu erheblichen Schwierigkeiten. Deshalb traf z. B. die Kieler Stadtverwaltung mit dem Küstenbefehlshaber bereits im Oktober 1939 eine Absprache, wonach an einigen Stellen der Stadt die Verdunkelung in gewissem Umfang aufgehoben werden sollte, weil die mangelhafte Beleuchtung der Brücken, Straßen und Anleger eine erhebliche Gefahr darstellte. [124]

Klagen über die rigorose Verdunkelung kamen aus allen Städten des Reiches. Besonders Ärzte und Hebammen, aber auch Post- und Telegrammboten wurden in ihrer Arbeit behindert. Deshalb erging 1941 eine Anordnung des Reichsinnenministers, Hausnummern so zu gestalten, daß diese auch während der Verdunkelung zu entziffern waren. [125] Die Anordnung besagte u. a., daß „ ... zur Erleichterung des Verkehrs während der Dunkelheit [...] über oder neben der Haustürklinke oder über dem Schlüsselloch der Haustüren [...] eine zweite Hausnummer behelfsweise angebracht wird (Aufmalen, weiße Pappe oder ähnliches) ... ". [126]

Konnte man den Verdunkelungen zu Beginn des Krieges noch eine gewisse Berechtigung zuerkennen, so büßten sie ihren Sinn im Verlauf des Krieges weitgehend ein. Die Ortungsmittel der Alliierten erreichten einen Stand, der es ihnen mittlerweile ermöglichte, ihre Ziele auch ohne Sicht zu finden. Dadurch verlor „ ... die Nacht ihren Charakter als Tarnmantel weitgehend [...], was aber der hysterischen Verdunkelungsmanie unzähliger Luftschutzwarte keinen Abbruch tat. Sie lebten nach wie vor in der Annahme, absolute Dunkelheit sei der beste Schutz vor Bombentreffern ... ". [127]

Eine ähnliche Vorstellung hatte man von Tarnmaßnahmen. Man versuchte helle Häuserwände abzudunkeln, die Errichtung hoher Häuser und Schornsteine zu verhindern, Wasserflächen teilweise oder ganz abzudecken und vieles andere mehr. Doch letztlich erreichte man nichts. Denn die Bomberströme der Alliierten konnten dadurch nicht von ihren Zielen abgelenkt werden.

Die Stadt Kiel mit ihrer markanten Lage an der Förde war überhaupt nicht zu tarnen. Denn neben der Kieler Förde konnten auch die Eckernförder Bucht und die Holsteinischen Seen durch die Alliierten Bomber als Navigationshilfe, besonders bei Nacht, genutzt werden. Diese Wasserflächen waren niemals zu tarnen, und sie führten die Bomberbesatzungen sicher an ihr Ziel.

Luftschutz und die NSDAP

Für die Durchführung aller Luftschutzmaßnahmen waren offiziell staatliche, kommunale und/oder, (zumindest nominell) unabhängige Stellen [128] zuständig. Indessen waren seit 1933 die Entscheidungsträger aller Institutionen, die Luftschutzaufgaben zu erfüllen hatten, Angehörige der NSDAP. [129] So waren nicht allein der Kieler OB [130], sondern auch die Kieler Ratsherren sämtlich Mitglieder der Partei. Ebenso gehörten, natürlich, der Oberpräsident in Kiel, der Regierungspräsident in Schleswig und der Kieler Polizeipräsident zu den Parteimitgliedern. [131] Mithin besaß die NSDAP schon allein dadurch den Zugriff auf alle Entscheidungen im Zusammenhang mit dem Luftschutz. Dies betraf sowohl die organisatorischen Maßnahmen, wie auch alle Entscheidungen über Luftschutzbauten.

Daneben verfügte aber die NSDAP auch als Partei, vertreten durch ihre Funktionsträger wie Gau- und Kreisleiter, bei allen Vorgängen über ein zusätzliches Mitspracherecht. So wies z.B. der „Höhere SS- und Polizeiführer" in seinem Erlaß vom 10. Nov. 1941 alle am Bunkerbau beteiligten Dienststellen an, beim „ … Aussuchen der Bauplätze für öffentliche Luftschutzräume die zuständigen politischen Stellen (Kreisleiter) … " [132] zu beteiligen. Und am 30. November d. J. übersandte der „Generalbevollmächtigte für die Regelung der Bauwirtschaft, GB-Luftschutz, Sonderbauleitung Kiel" dem Kieler OB eine Liste der Bunkerbauten der III. Welle mit dem Vermerk „ … soweit diese mit dem Polizeipräsidenten u n d d e m G a u l e i t e r [133] festgelegt sind … ". [134]

Die Partei versuchte indes, ihren Einfluß noch weiter auszudehnen und auch in staatliche Bereiche vorzudringen, um dort ganz offiziell Aufgaben zu übernehmen. Dies gelang zumindest im Luftschutz bis Anfang 1945 nicht. Erst mit der großen Umgliederung der gesamten LS-Verwaltung vom 5. Februar 1945 übertrug man der Partei den Selbstschutz und unterstellte ihr fachlich den Reichsluftschutzbund. Irgendwelche Auswirkungen hatte die Neuregelung zu diesem Zeitpunkt allerdings nicht mehr. [135]

Der bauliche Luftschutz

Allgemeines

Bei einer Diskussion über den Schutz der deutschen Bevölkerung gegen die Luftbedrohung ist von der unumstößlichen Tatsache auszugehen, daß Deutschland durch seine geographische Lage in seiner Gesamtheit luftgefährdet und aufgrund der Wohn- und Wirtschaftschaftsform außerordentlich empfindlich gegen Fliegerangriffe war. [136] Sah man zudem in England einen möglichen Kriegsgegner, bewirkte dies Faktum eine ganz besondere Gefährdung der Regionen an der Nordseeküste und der Ostküste Schleswig- Holsteins. Denn hier ballten sich die Zentren des Überseehandels, der Werftindustrie sowie der Marine mit ihren Hauptstützpunkten. Zum Schutz der Menschen und zur Aufrechterhaltung der Produktion in diesem Gebiet reichten folglich organisatorische Maßnahmen allein nicht aus. Bauliche Maßnahmen waren unumgänglich. Daher ist der Auffassung Groehlers uneingeschränkt beizupflichten, daß „ … die Kardinalfrage des passiven Luftschutzes […] die des Luftschutzbaues … "[137] war und blieb.

Bauliche Luftschutzmaßnahmen umfaßten allerdings weit mehr als reinen Bunkerbau. Sie erforderten Überlegungen und Vorkehrungen darüber hinaus bei Raumordnungsplänen (z.B. Auflockerung von Ballungszentren, Errichtung von Wehrmachtsanlagen außerhalb von Wohn- und Industriestandorten), bei der Gesamtplanung von Wohnungs- und Siedlungsbau sowie der Stadterweiterung und Stadtsanierung, bei der Einrichtung und dem Ausbau von Erzeugungs-, Versorgungs- und Verkehrsanlagen sowie bei Planungen und der bautechnischen Ausführung jeder Anlage selbst. Dies waren Aufgaben, welche die Möglichkeiten von lokalen Behörden und Bauträgern weit überstiegen. Wollte man also ernsthaft Luftschutz betreiben, war allein der Staat in der Lage, die anstehenden Aufgaben zu bewältigen.

Mit der Verkündigung des LSchG bekannte sich das Reich zu seinen Verpflichtungen. Der Luftschutz wurde Reichsaufgabe. Lediglich zur Durchführung bediente sich das Reich der Dienststellen der Reichsluftfahrtverwaltung, der Polizeibehörden sowie der Dienststellen und Einrichtungen der Länder, Gemeinden, Gemeindeverbänden, der sonstigen Körperschaften öffentlichen Rechts und des RLB. Das Reich übernahm damit auch die aus der Luftschutzpflicht entstehenden Kosten. Finanzielle Beiträge zur Kostendeckung hatten gem. § 8 der I. DVO zum LSchG nur diejenigen Dienststellen und Betriebe zu leisten, die zum Werkluftschutz und zum Erweiterten Selbstschutz gehörten. [138]

Neben der grundsätzlichen Regelung der Belange im Luftschutz durch das LSchG schuf das Reich gesetzliche Regelungen zur Raumordnung, zum Städtebau und zur Stadtsanierung, wie z. B. das Wohnsiedlungsgesetz vom 22. 9. 1933. [139] Die Ausführung der Maßnahmen übertrug man den Behörden der Provinzen und/oder der Gemeinden.

Die Durchführung von Luftschutzmaßnahmen beim Neu- oder Umbau von Erzeugungs-, Versorgungs- und Verkehrsanlagen hatte der Staat in die Verantwortung der „Reichsgruppe Industrie" gelegt [140] Die gesetzlichen Grundlagen dafür waren ebenfalls mit dem LSchG, seinen Ausführungsbestimmungen und Durchführungsverordnungen sowie durch die Raumordnungsplanung geschaffen worden.

Das LSchG von 1935 sagte über den Schutzraumbau noch nichts aus. Die Bestimmungen für den Bau und die Ausrüstung von Schutzräumen waren noch in zahlreichen unterschiedlichen Publikationen verstreut. [141] Es bestand noch keinerlei Verpflichtung zur Herrichtung oder zum Einbau von LS- Räumen. Doch bereits von 1935 an übten die Behörden (zunächst noch sanften) Zwang auf die Hausbesitzer aus, in bestehenden Gebäuden LS- Räume einzurichten oder einzubauen. Seit dieser Zeit enthielten nämlich die Gutachten der Baupolizei zu Anträgen „auf Baudispens" den Zusatz „ … es wird vorgeschlagen, für die Zustimmung zur Dispenserteilung folgende Bedingungen zu stellen: Für die gesamte Einwohnerschaft sind […] Luftschutzräume […] herzurichten … ". [142]

Die zentrale Regelung für den Bau und die Ausrüstung von LS- Räumen erfolgte erst durch einen Erlaß des Reichsarbeitsministers vom 4. Mai 1937. An diesem Tag erließ er, im Einvernehmen mit dem RMdL, die „1. Ausführungsbestimmungen [AusfBest] zu § 1 der 2. DVO zum LSchG", die „Schutzraumbestimmungen". [143] Danach waren „ … im ganzen Reich … " [144] Schutzräume zu schaffen. Die Bestimmungen galten zunächst nur für Schutzräume in bestehenden Gebäuden. Regelungen für Schutzräume außerhalb von Gebäuden sollten gemäß Abschnitt I. 2 der Schutzraumbestimmungen gesondert erlassen werden. Daneben waren durch Städte und Gemeinden für Personen, die bei einem Fliegeralarm auf der Straße oder in Verkehrsmitteln unterwegs waren, „Öffentliche Luftschutzräume" einzurichten. Solche Räume sollten in Kellern, unterirdischen Garagen oder Stollen eingerichtet werden, oder die Kommunen hatten dafür eigens LS- Anlagen zu erbauen. [145]

Der Einbau von Schutzräumen in bestehenden Gebäuden blieb jedoch auch nach dem Erlaß der „Schutzraumbestimmungen" freiwillig. [146] Erst 1939 endete die Freiwilligkeit. Mit der 9. DVO zum LSchG vom 17. 8. 1939 erfolgte die Verpflichtung der Hausbesitzer, LS- Räume in ihren Häusern einzurichten. Allerdings sah die Regelung nur die Einrichtung behelfsmäßiger LS- Räume vor. Die Errichtung vollwertiger Anlagen konnte oder wollte man wegen des Arbeitskräftemangels und des Mangels an Baustoffen nicht anordnen. [147]

Die noch bestehende Gesetzeslücke zum Bau von Luftschutzräumen außerhalb bestehender Gebäude schloß der Gesetzgeber mit der „2. AusfBest zum § 1 der 2. DVO zum LSchG", den „Sonderbaubestimmungen". Sie traten am 2. September 1939 in Kraft. [148]

Als Ergänzung und gleichsam als Abrundung der gesetzlichen Vorgaben zum Bau bzw. Ausbau von Schutzräumen, erließ die Reichsregierung am 12. 3. 1940 die „Bestimmungen über Mauerdurchbrüche in bestehenden, unmittelbar benachbarten Gebäuden". [149]

Theoretisch waren damit alle Maßnahmen zum Schutz der Bevölkerung gegen die Wirkungen feindlicher Luftangriffe getroffen. Die gesetzlichen Grundlagen und die Bestimmungen zur Durchführung baulicher Maßnahmen waren vorhanden. Insoweit waren die Vorkehrungen hervorragend. Doch die praktische Umsetzung all der Planungen ließ zu wünschen übrig. Bis in die ersten Kriegsjahre hinein lag der bauliche Schutz der Zivilbevölkerung im argen. Denn die Prioritäten der politischen Führung lagen auf anderen Gebieten. Der Bau von militärischen Anlagen, die Rüstungsindustrie und die Aufrüstung der Wehrmacht genossen eindeutig Vorrang vor dem Bau von Luftschutzanlagen. [150] Erst die zunehmenden Luftangriffe der Engländer auf deutsche Städte, besonders die Luftangriffe auf Berlin, bewirkten eine Änderung in der Grundhaltung der Reichsführung. Nun verlagerte sich der Schwerpunkt vom aktiven LS, der Jagdwaffe und der Flakartillerie, weg, hin zum passiven Luftschutz.

Den entscheidenden Schnitt machte die politische Spitze des Reiches mit dem „Führer- Sofortprogramm". Mit seinem Erlaß vom 10. Oktober 1940 ordnete Hitler die sofortige Errichtung von öffentlichen bombensicheren LS- Räumen an. Er befahl, die dafür „ ... notwendigen Bauarbeiter, Baustoffe und Transportmittel bereitzustellen ... ". [151] Nun endlich gab es genügend Mittel für den Schutzraumbau. Nicht allein Geld und Arbeitskräfte machte man für den Bau der Schutzräume frei, sondern, was viel wichtiger war, endlich konnten die Planer damit rechnen, daß ihnen auch Material und Maschinen in ausreichendem Umfang zur Verfügung stehen würden. Sogar Bautruppen des Heeres kamen zum Einsatz.

Den Auftrag zur Durchführung des „Führer- Sofortprogramms" im Reichsgebiet, außer der Hauptstadt Berlin, erhielt Reichsminister Todt. Er gab dazu am 21. 11. 1940 eine Richtlinie heraus. [152] Diese besagte u.a., daß

1. der Bauumfang durch den Oberbürgermeister/ Stadtbaudirektor,

den Örtlichen Luftschutzleiter [153] und den Gebietsbeauftragten des G. B. – Bau [154] in gegenseitiger Abstimmung festgelegt wird,

2. die Bauleitung bei den städtischen Dienststellen liegt. Dabei ist der Bevollmächtigte des OB dem G. B. – Bau verantwortlich und

3. die Betreuung der Bauvorhaben durch den Gebietsbeauftragten des G. B. – Bau erfolgt. Dieser hatte die Aufgabe, auftretende Schwierigkeiten zu beseitigen und die Bauleitung in allen Fragen der Durchführung des Bauprogramms zu unterstützen, z. b. beim Arbeits- und LKW- Einsatz.

Nach den ersten Vorstellungen der Reichsführung sollte durch das „Führer- Sofortprogramm" allen Einwohnern des Reiches ein Schutzplatz gewährleistet werden. Doch diese Vorstellungen entpuppten sich rasch als das, was sie von Anfang an gewesen waren, nämliche eine Illusion. Schon nach ganz kurzer Zeit stellte man nämlich fest, daß die Mittel für das hohe Ziel nicht im entferntesten ausreichten. So konzentrierte man schließlich die Maßnahmen des Programms auf „ … wehrwirtschaftliche Gemeinden und Luftschutzorte I. Ordnung … ". [155] Das betraf 81 Städte mit ca. 20 Mio. Menschen. [156] Aber selbst dies reichlich abgespeckte Programm, das Luftschutzbauten sowohl für die Zivilbevölkerung als auch für die Industrie vorsah, war nur unzureichend und unter größten Anstrengungen zu verwirklichen.

Die Durchführung selbst erfolgte in 3 Wellen. Die I. Welle begann im November 1940 und endete 1941. Ihr schloß sich im Sommer 1941 die II. Welle an, die ab 1943 durch das „Zusatzprogramm", die III. Welle, ergänzt wurde. [157] Insgesamt erreichte die Anzahl der im Rahmen des „Führer- Sofortprogramms" errichteten Luftschutzbauten im Reich bis Kriegsende etwa 3000 LS- Bunker und LS- Stollen für den Zivilschutz und zusätzlich die gleiche Zahl an LS- Bunkern für Krankenhäuser, Reichsbahn, Industrie und Wehrmacht. [158]

Trotz aller Schwierigkeiten bei der Bereitstellung von Arbeitskräften und der Materialbeschaffung für den Bunkerbau verbesserten sich somit bis 1943 die Schutzmöglichkeiten für die Zivilbevölkerung erheblich. In den Städten des „Führer- Sofortprogramms" entstanden Schutzmöglichkeiten für durchschnittlich 4 – 10% der Wohnbevölkerung. Die Verteilung der Schutzplätze auf die einzelnen Städte war jedoch noch 1943 höchst ungleichmäßig. So stand z.B. Emden mit 27 Bunkern für 42,8 % seiner Einwohner einsam an der Spitze. Lübeck mit 23 Bunkern für 8,9% und Kiel mit 44 Bunkern für 6,8% der Bewohner rangierten noch im oberen Mittelfeld. [159] Die Städte im Ruhrgebiet hingegen besaßen im Schnitt für weniger als 5% ihrer Einwohner Schutzplätze. Die genannten Zahlen beziehen sich allerdings nur auf die Schutzplätze in den Zivilschutzbunkern mit einer Belegung nach Plan. Die zusätzlichen Plätze, die in den

Bunkern durch Überbelegung entstanden, was im Kriege zur Norm wurde, und die Möglichkeit der Mitbenutzung von Luftschutzbauten anderer Institutionen, z. B. den Werks- und Wehrmachtsbunkern, [160] sind in den genannten Prozentzahlen nicht berücksichtigt.

Planung

Planungsgrundlage für den Bau von Schutzräumen und Bunkern bildeten die gesetzlichen Regelung von 1939 und die Anweisungen und Bestimmungen von 1940, 1941 und 1943.

Spätestens nach dem Erlaß des „Führer- Sofortprogramms" mußten nun auch in Kiel Luftschutzbunker, d. h. bombensichere Schutzräume für die Zivilbevölkerung errichtet werden. Die anschließend herausgegebenen Bestimmungen für den Bunkerbau enthielten eindeutigere Planungskriterien als die älteren Schutzraumbestimmungen. Nun hatten die Planungsbehörden zunächst einen „LS- Bunker- Plan" zu erarbeiten, der den Bedarf an LS- Bunkern für das gesamte Stadtgebiet auswies. Die Bunkerstandorte legte der Örtliche Luftschutzleiter im Einvernehmen mit den städtischen Baubehörden und den Repräsentanten der Partei fest. Die LS- Bunker waren so über das Stadtgebiet zu verteilen, daß die Anmarschwege möglichst kurz waren. Die normal zulässige Entfernung vom Wohnort bis zum Bunker betrug 500 m, in Ausnahmefällen 1.000 m. [161] Die LS- Bunker sollten vorwiegend oberirdisch gebaut werden. Aus diesem Grunde hatten die Planer darauf zu achten, daß sich die LS- Bunker in städtebaulicher und baukünstlerischer Hinsicht in das Stadtbild einfügten. Zu beachten waren darüber hinaus alle baurechtlichen Vorschriften hinsichtlich der äußeren Gestaltung, wie Gebäudehöhen u. ä. Die Zuständigkeit für die Planung dieser Einzelheiten verblieb bei der Stadt.

Die notwendigen zentralen Regelungen für die technische Ausführung der LS- Bauten erschienen 1940/1941. Ende Oktober/ Anfang November 1940 erarbeitete die Inspektion Luftschutz des Reichsluftfahrtministeriums die technischen Einzelheiten und faßte sie in den „Anweisungen für den Bau bombensicherer Luftschutzräume, Fassung November 1940" zusammen. Im August 1941 folgten die „Besonderen Bestimmungen für den Luftschutzbau". [162] Diese behandelten in 7 Heften alle Aspekte des Bunkerbaus, der Versorgung, Ausstattung und Ausrüstung der Bunker sowie in einem Zusatzheft den Bau der LS- Bunker in Krankenhäusern. Sie faßten die seit 1934/35 gemachten Erfahrungen im Bunkerbau zusammen und wurden ständig aktualisiert; die letzte Ergänzung erfolgte am 26. Mai 1944. [163] Den Bau von Luftschutzstollen regelten die „Bestimmungen für den Bau von LS- Stollenanlagen" vom Juli 1943. Sie forderten die Begünstigung des Stollenbaus zum Schutz der Zivilbevölkerung und setzten ihn dem Bunkerbau gleich. [164]

Anhand dieser Unterlagen wurden die meisten LS- Bunker und Stollen in Kiel geplant und gebaut.

Luftschutzbauten in Kiel

Die Stadt Kiel war seit Beginn der Luftschutzvorbereitungen in den 30'er Jahren Luftschutzort I. Ordnung. Doch trotz der dadurch eindeutig belegten überragenden militärischen und militärisch – industriellen Bedeutung der Stadt gab es für die Zivilbevölkerung bis 1939 nur einige wenige behelfsmäßige Luftschutzräume. Lediglich auf den „Deutschen Werken" errichtete man bereits 1935/36 die ersten „Luftschutzbunker" für die Belegschaft. [165]

Behelfsmäßige Luftschutzräume und Öffentliche Schutzräume

Die Einrichtung von behelfsmäßigen und Öffentlichen Schutzräumen war mit den genannten Bestimmungen von 1937 und 1939 geregelt. [166]

Behelfsmäßige Schutzräume sollten normalerweise in Keller eingebaut werden. In vielen Gebieten Kiels besaßen die Häuser jedoch keine Keller. Das betraf die Teile der Altstadt nördlich und westlich des Alten Marktes und eine Vielzahl von Häusern zwischen dem heutigen Holstenplatz im Norden, dem Ziegelteich im Süden sowie dem Exerzierplatz im Westen, Häuserblocks südwestlich des Wilhelmsplatzes und westlich des heutigen Sophienhofes sowie im Gebiet an der Hummelwiese. Nördlich des Kleinen Kiel umfaßte der Bereich fehlender Keller ein Gebiet, welches vom Kleinen Kiel im Süden, dem Knooper Weg im Westen, im Norden von der Esmarchstraße und im Osten vom Gelände der heutigen Oberfinanzdirektion begrenzt wurde. Auch in etlichen Häuserblocks in Hammer, in Holtenau und in der Wik sowie auf dem Ostufer in Gaarden, Ellerbek, Neumühlen und Diedrichsdorf fehlten Kellerräume. [167]

In diesen Gebieten waren Schutzräume nach den „Sonderbaubestimmungen" von 1939 zu erbauen. Diese sahen vor, daß Luftschutzbauten als selbständige Bauten abseits von Gebäuden, in Verbindung mit Gebäuden oder an Gebäuden angebracht errichtet werden sollten. Sie sollten zudem möglichst unter Erdgleiche angelegt werden. Die Entfernung von den Aufenthaltsräumen der Bevölkerung zum Schutzraum sollte nicht mehr als 100 m betragen. [168]

Doch die Kieler Behörden taten sich offenbar schwer bei der Umsetzung der gesetzlichen Vorgaben, denn sie improvisierten bei den Schutzräumen in Einzelfällen so sehr, daß im Ergebnis völlig unbrauchbare Lösungen entstanden. Da hatte z. B. die Stadt Kiel neben einem ihrer Häuser einen behelfsmäßigen Luftschutzraum in einem alten Pferdestall anlegen lassen. Bei einer Überprüfung durch den RLB ergab sich nun, daß der LS- Raum in keiner Weise den Erfordernissen entsprach. Weil der Raum über Erdgleiche lag, forderte der Vertreter des RLB eine Sandaufschüttung von mindestens 1,3 mtr. Erst nach diesem Hinweis des RLB baute man den Schutzraum um. [169]

Die genaue Anzahl der behelfsmäßigen Schutzräume in Kiel ist nicht bekannt. Weder sind die in Zusammenarbeit mit dem RLB in „Heimarbeit" ausgebauten behelfsmäßigen Schutzräume dokumentiert, noch gibt es Unterlagen über die „regelgerecht" durch Baufirmen ausgebauten Räume. Nur für drei Fälle waren in den Unterlagen der Fa. Max Giese Belege zu finden: 1937 erbaute die Firma einen Luftschutzraum im Karolinenenweg, 1940 den „Luftschutzraum Andersen" und 1941 einen Luftschutzraum in Ellerbek. [170] Insgesamt scheint die Zahl der Behelfsmäßigen Luftschutzräume vor dem Krieg und bis in die ersten Kriegsjahre hinein nicht sehr groß gewesen zu sein, da die Bereitschaft zum Ausbau bei den Hausbesitzern offenbar gering war. Denn noch im Februar 1941 lag die geschätzte Anzahl der Gebäude, in die Schutzräume eingebaut werden mußten, bei ca. 12.000. [171]

Das hohe Defizit an Schutzräumen veranlaßte im Winter 1940/41 den Örtlichen Luftschutzleiter, Maßnahmen zu ergreifen, um den Ausbau verstärkt voranzutreiben. Er intensivierte die Zusammenarbeit mit dem RLB und ließ die Baumaßnahmen steigern. Der RLB setzte in seinen Bereichen Kiel-West und Kiel-Ost 10 bzw. 7 Revierbauleiter ein, um die Baufirmen einzuweisen und zu überwachen. Auf diese Weise wurden bis zum 28. Februar 1941 7.984 Tagewerke abgeleistet. Die Anzahl der im Zuge dieser Arbeiten ausgebauten LS- Räume ist leider nicht genannt. [172]

Zusätzlich kamen nach der Verkündigung des „Führer- Sofortprogramms" neben den bereits tätigen zivilen Firmen Bautruppen des Heeres zum Einsatz. Vom 10. März bis Ende Mai 1941 verlegte die 4. Kompanie des Bau- Bataillons 105 nach Kiel. Ihr Auftrag war es, „ ... Keller auszusteifen, Brandmauerdurchbrüche herzustellen, kurzum [...] behelfsmäßigen Luftschutzraum herzustellen ... ". [173] Bis Anfang Mai d. J. erstellte die Kompanie 2.300 Splitterschutzvorrichtungen aus Eisenbetonbalken, steifte 1.500 Keller aus, stellte 400 Brandmauerdurchbrüche her und baute 41 Notausstiege sowie 37 Gasschleusen. [174] Damit schaffte die Einheit nach eigenen Angaben Schutzplätze für etwa 20.000 Personen. [175] Besonders stolz führte die Truppe in der Erfolgsbilanz an, daß bereits während ihrer kurzen Einsatzzeit durch die Baumaßnahmen der Soldaten 67 Personen das Leben gerettet worden sei. [176]

Der verstärkte Einsatz von Menschen und Material verringerte den Schutzraummangel nur allmählich. Am 8. August 1941 meldete der Gaubeauftragte des G. B. – Bau nach Berlin, daß von den 284.257 Einwohnern Kiels 210.762 splittersicher untergebracht worden seien. Von 13.000 Häusern, die mit splittersicheren Einbauten ausgerüstet werden könnten, seien 10.700 ausgebaut. Dies entspräche einem Ausbaugrad von 80%. [177] Trotz allem waren aber noch im Januar 1942 nur die Häuser der Stadtteile südlich des Kleinen Kiel und des Exerzierplatzes, in Teilen von Gaarden und Dietrichsdorf sowie vereinzelte Wohnblocks am Blücherplatz, in der Wik und in Holtenau mit behelfsmäßigen Schutzräumen versehen. Im restlichen Stadtgebiet hatte man den Ausbau zwar in Angriff genommen, indes noch nicht abgeschlossen. [178] Wie weit der Ausbau bis Kriegsende letztlich gediehen war, ist unbekannt. Nach 1942 sind aber mit Sicherheit kaum noch Ausbauten vorgenommen worden, da bei der steigenden Zahl von Luftangriffen immer mehr Häuser in Trümmer fielen. Die steigende Zahl der Schutzplätze in den LS- Bunkern machte zudem einen Ausbau von LS- Räumen überflüssig, denn dort wurde den Bürgern mehr Sicherheit geboten, als in den Luftschutzkellern.

Öffentliche LS-Räume (ÖLSR) waren bei Kriegsende in folgenden 17 Gebäuden vorhanden: [179] Adalbertstraße 13, Boninstraße 63/65, Dorfstraße 2 (Elmschenhagen), Eichhofstraße 1, Gutenbergstraße 40, Hasseldieksdammer Weg 3, Holtenauer Straße 59, Holtenauer Straße 82, Holtenauer Straße 199, Kleiner Kuhberg 14, Knorrstraße 1, Königsweg 78, Oberlandesgericht, Prinz-Heinrich-Straße 132, Rathaus, Sophienblatt 60 und Wilhelminenstraße 10. Wann die Schutzräume jeweils fertiggestellt und in Betrieb genommen wurden, ist heute nicht mehr feststellbar. Es bestand aber mindestens noch ein zusätzlicher ÖLS- Raum, der in der Liste der Stadt Kiel nicht erwähnt wird, nämlich der in der Tirpitzstraße 19. [180] Aufgrund dieser Tatsache ist davon auszugehen, daß die Zahl der ÖLSR mit Sicherheit höher war, als die in der Liste angeführten 17 Räume.

Die Behelfsmäßigen Luftschutzräume und die Öffentlichen Schutzräume waren, besonders in den ersten Kriegsjahren, für die meisten Kieler die einzige Zuflucht vor den Bombenangriffen. Als sich im weiteren Verlauf des Krieges die Schutzmöglichkeiten durch die neu erstellten Bunker verbesserten, zogen es allerdings die meisten Menschen vor, in den neuen Luftschutzbunkern Zuflucht zu suchen. Denn die sich ständig steigernde Bombenwirkung und die immer größere Zahl der Luftangriffe entwerteten die Schutzmöglichkeiten der Behelfsmäßigen Schutzräume fast völlig. [181] Sie erwiesen sich den Anforderungen des Luftkrieges nicht gewachsen!

Das beweisen die Lageberichte des Polizeipräsidenten unmißverständlich. Daraus seien Beispiele aus 3 verschiedenen Jahren angeführt. Über die Verluste beim Luftangriff vom 7./8. April 1941 z. B. ist zu lesen:

„ ... Tote 121, Verletzte 99 (davon 9 Angehörige der Kriegsmarine und 1 Flakverletzter) [...] Soweit bis jetzt festgestellt werden konnte, sind die Verluste [...] in den meisten Fällen in den behelfsmäßig ausgebauten Schutzräumen bezw. bei dem Löschen von Bränden entstanden ... ". In der Nacht vom 26. zum 27. Februar 1942 gab es wieder Tote und Verletzte in den LS- Räumen. Nach diesem Angriff wurde gemeldet: „ ... Steinberg 12: Haus zerstört, LS- Raum eingedrückt. 9 Tote, 10 Verletzte im LS- Raum [...] Preetzer Chaussee 64: 1 Sprengbombe (Blindgänger); Sämtliche Stockwerke und LS- Raum durchschlagen. 1 Toter ... ". Und nach dem Angriff vom 4. Januar 1944 meldet die Dienststelle des Polizeipräsidenten: „ ... Adolfstraße 12, Totalschaden. 3 Gefallene [182] im LS- Raum. Sprengbombe, [...] Adolfplatz 5, 2 Gefallene im LS- Raum. Sprengbombe, [...] Gerhardstr. 74, 1 Gefallener im LS- Raum. Sprengbombe [...] Finanzamt, Tirpitzstraße 19, schwerer Schaden. ÖLSR im Hause beschädigt. Nahtreffer, Außenwand eingedrückt. Verschüttete und Verwundete ... ". [183]

Trotzdem blieb vielen Kielern bei Bombenalarm allein der zunehmend fragwürdige Schutz der „Luftschutzräume (LS-Keller)" oder der „Öffentlichen Schutzräume". Denn die Plätze in den LS- Bunkern reichten oftmals nicht für alle Schutzsuchenden aus, oder aber ein LS- Bunker konnte nicht rechtzeitig erreicht werden.

LS- Bunker und Stollen

Die Bombenangriffe in den ersten Kriegsmonaten lehrten rasch, daß die aktive Luftverteidigung beim Schutz des Reichsgebietes versagt hatte und die bislang eingerichteten Schutzräume der Bevölkerung keine ausreichende Sicherheit boten. Die Errichtung bombensicherer Luftschutzbauten wurde unerläßlich, wollte man nicht den Tod unzähliger Zivilisten in Kauf nehmen.

Alle gesetzlichen und sonstigen notwendigen Grundlagen waren vorhanden, es mußte nur noch gehandelt werden.

Grundstücksbeschaffung

Bunker errichtete man auf Grundstücken, die sich entweder schon im Besitz der öffentlichen Hand befanden oder von privaten Grundbesitzern erworben werden mußten. Der Grunderwerb war in Erlassen des RdLuObdL geregelt. Er erfolgte im Wege freier Vereinbarung, durch Enteignung auf Grund der Enteignungsgesetze der Länder oder durch Inanspruchnahme auf Grund des Reichsleistungsgesetzes. [184] Als „freie Vereinbarung" galten der Kauf oder die Pacht des Grundstücks. Nach dem Kauf oder der Enteignung gingen die Grundstücke in den Besitz des Reiches über. Alle genannten Möglichkeiten nutzte der Reichsfiskus auch in Kiel aus.

Die geringsten Probleme traten wohl bei den Verkäufen auf. Auffällig ist nur, wie groß die Preisspanne [185] dabei im Einzelnen war. So verkaufte im April 1941 ein Ehepaar aus Dietrichsdorf ein Grundstück in Größe von 711 qm für 7,50 RM/qm, die auf dem Grundstück befindlichen Bäume und Sträucher wurden gesondert bewertet, ihr Wert dem Kaufpreis hinzugerechnet. Im Zuge des gleichen Bauvorhabens veräußerte ein Rentner eine Parzelle von 10 qm Größe. Er erhielt dafür jedoch nur 5,00 RM/qm. [186] Für ein anderes Projekt auf dem Ostufer verkaufte eine Firma ihr Grundstück zu einem Preis von 17,00 RM/qm und der Fiskus übernahm noch sämtliche Zusatzkosten. [187] Eine Begründung für die bemerkenswerten Preisunterschiede ist aus den Akten nicht ersichtlich.

Doch gab es auch bei den Kaufverhandlungen hin und wieder Unstimmigkeiten und kleinere Streitigkeiten. So erwarb z. B. im November 1942 der Fiskus auf dem Ostufer 10 Parzellen Land, meist Kleingartengelände, von mehr als 10 Eigentümern. Eigentümer der Grundstücke waren die Stadt Kiel, eine Werft, eine Siedlungsbaugenossenschaft und mehrere Privatpersonen. Mit einem der Beteiligten kam es dabei zu Differenzen bezüglich der Bewertung der Obstbäume und Beerensträucher sowie der Ertragseinbußen aus seinem Kleingarten. Die Ausgleichsforderungen des Verkäufers beliefen sich auf insgesamt 2.992,00 RM. Zugestanden hatte man ihm zunächst nur 159,60 RM. Über die Differenz entstand ein längerer Schriftwechsel mit Gutachten und Gegengutachten zwischen dem Betroffenen, dem Örtlichen Luftschutzleiter als Käufer und dem Tiefbauamt der Stadt Kiel als Gutachter. Das Ergebnis des Rechtsstreits ist unbekannt. [188]

Erhebliche Schwierigkeiten bei der Grundstückbeschaffung gab es hingegen mit der Marine. Bei der Vorbereitung für die Bunkerbauten der III. Welle hatte die Stadtplanung einen Bunker auf Marinegelände geplant. Doch die Marine hatte „ ... trotz Einschaltung der NSDAP [...] sämtliche Vorschläge [...] rundweg abgelehnt ... ". [189] Ob sich dabei schließlich die Stadt oder die Marine durchsetzten, ist unbekannt.

Enteignungsverfahren kamen, wie auch heute noch, immer dann in Gang, wenn sich die Beteiligten über den Kaufpreis nicht einigen konnten. 1941 z. B. wurde ein Enteignungsverfahren eingeleitet, weil der Eigentümer 40,00 RM/qm für sein Grundstück forderte, das Reich aber nur 12,50 RM/qm bezahlen wollte. [190] Auch in diesem Fall ist das Ergebnis nicht bekannt.

Das Ergebnis eines anderen Enteignungsverfahrens ist hingegen bekannt. Begonnen hatte die Auseinandersetzung um ein Grundstück in der Bergstraße bereits 1939. Die Verkaufsverhandlungen scheiterten recht schnell an den überhöhten Forderungen des Grundstückbesitzers. Im Dezember d. J. wandte sich daher der Kieler Polizeipräsident an das

Luftgaukommando XI in Hannover mit der Bitte um weitere Verhaltensmaßregeln zur Einleitung des Enteignungsverfahrens. Wann die Beschlagnahme des Grundstücks erfolgte und das Enteignungsverfahren in Gang gesetzt wurde, ist aus den Akten nicht ersichtlich. Der geplante Bunker jedenfalls wurde im Jahre 1940 gebaut. Damit war die Sache aber nicht erledigt. Im Gegenteil. Die Prozedur zog sich hin. Der Rechtsstreit steigerte sich in den folgenden Jahren noch, weil sich die Forderungen des Grundstückseigners im Laufe der Zeit immer weiter erhöhten. Schließlich drohte die Behörde, ihn als „Volksschädling" vor Gericht zu bringen. Schließlich und endlich einigte man sich im Jahre 1944 (nach fast 5 Jahren) auf einen Kompromiß bei der Kaufsumme. Am 11. Januar 1945 erfolgte dann schließlich die Eintragung des Grundstücks zugunsten des Reiches in das Grundbuch. [191]

Nicht immer gingen die Behörden so langmütig und rücksichtsvoll vor. In einem Brief an die OFD aus dem Jahre 1958(!) beklagt eine Frau, daß man 1941 einen Teil ihres Grundstückes beschlagnahmt und sofort mit dem Bunkerbau begonnen habe. Zudem seien ihre Garage und der gesamte Hofplatz von der ausführenden Baufirma in Anspruch genommen worden, die Zufahrt zum Grundstück habe man gesperrt. Durch all diese Maßnahmen sei ihr Fuhrgeschäft fast zum Erliegen gekommen. Sie schreibt weiter, daß bei der Sprengung des Bunkers im Jahre 1945 die Garage zerstört worden sei und ihr Wohnhaus Schäden erlitten habe. Für all diese Verluste habe sie bisher keinerlei Entschädigungen bekommen. [192] Das Ergebnis des Beschwerdebriefes ist unbekannt.

In einem anderen Fall ließ der Polizeipräsident ein Grundstück beschlagnahmen und schloß mit dem Eigentümer einen Mietvertrag ab. Ein Bunker wurde errichtet, im Kriege genutzt, nach dem Kriege gesprengt, die Trümmer wurden beseitigt und das Grundstück geräumt. Leider versäumte der Reichsfiskus während der gesamten Zeit, die vereinbarte Miete zu zahlen. Erst über 20 Jahre nach Kriegsende bekamen die Grundstückseigentümer vom Verwaltungsgericht die Mietsumme zugestanden und dann von der Bundesrepublik Deutschland ausgezahlt. [193]

Zu den beiden letzten Fällen ist anzumerken, daß aus den Schilderungen nur die Ansichten jeweils einer Seite hervorgehen. Die Gründe für das geschilderte Verhalten der Gegenpartei sind nicht bekannt. Daher ist eine Bewertung der Vorgänge schwierig, weil nicht festgestellt werden kann, ob nicht auch Versäumnisse der klagenden Parteien vorliegen. Hier könnte nur spekuliert werden.

Bau der LS- Bunker und LS- Stollen

1939 begann in Kiel der Bau von Luftschutzräumen für die Zivilbevölkerung, die nicht mehr nur behelfsmäßigen Charakter besaßen.

Dazu übersandte Anfang Mai der Polizeipräsident dem OB seine Planungsunterlagen. [194] In einer Besprechung am 16. d. M. akzeptierte der OB die Planung in den wesentlichen Punkten. [195] Über die Errichtung von Bunkern an folgenden Standorten bestand Einigkeit zwischen dem Polizeipräsidenten und der Stadt: Kaiserstraße/Ecke Werftstraße, am Fährsteig (Fähranleger Gaarden) und auf dem Vinetaplatz. Gegen die Bebauung der folgenden drei Grundstücke erhob die Stadt Einwände: am Anstieg zur Gablenzbrücke (Argument der Stadt: Ungeeigneter Baugrund. Empfehlung: Bau an anderer Stelle, nämlich an der Gablenzbrücke/Mühlenstraße), auf dem nördlichen Teil des Exerzierplatzes (Argument der Stadt: Anderweitige Planungen an dieser Stelle. Empfehlung: Prüfung, ob Verlegung an die Südseite möglich) und an der Hauptpost (Argument der Stadt: Stimmt aus städtebaulichen Gründen nicht zu. Empfehlung: Verlegung zur Auguste-Victoria Straße/Ecke Augustenburger Platz). Nach diesem ersten Vorstoß geschah aber erst einmal gar nichts. Die ganze Sache schlief zunächst für ein halbes Jahr ein. Es fanden weder von Seiten des Polizeipräsidenten, noch von Seiten der Stadt irgendwelche Anstrengungen statt, die Projekte in die Tat umzusetzen.

Erst am 23. Oktober 1939, also bereits nach Kriegsbeginn, kam wieder Bewegung in die Sache. An diesem Tag nahm ein Vertreter des Polizeipräsidenten Kontakt mit dem Stadtoberbaurat auf und teilte ihm mit, daß „ ... an verschiedenen Stellen der Innenstadt bombensichere Unterstände für die Straßenpassanten errichtet werden sollen ... ". Dafür seien als Standort eine Fläche an der Schevenbrücke, an der Ecke Willestraße/Adolf Hitler Platz und der Bauplatz Café Hörlock am Alten Markt vorgesehen. Am gleichen Tag erhielt der Stadtoberbaudirektor aus dem Polizeipräsidium den ergänzenden Hinweis, daß „ ... die Absicht bestehe, außer den Luftschutzunterständen Luftschutztürme zu bauen ... ". Geeignete Plätze dafür seien an der Ecke Gablenzstraße (neben dem Straßenbahndepot), auf dem Parkplatz zwischen Auguste Victoria- Straße und Kaistraße (nördlich vom Hauptbahnhof), am Bootshafen und in die Nähe der Fähre auf der Gaardener Seite der Förde. Gesucht würde dazu noch der Platz für einen fünften LS- Turm. [196]

Trotz der Tatsache, daß die Standortplanung des Polizeipräsidenten für die Errichtung der Luftschutzbauten von den ursprünglichen Absichten erheblich abwich, ging diesmal alles sehr rasch. Sowohl die notwendigen Absprachen der Behörden untereinander, als auch die Planungs- und Genehmigungsverfahren wickelte man nun in ungewöhnlich kurzer

Zeit ab. Schon am 07. November 1939 berichtete Stadtoberbaurat Jensen den Ratsherren, daß auf dem Exerzierplatz und dem Vinetaplatz [197] Ausschachtungsarbeiten begonnen hätten, und am Fährsteig in Gaarden bereits die Vermessungsarbeiten im Gange seien. Zudem seien weitere Bauplätze im Schloßgarten und an der Werftstraße/ Ecke Gablenzstraße festgelegt worden. Weiter berichtete er, daß ein in der Bergstraße vorgesehener Bunker wegen anderweitiger Planungen der Stadt auf einem Grundstück am Philosophengang errichtet werden solle. [198]

Die Entwürfe für weitere Bauten folgten ebenso rasch. Nur 6 Wochen später lagen sie vor. Am 23. Dezember 1939 informierte der Stadtoberbaurat den OB darüber, daß er mit dem Luftschutzdezernenten der Polizei weitere 7 Bauplätze für „Luftschutztürme" festgelegt habe. Dabei handelte es sich um folgende Grundstücke: Bergstraße 17 (Eigentümer Theede), Speck & Sohn (Werftstraße/ Gablenzstraße), Grundstück Billström (Hintergelände Lichtspieltheater, Brunswikerstraße), Grundstück Fabienke (Hafenstraße 15), Grundstück Verbrauchergenossenschaft (Hintergelände Willestraße), Grundstück Faulstraße (Eigentümer Kirchengemeindeverband) und Faulstraße (Baulücke an der Küterstraße). [199]

Doch beim geplanten Bunkerbau an der Werftstraße/ Gablenzstraße machte die Stadt Schwierigkeiten. Der Eigentümer hatte dort die Errichtung einer Großgarage geplant, die Stadt unterstützte sein Vorhaben und taktierte daher bei der Zustimmung zum Bunkerbau hinhaltend. Es traten Verzögerungen beim Baubeginn ein. Deshalb schaltete sich der Küstenbefehlshaber Westliche Ostsee in seiner Eigenschaft als Festungskommandant der Festung Kiel ein. Er forderte in einem Brief vom 20. März 1940 vom OB „ … im Hinblick auf die unzureichende Versorgung der Bevölkerung mit öffentlichen Luftschutzräumen und angesichts der sich verschärfenden Kriegslage … " den Bau des Bunkers an dieser Stelle. [200] Nach weiterem Schriftwechsel und mehreren Besprechungen zwischen Vertretern der Stadt und des Polizeipräsidenten gab die Stadt dem Druck nach. Im April 1940 bat die Stadt den Polizeipräsidenten nur noch darum, beim Bau die Fluchtlinien einzuhalten und den Bunker zu verblenden. [201] Der Bunkerbau konnte durchgeführt werden. Die Stadt erklärte sich sogar bereit, für die Kosten der Verblendung in Höhe von ca. 14.000,00 RM aufzukommen, wenn „ … keine andere Stelle … " zur Kostenerstattung bereit sei. [202] Natürlich fand sich dazu keine andere Dienststelle bereit, und so stellte die Stadt im Juni die benötigten Haushaltsmittel zur Verfügung. [203]

Dieser Bunker ist noch heute erhalten. Er wurde nach einem Entwurf der Firma Luz- Bau errichtet, einer Berliner Firma, die sich seit den 30'er Jahren mit der Konstruktion von Bunkern beschäftigt hatte. [204] Das Bauwerk ist ein ausgeprägtes Beispiel der ersten Kieler Luftschutzbauten.

Sehr eindrucksvoll wird der Stilwandel im Bunkerbau durch den Vergleich mit dem schräg gegenüberliegenden Bunker „Germania I" dokumentiert, einem Bunker der III. Welle des „Führer- Sofortprogramms". Da steht auf der einen Straßenseite der mit rotem Backstein verkleidete, relativ schlanke Bau aus dem Jahre 1940, welcher auf den ersten Blick gar nicht als LS- Bunker zu erkennen ist. Ihm gegenüber auf der anderen Straßenseite liegt der neuere LS- Bunker, ein äußerlich wenig ansprechender Betonklotz. Ein reiner Zweckbau der III. Welle, als es nur noch darum ging, möglichst schnell Schutzräume zu schaffen. [205]

Am 30. August 1940 fand die nächste Auswahl von Bauplätzen durch Spitzenvertreter der städtischen Verwaltung und der Polizei statt. Ein Vertreter der Polizei erklärte dabei, daß „ ... bis zum 31. Dezember [...] für 10% der Kieler Bevölkerung = 27 000 Personen ... " Schutzraum vorhanden sein solle. Dafür seien vom Arbeitsamt „ ... nunmehr erhebliche Arbeitskräfte für die Förderung des Baues öffentlicher Luftschutzräume ... " zur Verfügung gestellt worden. Dann legte man folgende Plätze für den Bau von „Luftschutztürmen" fest: : das Grundstück Fabienke zwischen Hafenstraße und Holstenbrücke, das Grundstück Sartori & Berger am Eisenbahndamm/Holstenbrücke, ein Grundstück in der Fabrikstraße bei Flügger, eines in der Wahlestraße und eines auf dem Gelände der Gaardener Kaserne in der Kaiserstraße. Des weiteren sollten Stollen auf dem Alten Markt und bei der Haushaltungsschule am Philosophengang sowie ein splittersicherer LS- Raum auf dem Wilhelmsplatz gebaut werden. Die Festlegung dieser Plätze erfolgte einvernehmlich. Umstritten blieb hingegen die Errichtung eines Bunkers im Schloßgarten. Der OB bat darum „ ... aus städtebaulichen Aspekten ... " dort keinen Bau zu errichten. [206]

Zur gleichen Zeit begann die Planung für einen Luftschutzturm auf dem Grundstück Schönberger Straße 183. [207] Die Kriegsmarinewerft beanspruchte jedoch das Gelände für ihre Erweiterung, und deshalb kam der Bau an dieser Stelle nicht zur Ausführung. Der „Luftschutzturm" wurde aber später in unmittelbarer Nähe, nämlich auf dem Grundstück Schönberger Straße 156 (Ellerbeker Markt) errichtet.

Am 15. Oktober 1940 informierte der Stadtoberbaudirektor den OB über Absprachen mit dem Polizeipräsidenten zur Errichtung weiterer Luftschutzbauten. In seinem Bericht hebt er ganz besonders hervor, daß er „ ... gegen Pläne, die ihm aus städtebaulichen Gründen untragbar erschienen ... " entschieden Stellung genommen habe. Lediglich zu Anlagen in der Fabrikstraße und am Ellerbeker Markt habe er seine Zustimmung gegeben. Er forderte eindringlich, daß die Entwurfsarbeiten für alle künftigen Projekte unbedingt von der Stadt übernommen werden müßten, um „ ... so den größtmöglichen Einfluß auf die Beachtung der städtebaulichen Belange zu haben ... ". [208]

In der Zeit von Oktober/November 1939 bis zum Oktober 1940 waren eine ganze Reihe von Bunkerbauprojekten geplant und in Angriff genommen worden. Einer Meldung aus dem Jahre 1941 zufolge standen einige der LS- Bunker aus dieser Bauphase bereits 1940 der Bevölkerung zur Verfügung. [209] Leider geht aus den Akten aber nicht eindeutig hervor, welche LS- Bunker das im Einzelnen waren. Der genaue Zeitpunkt, von wann ab die LS- Bunker von der Bevölkerung genutzt werden konnten, war überhaupt nicht zu ermitteln.

Das Planungs- und Baugeschehen aus dieser ersten Phase des Baus von Luftschutzbunkern in Kiel ist in folgender Übersicht zusammengefaßt:

LS- Bunker

Planungsname	gebaut als	Anmerkung
Kaiserstraße/Ecke Werftstraße	Nicht realisiert.	Möglicherweise als Stollen „Horst-Wessel-Park" gebaut.
Fährsteig	Fährsteig- Bunker	In der II. Welle des „Führer- Bauprogramms" als Tiefbunker realisiert
Vinetaplatz		Als Tiefbunker errichtet. Baudaten unbekannt.
Gablenzbrücke	Gablenz- Bunker	In der III. Welle des „Führer- Bauprogramms" als Tiefbunker realisiert
Exerzierplatz, nördlicher Teil	---	Exerzierplatz- Bunker. Im südlichen Teil errichtet. Tiefbunker.
Hauptpost	Nicht realisiert.	---
Schevenbrücke,	Nicht realisiert.	---
Ecke Willestraße/ Adolf Hitler Platz	Nicht realisiert.	---
Bauplatz Café Hörlock am Alten Markt	Nicht realisiert.	---
Ecke Gablenzstraße (neben dem Straßenbahndepot),	Werftstraße 231	---
Parkplatz zwischen Auguste Victoria- Straße und Kaistraße	Augustenburger Platz	In der I. Welle des „Führer- Bauprogramms" als Tiefbunker realisiert

LS- Bunker

Planungsname	gebaut als	Anmerkung
Bootshafen und in die Nähe der Fähre auf der Gaardener Seite der Förde	---	Bootshafen nicht realisiert, Gaardener Seite: Fährsteig- Bunker (siehe dort).
Schloßgarten	Nicht realisiert.	---
Werftstraße/ Ecke Gablenzstraße	Gablenz- Bunker	In der III. Welle des „Führer- Bauprogramms" als Tiefbunker realisiert
Philosophengang	---	In der I. Welle des „Führer- Bauprogramm" realisiert
Bergstraße 17 (Eigentümer Theede),	Muhlius- Straße	Berghaus- Bunker. Hochbunker.
Speck & Sohn (Werftstraße/ Gablenzstraße),	Werftstraße 231	---
Grundstück Billström (Hintergelände Lichtspieltheater, Brunswikerstraße),	Nicht realisiert.	---
Grundstück Fabienke (Hafenstraße 15)	Reichshallen- Bunker	In der II. Welle des „Führer- Bauprogramms" realisiert
Grundstück Verbrauchergenossenschaft (Hintergelände Willestraße),	Nicht realisiert.	---
Grundstück Faulstraße (Eigentümer Kirchengemeindeverband)	Nicht realisiert.	---
Faulstraße (Baulücke an der Küterstraße).	Nicht realisiert.	---

Am 10. Oktober 1940 erschien der „Führer- Erlaß" zum Bau von Luftschutzbunkern. Das änderte die Situation im Kieler LS- Bunkerbau. Mit dem Erlaß des Reichsministers Todt vom 21. November erfolgte die Aufstellung der Dienststelle des „Gebietsbeauftragten des G. B. – Bau" für den Bereich Kiel und damit die Übertragung der Verantwortung zur Durchführung künftiger Bunkerbaumaßnahmen auf eine Dienststelle des Reiches. Nur die Planungsverantwortung verblieb bei den bisherigen Gremien, dem Örtlichen Luftschutzleiter, den städtischen Baubehörden und den lokalen Parteigliederungen. [210] Die Industrie hingegen behielt für ihren Bereich sowohl die Planungs- als auch die Durchführungsverantwortung.

Beim Baugeschehen selbst zeigte der „Führer- Erlaß" schnell Wirkung. Der Bunkerbau in Kiel beschleunigte sich. Am Jahresende 1940 ergab sich nach einer Meldung der städtische Bauverwaltung vom Februar 1941 folgender Sachstand: [211]

Ende November/Anfang Dezember 1940 war der Bau folgender 9 LS-Bunker in Angriff genommen worden:

Sandkrug 14 (Befehlsbunker der SA) Wilhelminenstraße
Annenstraße 40/48 Holsatiamühle, Heikendorfer
Schönberger Straße 156 Weg
Wahlestraße 23 Lessingplatz
Philosophengang (Schule) Hebbelstraße (Schule)

Die Bunkerbauten Nr. 1 – 4 erhielten den Vermerk „Besonders zu fördern" und sollten bis April 1941 im Rohbau fertig sein. Auf den Bunkerbaustellen waren 88% der Erdarbeiten abgeschlossen, an den Bunkern „Sandkrug" und „Philosophengang" war bereits mit dem Betonieren begonnen worden. Bei den restlichen Bunkern sollte Anfang März mit den Betonierarbeiten begonnen werden. Allerdings hatten Frostwetter und mangelnde Transportkapazität die Arbeiten von Dezember bis in die 1. Februarhälfte hinein verzögert. Insgesamt waren auf den Baustellen 301 Mann eingesetzt.

Nach dieser Meldung war für das II. Quartal 1941 der Bau von Bunkern an folgenden Plätzen vorgesehen:
Vor der Schule in der Großen Ziegelstraße
Eichenbergskamp/Ecke Luisenstraße
Holstenbrücke hinter Reichshallentheater
Holtenauer Straße 44 im Hof
Südliches Widerlager der geplanten Schwentinebrücke
Nördliches Widerlager der geplanten Schwentinebrücke
Kasernengelände am Langen Segen
Jungmannstraße 50

Die Planungen waren also auf den ersten Blick recht umfangreich, und die zeitlichen Vorgaben sehr eng. Wären die Absichten so verwirklicht worden, hätte man im Sommer 1941 mehr als 10 Bunker zusätzlich zur Verfügung gehabt. Die zeitlichen Vorgaben hatte der G. B. – Bau für die Monate November/ Dezember 1940 und das erste Halbjahr 1941 so festgelegt: [212]

Lu Nr. Standort	Plätze		Baube-	Bauen-
	Sitz-	Liege-	ginn	de
1. Bauabschnitt:				
1 Philosophengang	32	162	18.11.40	01.04.41
2 Wilhelminenstr.	46	222	23.11.40	01.04.41
11 Holsatiamühle	380	120	28.11.40	01.04.41

Lu Nr.	Standort	Plätze		Baube-	Bauen-
		Sitz-	Liege-	ginn	de
4	Annenstraße 40/48	84	318	28.11.40	01.05.41
5	Sandkrug 14	196	306	11.12.40	01.05.41
6	Schönbergerstraße 156	198	264	19.12.40	01.05.41
10	Wahlestraße 23 [213]	218	264	07.12.40	01.05.41
Überhang des 1. Bauabschnitts:					
3	Lessingplatz	22	110	23.11.40	15.05.41
9	Hebbelstraße	46	222	23.12.40	15.05.41
2. Bauabschnitt:					
12	Holstenbrücke (Fa.)	360	216	01.04.41	01.07.41
7	Gr. Ziegelstraße	649	360	01.04.41	01.07.41
8	Eichenbergskamp	100	300	01.04.41	01.07.41
13	Holtenauerstraße 44	86	343	01.04.41	01.07.41
14	Schwentine-Brücke, Süd	28	600	01.04.41	01.07.41
15	Schwentine-Brücke, Nord	15	600	01.04.41	01.07.41
16	Hohenrade	18	270	01.04.41	01.07.41
17	Jungmannstr.50	60	249	01.04.41	01.07.41

Die Termine zur Fertigstellung der ersten LS- Bunker im April 1941 waren nicht zu halten. Die Durchführung des Gesamtprogramms verzögerte sich. [214] Insgesamt stellte sich der Zustand des Bunkerbaues Mitte des Jahres 1941 als völlig unbefriedigend dar. In seiner Meldung [215] vom 1. Juni 1941 schilderte der G. B. – Bau, total ernüchtert, folgendermaßen den Sachstand:

- noch keine Luftschutzbauten des Sofortprogramms fertiggestellt,
- nur ein bombensicherer Werkluftschutzbau (ein alter Keller in der Holsatia- Mühle mit einem Fassungsvermögen von 260 Personen),
- mehrere Luftschutzbauten aus der Zeit vor dem Sofortprogramm, die aber nicht den neuesten „Anweisungen für den Bau bombensicherer Luftschutzräume" entsprechen. (Lediglich der Stollen im Horst- Wessel- Park mit einem Fassungsvermögen von 1.390 Personen machte eine Ausnahme).

Der letzte Abschnitt der Meldung belegt, daß die Bunker, welche noch in der Zeit vor der Verkündung des Sofortprogramms projektiert und gebaut worden waren, bereits nach einem Jahr nicht mehr dem neuesten Stand der Bunkerbautechnik entsprachen. So betrug z. B. die Deckenstärke bei diesen LS-Bunkern nur 1,4 m, während die neueren „Bestimmungen für den Bau von Luftschutz- Bunkern" eine Mindeststärke von 2,0 m vorschrieben. [216]

Die älteren LS- Bunker galten daher nicht mehr als „bombensicher", sondern nur noch als „splittersicher". [217] Diesem Mißstand konnte und wollte man auch nicht mehr abhelfen. Ein Umbau bzw. eine Nachbesserung wäre nicht nur technisch sehr aufwendig und unverhältnismäßig teuer gewesen, sondern hätte darüber hinaus dazu geführt, daß bereits fertige LS- Bunker für längere Zeit unbenutzbar geworden wären. So nahm man das kleinere Übel, die etwas geringere Schutzwirkung, bewußt in Kauf, erhielt aber dafür wenigsten die Schutzplätze. [218]

Um die Misere nicht noch größer werden zu lassen, versuchten die Behörden, die Fertigstellung der im Bau befindlichen und nach den neuen Richtlinien geplanten LS- Bunker mit höherem Tempo voranzutreiben. Parallel dazu trieb man die Planungen für neue Luftschutzräume voran. Anfang August legte die Stadtplanung die Bauplätze für 5 neue Bunker fest. An folgenden Straßen sollten neu gebaut werden: [219]

Tiefe Alle Nr. 39 u. 41
Wischhofstraße, zwischen Schönbergerstraße und Altenteichstraße
Hummelwiese
Schützenpark
Preetzer Straße, Ecke Iltisstraße

Spätestens Ende des Jahres 1941 waren endlich alle Bunker der I. Welle so weit fertiggestellt, daß sie von der Bevölkerung genutzt werden konnten. [220] Es handelte sich dabei um folgende Bauten:

Lu Nr.	Standort/Bunkername
1	Philosophengang/Philosophen- Bunker
2	Wilhelminenstraße/ Wilhelminen-Bunker
3	Lessingplatz/ Lessing- Bunker
4	Annenstraße 40/48/ Annenbunker
5	Sandkrug – Raaschstraße/ Sandkrug- Bunker
6	Schönbergerstraße 156 (Ellerbeker Markt)
11	Heikendorfer Weg (Holsatia- Mühle) / Holsatia- Bunker
29	Augustenburgerplatz – Auguste Victoria Straße

Für die II. Welle hatten die Planungen zu diesem Zeitpunkt ihren Abschluß gefunden. Das Bauprogramm war beschlossen, die Bauplätze festgelegt, mehrere Bunker befanden sich im Bau. [221] Dabei handelte es sich um folgende Projekte:

Lu Nr.	Standort/Bunkername	Lu Nr.	Standort/Bunkername
9	Gutenberg – Hebbelstraße/ Hebbel- Bunker	21	Eichenbergskamp
10	Wahlestraße 23/ Wahle- bunker	22	Papenkamp
		27	Wehdenweg (Schwentinebrücke Süd)
12	Andreas-Gayk-Straße/ Holstenbunker / Reichshallen-	30	Chirurgische Klinik
		33	Franckestraße/Ecke Samwer-

Lu Nr.	Standort/Bunkername	Lu Nr.	Standort/Bunkername
	bunker		straße
13	Quittenstraße	34	Wischhofstraße
14	Hohenrade / Knorrbunker	35	Schützenpark
16	Gr. Ziegelstraße – Schule	37	Hummelwiese
17	Jungmannstraße – Langer Segen/Jungmannstraße I	42	Gaswerk Wik
18	Iltisstraße 68 / Iltisbunker	48	Jungmannstraße 50 / Jungmannstraße II
		49	Werft- / Augustenstraße

Spätestens am Jahresende 1942 befanden sich die folgenden Bunkerbauten der II. Welle in Nutzung:

Lu Nr.	Standort	Lu Nr.	Standort
9	Gutenberg – Hebbelstraße	16	Gr. Ziegelstraße – Schule
10	Wahlestraße 23	17	Jungmannstraße – Langer Segen
12	Andreas-Gayk-Straße	21	Eichenbergskamp
14	Hohenrade / Knorrbunker	22	Christianistraße / Holtenauer Straße

Obwohl die II. Welle des „Führer- Sofortprogramms" noch nicht völlig abgeschlossen war, begannen die Behörden die Vorbereitungen für die III. Welle des Sofortprogramms, die sog. „Zusatzbauten". Im Zuge dieses Programmabschnitts sollten folgende LS- Bunker errichtet werden:

Lu Nr.	Standort/Bunkername	Lu Nr.	Standort/Bunkername
32	Schwester-Therese-Straße / Wendenburg- Bunker	45	Sedanstraße / -
36	Achterkamp / -	54	Südfriedhof, Ecke Papenkamp / -
38	Frauenklinik / - [222]	56	Finkelberg / -
40	Bahnhof / Bahnhofsbunker	57	Blücherbrücke / Blücher II
41	Prinzenstraße, Ecke Hollmannstraße Hollmannbunker, Prinzenbunker	58	Friedhof Elmschenhagen / -

Aus Vermerken des städtischen Bauamtes [223] geht hervor, daß im November 1941 die Endplanung für die Bunkerbauten aus dem Überhang der II. Welle und den LS- Bunkern der III. Welle begonnen hatte. (Möglicherweise befanden sich die ersten sogar schon im Bau oder waren bereits fertiggestellt):

Lu Nr.	Standort	Lu Nr.	Standort
30	Chirurgische Klinik	37	Hummelwiese
32	Holtenau Wendenburgstra-	38	Frauenklinik (Vgl. Fußnote 222)

Lu Nr.	Standort	Lu Nr.	Standort
	ße		
33	Franckestraße/Ecke Sam-werstraße	42	Gaswerk Wik
34	Wischhofstraße	43	Land&See- Leichtbau Hassee
		47	Electroacustic

Bei den jetzt anlaufenden Maßnahmen zum Bau der LS- Bunker der III. Welle kam es zu Schwierigkeiten. Fehlendes Personal auf den Baustellen, zu geringe Transportkapazität wegen unzureichender Treibstoffversorgung und zu geringe Materiallieferungen schränkten die Bauarbeiten immer stärker ein, je länger der Krieg andauerte. [224] Der Baubeginn mehrerer Projekte mußte verschoben werden, Baumaßnahmen an bereits begonnenen LS- Bunkern verzögerten sich, und eine Reihe von geplanten LS- Bunkern wurden entweder ganz gestrichen oder in anderer Form verwirklicht. So wurden z. B. der Bau des Bunkers Lu 54 (Lu I/22) Papenkamp im März 1944 endgültig aufgegeben [225] und die vermutlich als Tiefbunker geplanten LS- Bauten Lu 56 (Finkelberg) und Lu 58 (Friedhof Elmschenhagen) als LS- Stollen ausgeführt. [226]

Ungeachtet der wachsenden Schwierigkeiten bei der Vermittlung von Arbeitern und der Beschaffung von Material, planten Behörden im Zuge der III. Welle weitere Bunkerbauten. Schon am 30. November 1941 übersandte der Gaubeauftragte des G. B. –Bau dem Stadtplanungsamt eine Liste mit neuen Vorhaben. [227] Danach sollten Bunker an folgenden Stellen errichtet werden:

- Bellevuebrücke
- Kleinbahnhof (mit Rettungsstelle)
- Schwentine Nord
- Friedrichsort
- Holtenau
- Projensdorferstr./Ecke Frerichstr.
- Ende Hansastr./Ecke Steinstraße (Tennisplätze)
- Schloß und Kleiner Kiel
- Ecke Hamburger Chaussee/Ecke Rendsburger Landstraße (b. Waldwiese)
- Prinzenstraße und Grabastraße (Ellerbek)
- Lütjenburgerstraße und Peter- Hansenstr.
- Ecke Preetzer Chaussee und Holzweberstraße (Elmschenhagen)
- Langer Rehm
- Fabrikstraße
- Deutsche Werke A.G. Kiel

Aus handschriftlichen Anmerkungen in diesem Vorgang [228] geht hervor, daß die Standorte Holtenau sowie Deutsche Werke in der weiteren

Planung keine Rolle mehr spielten und die Stadt den Standort Bellevuebrücke ablehnte. Ein Grund für die Ablehnung ist nicht genannt.

Am 5. 2. 1942 legten die Behörden anhand dieser Liste Bauplätze für
folgende LS- Bunker fest: [229]

Lu Nr.	Standort	Lu Nr.	Standort
15	Gorch- Fock- Straße (Friedrichsort)	80	Kirchhofallee
81	Nerlingskamp (Friedrichsort)	63	Pfaffenstraße – Torstraße
83	Kämpenstraße	71	Hansastraße – Alsenstraße
61	Frerichs- Alle, Projensdorf	64	Haßstraße – Küterstraße
72	Uhlandstraße		

Doch die Planungen kamen nicht so recht voran, der Baubeginn ver-
schob sich ständig. Immer wieder änderten und erweiterten die am Planungsprozeß beteiligten Behörden das Programm. So ergänzte man am
11. 3. 1942 die ursprüngliche Planung um 14 weitere Bunker. [230] Für 12
davon lagen die Standorte bereits fest:

Lu Nr.	Standort	Lu Nr.	Standort
50	Fuchsberg (Langer Segen)	79	Weinberg (Ellerbeker Weg)
78	Siedlung Oppendorf	68	Villacherstraße (Kiesgrube)
66	Prinzenstraße – Hollmannstraße	65	Stormannstraße
67	Schlageter Platz	76	Siedlung Kronsburg
77	Schule Germaniaring	74	Siedlung Hammer
70	Egerländer Platz	73	Hasseldieksdamm

Die Plätze für die folgenden Projekte waren noch strittig:

Lu Nr.	Standort	Lu Nr.	Standort
70	Berchtesgardener Straße oder Friedländer Allee (Stollen?) oder Egerländer Platz	60	Werftstraße (Eingang Deutsche Werke)

Zusätzlich ergaben sich Verzögerungen, weil die vorgesehenen Bauplätze für folgende 8 Bunkerprojekte im Schutz- und Sicherheitsbereich
der Festung lagen:

Lu Nr.	Standort	Lu Nr.	Standort
36	Achterkamp/Prinz Heinrich Straße	70	Elmschenhagen- Süd/ Egerländer Platz
61	Projensdorf/Frerichallee	68	Elmschenhagen/ Villacherstraße

Lu Nr.	Standort	Lu Nr.	Standort
---	Uhlenkrog/Bärenkrog	79	Elmschenhagen-Nord/Weinberg
75	Kiel- Süd Siedlung	78	Oppendorf/Siedlung

Der Festungskommandant (Küstenbefehlshaber) hatte nun zu prüfen, ob die Bunker Flak- Stellungen oder andere Verteidigungsanlagen beeinträchtigten. Gegen 7 der geplanten LS- Bunker erhob er keinen Widerspruch, Bunker Lu 75 war jedoch zu hoch. Er ragte fast 6 m in den Schußbereich der Flak. Der Festungskommandant stimmte dem Bauplan in der vorliegenden Form nicht zu und machte entsprechende Auflagen. [231] Dieser Bunker wurde allerdings nie errichtet, obwohl er, wie aus Unterlagen der Stadtplanung hervorgeht, eigentlich unbedingt hätte gebaut werden sollen. [232] Die Gründe, die letztendlich zur Aufgabe dieses Baues führten sind nirgends vermerkt.

Im Januar 1943 waren die Planungen immer noch nicht vollständig abgeschlossen. Ein Vermerk der städtischen Baubehörde vom 14. Januar 1943 [233] stellt den Sachstand der Vorbereitungen so dar:

Bei folgenden Bunkerprojekten sind weitere Prüfungen notwendig:

Lu Nr.	Standort	Vermerk
39	Kleinbahnhof	Marine macht Schwierigkeiten bei der Grundstückbeschaffung; weitere Verhandlungen nötig.
79	Ellerbeker Weg	Vorschlag der Stadt: statt Bunker 2 splittersichere Bauwerke [234]
74	Hof Hammer	Kein Bunkerbau. Statt dessen Stollenbau oder nur splittersichere Bauwerke.
73	Hasseldieksdamm	Kein Bunkerbau. Statt dessen nur splittersichere Bauwerke.
---	Pries – Friedrichsort	Bunker nur in einem Ortsteil. Weitere Prüfung.
61	Projensdorf	Untersuchung, ob noch erforderlich
77	Schule Germania-ring	Wie Lu 61
72	Uhlandstraße	Prüfung ob Bunker verlegt wird, oder zusätzlicher Bunker „Langenbeckstraße" nötig wird.

Es wird weiter festgestellt, daß folgende Bunker

284auf jeden Fall gebaut werden sollen:

Lu Nr.	Standort	Lu Nr.	Standort
28	Schwentine Nord	68	Villacherstraße
33	Franckestraße/Samwerstraße	75	Kiel- Süd
36	Achterkamp	76	Kronsburg
39	Kleinbahnhof	78	Oppendorf
50	Fuchsberg	---	Uhlenkrog
54	Jahnschule	---	Stollen Elmschenhagen
65	Stormannstraße	---	Finkelberg Stollen

284auf keinen Fall gebaut werden sollen:

Lu Nr.	Standort	Lu Nr.	Standort
38	Frauenklinik [235]	79	Egerländerplatz
62	Bremerstraße	83	Kämpenstraße
71	Alsenstraße		

284vermutlich wegen Untergrundschwierigkeiten nicht ausführbar waren: [236]

Lu Nr.	Standort	Lu Nr.	Standort
63	Pfaffenstraße/ Torstraße	64	Haßstraße/ Küterstraße

Des weiteren machte die Behörde Vorschläge für 3 neu zu errichtende LS-Bunker/ splittersichere Bauwerke:

Lu Nr.	Standort	Art des Bauwerks
---	Poppenrader Weg	Bunker
---	Friedrichsberg	Splittersicherer Bau
---	Tirpitzstraße	Bunker

Keine Stellungnahme erfolgte zu folgenden Bauwerken:

Lu Nr.	Standort	Lu Nr.	Standort
51	Scharnhorststraße	59	Bellevue
52	Faulstraße	80	Kirchhofallee
55	Schloßkeller	84	Humboldtstraße (Stadtwerke)

Erst Anfang Februar 1943 fielen schließlich für eine Reihe von Bauprojekten in einer Besprechung bei der Sonderbauleitung Kiel die Entscheidungen darüber, ob gebaut werden sollte oder nicht. Das Schicksal einiger Bauten blieb dennoch weiterhin offen. Die Besprechung erbrachte folgendes Ergebnis: [237]

Lu Nr.	Standort	Vermerk
80	Kirchhofallee	Bauwerk ist vordringlich. Vor Baubeginn müssen allerdings noch Standortprobleme geklärt werden.
39	Kleinbahnhof	Keine Entscheidung, Besprechung mit dem Küstenbefehlshaber.
79	Ellerbeker Weg	Entscheidung: Kein Bunker; 1 splittersicheres Bauwerk.
74	Hof Hammer	Entscheidung: Kein Bunker; 1 splittersicheres Bauwerk.
73	Hasseldieksdamm	Entscheidung: Kein Bunker; 1 splittersicheres Bauwerk.
61	Projensdorf	Entscheidung: Kein Bunker; 1 splittersicheres Bauwerk.
72	Uhlandstraße	Entscheidung: Keine Verlegung.
---	Altstadt (Pfaffenstraße/ Torstraße/Haßstraße/ Küterstraße	Entscheidung weiterhin offen.
---	Pries Friedrichsort	Weitere Prüfung.

Bis zum hier dargestellten Sachstand vom Februar 1943 ließen sich Planung und Baufortschritt einigermaßen befriedigend in den Akten verfolgen. Der weitere Verlauf des Bunkerbaus läßt sich nur noch unzureichend klären. So gab man z. B. im 1. Quartal 1944 neben dem bereits erwähnten Bunker Lu 22 „Papenkamp" auch Lu 29 „Villacherstraße" auf. Statt dessen nahm man die Projekte I/46 Blumenstraße (später Lu 19) und II/2 Operationsbunker Frauenklinik (Lu 38) in die Planung neu bzw. wieder auf. [238]

Eine genaue Übersicht darüber, was in den letzten Kriegsjahren dann doch noch an Bunkerbauten begonnen und fertiggestellt wurde, ist wegen der unbefriedigenden Aktenlage nur dadurch zu gewinnen, daß man die Bunkerbauten der I. und II. Welle mit der Gesamtliste derjenigen LS-Bunker vergleicht, die bei Kriegsende in Kiel vorhanden waren. Ein solcher Vergleich ergibt sich aus der folgenden Übersicht mit dem gesamten Bauprogramm der Hoch- und Tiefbunker, einschließlich der Werkluftschutz- und Marinebunker. [239]

Welle	Lu-Nr.	Altern. Bez.	Typ	Bunkername
P			HB	Muhliusstraße (Berghaus- Bunker)
P			HB	Werftstraße 231 – VAG (Gablenz- Bunker)
P			TB	Exerzierplatz (Exerzierplatz- Bunker)
I.	1	I	TB	Philosophengang (Philosophen- Bunker)
I.	2	II	TB	Wilhelminenstraße
I.	3	II	TB	Lessingplatz (Lessing- Bunker)
I.	4	IV	HB	Annenstraße (Annenbunker)
I.	5	V	HB	Sandkrug (Sandkrug- Bunker)
I.	11	XI	TB	Heikendorfer Weg (Holsatia- Mühle/ Holsatia- Bunker)
I.	29	XXIX	TB	Augustenburgerplatz
II.	9		TB	Gutenbergstraße (Hebbel- Bunker)
II.	10		HB	Wahlestraße (Wahlebunker)
II.	12		HB	Andreas-Gayk-Straße (Holsten-/Reichshallenbunker)
II.	13		HB	Quittenstraße (Quittenbunker)
II.	14		HB	Hohenrade (Knorrbunker)
II.	16		HB	Gr. Ziegelstraße – Schule
II.	17		HB	Jungmannstraße/ Langer Segen
II.	18		HB	Iltisstraße 68 (Iltisbunker)
II.	21		HB	Eichenbergskamp
II.	22		HB	Christianistraße
II.	27		HB	Wehdenweg (Schwentinebrücke Süd)
II.	30		TB	Chirurgische Klinik
II.	32		HB	Schwester-Therese-Straße (Wendenburg- Bunker)
II.	34		HB	Wischhofstraße
II.	35		HB	Schützenpark
II.	36		HB	Achterkamp
II.	37		HB	Hummelwiese
II.	40		TB	Bahnhofsbunker
II.	45		HB	Sedanstraße
II.	48		HB	Jungmannstraße 50 (Jungmannstraße II)
II.	49		TB	Werft- / Augustenstraße (Fährsteig- Bunker)
II.			HB	Gaswerk Wik
III.	6		HB	Ellerbeker Markt; (Ellerbeker- Bunker)
III.	15		HB	Gorch-Fock-/ Fritz Reuter Straße (1945 nicht fertig)
III.	19		HB	Blumenstraße (Polizeibunker)
III.	38		HB	Frauenklinik

Welle	Lu-Nr.	Altern. Bez.	Typ	Bunkername
III.	42		HB	Lazarett- Bunker, Fröbelstraße
III.	43		HB	Land&See, Leichtbau, Hassee
III.	50		TB	Langer Rehm
III.	53		HB	Kieler Kuhle; (Kieler Kuhle- Bunker)
III.	66		HB	Prinzen- / Hollmannstraße; (Prinzenbunker)
III.	67		HB	Peter-Hansen-Straße; (Schlageter- Bunker)
III.	75		HB	Pappelweg; (Otto-Streibel-Bunker)
III.			HB	Alte Lübecker Chaussee; Tonberg
III.			HB	Arsenal – unterhalb Ballastberg
III.			HB	Danziger Straße
III.			HB	Franckestraße
III.			HB	Julienstraße/ Ballastberg
III.			HB	Karlstal/Werftstraße(Germania I)
III.			HB	Krummbogen
III.			HB	Lager Oppendorfer Weg
III.			HB	Lager Solomit
III.			HB	Lager Speckenweg I
III.			HB	Lager Speckenweg II (Sören)
III.			HB	Oppendorfer Weg
III.			TB	Gablenzstraße (Gablenz- Bunker)
III.			TB	Am Sandberg
III.			TB	Bahnhof Wellingdorf
III.			TB	Blücherplatz
III.			TB	Diedrichsdorfer Höhe
III.			TB	Düppelstraße 23 / Moltkestraße
III.			TB	Gutenbergstraße (ehem. Kegelsporthalle)
III.			TB	Haselbusch/ Dorfstraße
III.			TB	Hohenleuchte – Sportplatz
III.			TB	Kaiserstraße(Kasernen- Bunker)
III.			TB	Karlstal
III.			TB	Langenbeckstraße
III.			TB	Niemannsweg/ Lindenallee
III.			TB	Preetzer Straße
III.			TB	Schloß
III.			TB	Vinetaplatz
III.			TB	Karlstal/ Schulstraße/ Germania-Werftgelände

Ende 1942 wurde offenbar deutlich, daß mit dem Bau von Hoch- und Tiefbunkern allein die benötigte Anzahl der Schutzplätze für die Bevölkerung nicht zu erreichen war. Deshalb begann man in Kiel ab 1943 vermehrt LS- Stollen zu errichten, nachdem bereits 1941 ein Stollen im Horst- Wessel- Park erbaut worden war. [240] Ausschlaggebend für diese Entwicklung war vermutlich auch, daß aufgrund der neuen „Bestimmungen für den Bau von LS- Stollenanlagen" vom Juli 1943 der Stollenbau dem Bunkerbau gleichgesetzt wurde. [241] Der Stollenbau erfolgte gleichfalls im Rahmen des „Führer- Sofortprogramms".

Von den LS- Stollen waren zumindest einige zunächst als Tiefbunker geplant, wurden dann aber als LS- Stollen ausgeführt. Das ist nicht verwunderlich. Offizielle Gründe sind in den Akten nicht vermerkt, doch lassen sich für dieses Vorgehen rasch eine Reihe von guten Argumenten finden. Denn LS- Stollen zu bauen, war erheblich preiswerter und schneller als die Errichtung von Tiefbunkern. „Stollen, die billige Alternative" nennt sie deshalb Foedrowitz. „Billig" waren sie aber nur in bezug auf die Baukosten. Die LS- Stollen benötigten wesentlich weniger Material für den Bau. In Kiel sind zudem genug Hügel vorhanden, die eine ausreichende Überdeckung der LS- Stollen gewährleisten. Der Vortrieb erfolgte ohne den Einsatz von schwerem Gerät, da die geologischen Formationen aus relativ leicht abbaubarem Material bestehen. [242] So war der Stollenbau schneller und damit wesentlich kostengünstiger, als der Bunkerbau. Zusätzlich sparte man an der Ausrüstung und baute z. B. keine elektrischen Anlagen und keine Sitzplätze ein.

Der Kostenvergleich von Schutzplätzen eines Hochbunkers, eines Tiefbunkers und eines Stollens macht die günstige Kostenstruktur der LS- Stollen eindrucksvoll deutlich. Die Anzahl der Schutzplätze bezieht sich dabei nur auf die geplante, „vorschriftsmäßige" Belegung. Die tatsächliche Belegung der LS- Anlagen war im Kriege, wie schon mehrfach betont, in allen Einrichtungen um ein Vielfaches höher.

LS- Bau Typ	Standort/Name	Baubeginn	Baukosten Gesamt	Anzahl Schutzplätze	Kosten/ Schutzplatz
Hochbunker	Annenstraße Annenbunker	1940	458.008,86 RM	620	738,72 RM
Tiefbunker	Wilhelminenstraße Wilhelminen- Bunker	1940	510.704,20 RM	379	1.347,50 RM
Stollen	Sternwartenweg/ Caprivistraße Sternwartenstollen	1944	393.443,00 RM	2.000	196,72 RM

Also doch – „Stollen, die billige Alternative"? Eindeutig ja, aber nur in Bezug auf die Baukosten. Denn im Hinblick auf ihre Schutzwirkung waren die LS- Stollen auf keinen Fall „Billiger". Im Gegenteil! Wenn die geforderte 7 – 10 m starke Überdeckung des Bauwerks sichergestellt war, boten die LS- Stollen mindestens den gleichen Schutz wie ein Betonbauwerk. Und hinsichtlich der Anzahl ihrer Schutzplätze waren sie den Bunkern eindeutig überlegen. Kein Hochbunker und kein Tiefbunker in Kiel boten 1.000 und mehr Menschen Platz. Aber in vielen LS- Stollen standen Plätze für 1.500 und mehr Insassen bereit.

Über den Bau der LS- Stollen in Kiel ist lediglich anhand der folgenden Liste [243] ein ungefährer Überblick zu gewinnen. Sonst waren keinerlei Unterlagen aus der Kriegszeit mehr aufzufinden. Die Liste dokumentiert den Stand des LS- Stollenbaus vom 15. Februar 1944:

a) Fertige und im Bau befindliche Stollen		Gesamtlänge lfd. m.		Voraussichtliche Fertigstellung	Plätze
		geplant	fertig		
1	Horst- Wesselstollen	523	523	Fertiggestellt	1.450
2	Reventlou	600	600	fertig, ohne Vorbauten	2.500
3	Bahnhof Elmschenhagen	652	560	6 – 8 Wochen	2.500
4	Finkelberg	447	100	4 – 5 Monate	1.500
5	Timmerberg	153	153	fertig, ohne Nebenanlagen	600
6	Sternwarte	575	5	5 – 6 Monate	2.000
7	Hof Hammer	300	15	3 – 4 Monate	1.200
8	Zeppelinring 54 a	98	15	3 – 4 Monate	230
9	Sophienhöhe	75	10	2 – 3 Monate	200
10	Starnbergerstraße	135	40	2 – 3 Monate	250
11	Oppendorf	176	6	3 – 4 Monate	500
12	Stollen Gäde, Partenkirchener Straße 40	45	45	Fertiggestellt	100
13	Ziegelei Wulf	25	25	Fertiggestellt	60
14	Zeppelinring 53/55	40	25	2 Monate	80
15	Ziegelei Hansen	50	30	1 – 2 Monate	100
b) Geplante Stollen					
16	Tonberg	300	---	---	1.200
17	Horst- Wesselstollen, Erweiterung	1.000	---	---	3.000
18	Villacherstraße	300	---	---	1.200
19	Bellevue	200	---	---	800

a) Fertige und im Bau befindliche Stollen	Gesamtlänge lfd. m.		Voraussichtliche Fertigstellung	Plätze
	ge-plant	fer-tig		
Gesamtzahl der Schutzplätze nach Fertigstellung aller Stollenbauten:				19.470
Gesamtzahl der Schutzplätze durch bereits fertiggestellte Stollen				6.010

Die überwiegende Anzahl der LS- Stollen errichteten Fachfirmen mit Hilfe von „ ... Bergarbeiter[n], die aus dem Saargebiet geholt worden sind und durch Stammannschaften der Baufirmen ... ".[244] Einige der Stollen gruben die Bürger allerdings selbst, sozusagen als „Genossenschaftliches Bauen in Nachbarschaftshilfe", z. B. an der Starnberger Straße [245] in Elmschenhagen.

Nicht alle LS- Stollen wurden bis zum Kriegsende fertig. So stellte man z.B. die Arbeit am LS- Stollen „Oppendorf" bereits 1944 ein, nachdem ein Bombentreffer den Eingang verschüttet hatte. [246] Der Stollen erreichte nur eine Länge von 6 Metern.

Bei Kriegsende befanden sich im Kieler Stadtgebiet folgende LS- Stollen:

Standort/Bezeichnung	erbaut für
Lager Falkenstein; Brauner Berg	Selbstschutz
Projensdorfer Straße / Walter-Werke	Werkluftschutz
Ufer- / Kanalstraße; Uferstraße West	Selbstschutz
Mecklenburger- / Uferstraße, Uferstraße Ost	Selbstschutz
Hindenburgufer (Grammersdorf); Badeanstalt	Selbstschutz
Bellevue – Hindenburgufer	Selbstschutz
Sternwartenweg/ Caprivistraße	Selbstschutz
Krusekoppel	Selbstschutz
Reventlouallee	Selbstschutz
Finkelberg	Selbstschutz
Friedhof /Bahnhof Elmschenhagen	Selbstschutz
Werft- / Schul- / Goschstraße / Karlstal	Selbstschutz
Werftpark; Horst-Wessel-Park; Volkspark/ Werftpark	Selbstschutz
Scharweg / Schwentine; Oppendorf	Werkluftschutz
Hof Hammer / Eiderbrook	Selbstschutz
Katzheide	Werkluftschutz Deutsche Werke
Zeppelinring (Wasserturm)	Selbstschutz

Standort/Bezeichnung	erbaut für
Starnberger Straße	Selbstschutz
Sophienhöhe	Selbstschutz
Friedrichsberg/ Tonberg	Selbstschutz
Siedlung Oppendorf	Selbstschutz
Schönkirchener Straße (Anschütz)	Selbstschutz
Projensdorfer Straße	Selbstschutz
Segeberger Straße	Selbstschutz
Timmerberg	Selbstschutz
Ziegelei Hansen	Selbstschutz (mögl. Werk-LS)
Ziegelei Wulff	Selbstschutz (mögl. Werk-LS)

Bewertung

Die Bautätigkeit im Bunkerbau in Kiel läßt sich in zwei, deutlich voneinander zu trennende Phasen unterteilen. Die erste Phase ist die Zeit vom Beginn des Zweiten Weltkrieges bis zum November 1940, die zweite Phase ist der Abschnitt nach dem November 1940 bis zum Ende des Zweiten Weltkrieges.

Die „Trennungslinie" ist der Erlaß des „Führer- Sofortprogramms" im Oktober 1940 und seine Umsetzung ab November d. J.

Die Situation der Planung und Durchführung von Baumaßnahmen in der ersten Phase mutet aus heutiger Sicht merkwürdig an. Merkwürdig vor allem wegen der Eile, mit der man zum Jahresende 1939 begann, Schutzbauten für die Zivilbevölkerung zu planen und zu errichten. Denn ein äußerer Anlaß für diese plötzliche Eile ist nicht erkennbar. Die neuen gesetzlichen Bestimmungen zum Schutzraumbau vom August 1939 können es nicht gewesen sein. Denn die hatten nach ihrem Erscheinen keinerlei Aktivitäten bei den Verantwortlichen der Stadt ausgelöst. Auch die Luftangriffe können nur schwerlich als Begründung herangezogen werden. Denn deren Zahl war noch bis zur Mitte des Jahres 1940 ausgesprochen gering. [247] Daher stellen sich dem heutigen Beobachter viele Fragen. Woher kam der Anstoß für die plötzliche Eile zum Jahresende 1939? Wieso standen nun auf einmal Arbeitskräfte, Baumaterialien und Transportkapazität zur Verfügung, die vorher anscheinend nicht vorhanden gewesen waren? Oder hatte etwa Kritik aus der Bevölkerung die Behörden wachgerüttelt? Aus dem vorliegenden Aktenmaterial lassen sich diese Fragen leider nicht beantworten. Es entsteht der Eindruck eines hektischen Aktionismus, durch den die Verantwortlichen versuchten, mit einem Schlag all ihre Versäumnisse der früheren Jahre zu bereinigen.

Die Standortplanung des Polizeipräsidenten für die Bunkerbauten der ersten Phase läßt sich aber logisch nachvollziehen. Die Anlagen in der

Innenstadt und im Bereich südlich des Bahnhofs deckten im wesentlichen diejenigen Gebiete ab, in denen wegen der weithin fehlenden Keller keine oder nur unzureichende bauliche Luftschutzmaßnahmen in bestehenden Gebäuden durchgeführt werden konnten. [248] Es war daher unbedingt geboten, LS- Bunker zunächst in diesen Stadtteilen zu errichten.

Eine andere Situation ergab sich erst in der zweiten Phase, nach der Verkündung des „Führer- Sofortprogramms". Das Programm war ja zum Auftakt sehr umfassend angelegt. Daher hätten die Planer wesentlich großzügiger planen müssen. Sie konnten zu Beginn des Programms davon ausgehen, Arbeitskräfte und Material in ausreichendem Umfang zur Verfügung gestellt zu bekommen. Die geplante Zahl der Bauten in der I. und II. Welle war, gemessen an der Bevölkerungszahl in der Stadt und am Grad der mittlerweile steigenden Bedrohung, viel zu gering. Die Schwierigkeiten, die sich dann im Laufe der Zeit bei der Gestellung von Arbeitern und Baumaterial einstellten, sind für das Planungsverhalten zu Beginn der zweiten Phase m. E. nicht relevant. [249]

In der frühen Periode der zweiten Phase plante und baute man LS- Bunker schwerpunktmäßig auf dem Westufer, besonders am Rand der Altstadt. Die Stadtteile auf dem Ostufer und im Kieler Norden, welche die höchste Siedlungsdichte in Kiel besaßen, wurden vernachlässigt. Im Verlauf der I. Welle entstanden in einem Radius von 500 Metern nördlich und westlich des Kleinen Kiel vier LS- Bunker und sechs weitere im gleichen Gebiet im Zuge der II. Welle. Den zweiten baulichen Schwerpunkt im Programm der I. und II. Welle bildete das Gebiet um den Hauptbahnhof herum. Dort entstanden in einem Umkreis von 500 Metern ein LS- Bunker der I. Welle und zwei Bauten der II. Welle. Auf dem Ostufer hingegen erhielten nur Diedrichsdorf und Ellerbek je einen LS- Bunker der I. Welle. Erst mit der II. Welle kamen vier neue LS- Bunker nach Diedrichsdorf, drei nach Ellerbek und drei nach Gaarden sowie ein Stollenbau nach Elmschenhagen. Die meisten LS- Bunker auf dem Ostufer entstanden jedoch erst mit dem Bauprogramm der III. Welle. Der Kieler Norden blieb zunächst völlig ausgespart. Die ersten LS- Bunker entstanden dort während der II. Welle, drei davon in der Wik und einer in Holtenau. In der Wik, im Gebiet um den Ravensberg und in Düsternbrook kamen erst im Verlauf des Bauprogramms der III. Welle mehrere LS- Bunker und LS- Stollen hinzu. Die Stadtteile Friedrichsort und Pries hingegen blieben bis Kriegsende fast völlig ohne Bunkerschutz. Nur der Tiefbunker „Hohenleuchte" wurde einsatzbereit, während der LS- Bunker Gorch-Fock-Straße in Friedrichsort noch bei Kriegsende nicht benutzt werden konnte, weil beide Obergeschosse und die Decke nicht fertig geworden waren.

Die folgende Übersicht zeigt, auf welche Stadtgebiete sich der LS-Bunkerbau konzentrierte. Dabei ist festzustellen, daß die Stadtteile, die bei Kriegsende die höchste „Bunkerdichte" besaßen, entweder direkt an die Werften grenzten oder im Westen, in der „Einflugschneise" der feindlichen Bomber, lagen.

Stadtteil	Einwohner 1939	Anzahl der Bunker/Stollen 1942	Anzahl der Bunker/Stollen 1945
Altstadt	5315		1
Am Blücherplatz	15660		1
Am Südfriedhof	28289	1	1
Brunswik	19227	3	3
Damperhof	9374	1	1
Düsternbrook	5429	3	10
Ellerbek	8833	2	3 (+2 I)
Elmschenhagen	6594	1	4
Exerzierplatz	12892		1
Friedrichsort	2131		2 (+3 I)
Gaarden- Ost	29350	3	7
Gaarden- Süd	13068	1	13 (+1 I)
Hassee	11753	1	6
Hasseldieksdamm	1480		
Holtenau	5847	1	1
Neumühlen- Dietrichs-dorf	10561	3	9 (+3 I)
Pries	5846		1 (+1 M)
Ravensberg	18128	5	6
Schreventeich	18785	2	4
Vorstadt	7891	4	4
Wellingdorf	9673	3	7 (+4 I)
Wik	15172	3	3 (+5 M/3 I)

Anmerkung: I = Industrie (WerkLS)
M = Militär (Marine)

In die Übersicht sind neben den „zivilen" LS- Bunkern auch die LS-Bunker der Marine und des Werkluftschutzes aufgenommen, da diese während des Krieges im begrenzten Umfang auch der Zivilbevölkerung offen standen. [250]

Die zuständigen städtischen Behörden spielen während des gesamten Zeitraumes eine ambivalente Rolle. Von ihrer Seite wurden ausschließlich städtebauliche Aspekte in die Diskussionen mit dem Örtlichen Luftschutzleiter eingebracht. Beispielhaft dafür ist die Argumentation des Stadtoberbaudirektors in seinem Bericht an den OB vom 15. Oktober

1940. [251] Anhand der vorliegenden Akten ist nicht zu erkennen, daß die Stadt Kiel in irgendeiner Weise versuchte, größeren Einfluß auf die Standortplanung zu nehmen. Aus den städtischen Gremien kamen regelmäßig nur Stellungnahmen, in denen festgestellt wurde, was nicht machbar sei. Eigene Vorschläge, die sich an der Notwendigkeit orientierten, Schutzräume für die Bevölkerung zu erstellen, kamen weder aus dem Stadtplanungsamt noch vom OB.

Andererseits aber versuchte der Stadtoberbaudirektor offenbar, mehr Zuständigkeiten für die Planung und Durchführung des Bunkerbaus an sich zu ziehen, um seine städtebaulichen Vorstellungen zu verwirklichen. Dies läßt sich aus zwei Bemerkung schließen. Da äußert er in einem Bericht an den OB, die Stadt müsse mehr Einfluß auf die Planung gewinnen, um die Belange der Stadtplanung besser durchzusetzen. [252] Und 1944 meldet der Leiter der Kieler Dienststelle des Baubevollmächtigten LS dem G. B.- Bau in Kiel, er habe den Eindruck gewonnen, bei der Stadt würde gegen seine Dienststelle mit dem Ziel gearbeitet, die LS-Bauten wieder selber in die Hand zu bekommen. [253]

Auf die Übernahme einer größeren Verantwortung für die LS- Bauten in der Stadt oder gar auf ein Herausdrängen des G. B. – Bau aus der Verantwortung sind keinerlei Hinweise zu finden. Der gesamte Schriftverkehr belegt vielmehr einen völlig normalen, geschäftsmäßigen Umgang der städtischen Verwaltung mit dem G. B. – Bau.

Bei den anderen Mitgliedern der Stadtführung, dem OB und den Ratsherren kann man Ambitionen auf mehr Verantwortung und Mitsprache im Luftschutzbau völlig ausschließen. Das läßt sich anhand der Lektüre der „Protokolle der Besprechungen der Ratsherren" belegen. Diese Protokolle vermitteln eher den Eindruck, daß der Luftschutz im allgemeinen und der Bau von Luftschutzeinrichtungen im besonderen nur eine, dazu noch eine besonders lästige, Nebenrolle im Geschehen der Stadt ausmachte. So sorgte man sich in diesem Kreise z. B. noch im Juni 1944 viel mehr darum, ob die Badeanstalt Bellevue wieder geöffnet werden könne, weil der LS- Stollen Bellevue die Anzahl der Badegäste an heißen Tagen nicht aufnehmen könne. [254] Insgesamt befaßte sich das Gremium der Ratsherren in den Jahren 1942 bis 1945 nur etwa ein Dutzend mal offiziell mit der Thematik „Luftschutz" und mit dem Bau von Luftschutzanlagen überhaupt nicht.

Verwendung nach Kriegsende

Am 04. Mai 1945 war für die Bürger der Stadt Kiel der Krieg beendet. Um 1600 Uhr begannen die Übergabeverhandlungen und am 07. Mai zogen englische Truppen in die Stadt ein. [255] Damit hatten die Luftschutzbauten ihren ursprünglichen Sinn verloren, und nach dem Willen der Besatzungsmacht sollten sie nun alle so schnell wie möglich gesprengt oder zumindest unbrauchbar gemacht werden.

Die ersten Sprengungen erfolgten schon im Mai 1945. Dabei gingen die Soldaten der Besatzungsmacht ohne Rücksicht auf eventuelle Schäden an Gebäuden oder Einrichtungen in der Nachbarschaft vor. So zerstörte z.B. die Sprengung des Wahlebunkers am 21. Mai 1945 das Gemeindehaus der evangelischen Bugenhagengemeinde in Ellerbek endgültig. [256]

Bis Ende Juni 1945 hatten die Engländer alle verbliebenen Luftschutzbauten in einer Liste erfaßt, die Grundlage für ihr weiteres Vorgehen bei der Zerstörung der Luftschutzanlagen war. [257] Darin waren die Daten für geplante Sprengungen festgelegt, aber auch die Gründe dafür angeführt, im Einzelfall eine Sprengung zu verschieben, oder ganz darauf zu verzichten.

Bis zum 14. Juli 1945 sprengten die Engländer an folgenden Stellen:[258]
Deutsche Werke Betonhochbunker
Marinearsenal Betonhochbunker
Germaniawerft oder Deutsche Werke – Betonhochbunker
Marinearsenal U-Boot-Bunker
Sandkrug Gaarden
Große Ziegelstraße

Deutsche Werke	Anmerkung: Bunker nach dem Aktenvermerk nicht zu identifizieren. (möglicherweise U-Boot Bunker KONRAD).
Preetzer Chaussee/ Iltisstraße Werftstraße	Anmerkung: Iltisbunker (Iltisstraße) und Bunker Germania I (Werftstraße) können allerdings nur angesprengt worden sein, da sie später wieder als LS- Bunker hergerichtet wurden.

Segebergerstraße/ Germaniaring – 2 Tiefbunker.
Anmerkung: Die beiden Tiefbunker sind nicht zu identifizieren.
Elisabethstr. / Pickertstraße – 2 Tiefbunker
Elisabethstr. / Pickertstraße – 2 Tiefbunker
Pickertstraße/ Bothwellstraße – verschiedene Tiefbunker

Bereits im Juli erfolgte für eine Reihe von Bauwerken eine zweite Sprengserie, wie z. B. die LS- Stollen der Waltherwerke am Kanal, da dort die ersten Sprengversuche ohne den gewünschten Erfolg geblieben waren

Beunruhigt durch die Aktivitäten der Besatzungsmacht versuchte der Kieler OB die Zerstörung von LS- Bunkern herauszuzögern oder ganz zu verhindern. In einem Schreiben vom 04. September 1945 an den britischen Militärgouverneur listete er eine Anzahl von LS- Bunkern auf, die nach seiner Ansicht nicht zerstört werden sollten. Die wesentliche Begründung für seine Bitte lautet: „ … Es besteht bereits jetzt eine erhebliche Raumnot für Lagergut. Sie wird sich fortlaufend weiter verschärfen … ". [259] Die Wohnungsnot in der Stadt zog der OB nicht als wesentliche Begründung heran, obwohl viele der LS- Bunker mit Flüchtlingen und Ausgebombten belegt und anderweitige Möglichkeiten zu deren Unterbringung nicht vorhanden waren.

Im Einzelnen benannte der OB folgende LS- Bunker und führt als Argumente für ihren Erhalt an:

TB Wilhelmsplatz	Lagerung von Kartoffeln für den Winterbedarf.
TB Holsatiamühle	Verwendung als Getreidespeicher der Mühle. Gefährdung der umliegenden Gebäude bei einer Sprengung.
HB Reichshallenbunker (Holstenbrücke)	Unterkunft von Flüchtlingen und Obdachlosen. Lagerung von beschlagnahmten Parteimöbeln durch die Militärregierung. Spätere Verwendung als Lagerraum der Firma Ritter und anderer Firmen.
HB Knorrbunker (Hohenrade)	Vorgesehen als Ersatz für die zerstörte Frauenklinik.
HB Bunker Gorch-Fock-Straße (Friedrichsort)	Lagerraum für Lebensmittel und Material.
HB Iltisbunker (Gaarden)	Lagerraum für Konserven der Fleischfabrik Ehlers. Gefährdung der umliegenden Gebäude bei einer Sprengung.
HB Polizeibunker (Blumenstraße)	Lagerraum für Aktenmaterial der Polizei sowie von Material einer Elektrogroßhandlung. Gefährdung der Fernsprechvermittlung der Polizei, von Kabeln der Post und der Stadtwerke bei einer Sprengung.
HB Eichenbergskamp	Unterkunft von Arbeitern der Howaldtswerke.
HB Wehdenweg	Verwendung als Widerlager für eine geplante 2. Schwentinebrücke. Zudem vorgesehen als Lagerraum für Lebensmittel.
TB Hospitalstraße (Chirurgische Klinik)	Im Bunker befinden sich die Operationsräume der Universitätsklinik.
HB Schützenwall	Lagerraum für Arzneien und Apothekermaterial des Krankenhauses, sowie für Möbel von Kriegsgeschädigten.

TB Bahnhofsbunker	Lagerraum für Reisegepäck und für Lebensmittel der Bezirksausgabestelle für Gartenbauerzeugnisse. Gefährdung der Gleisanlagen des Bahnhofes bei einer Sprengung.
HB Pappelweg (Otto-Streibel-Bunker)	Lagerraum für Möbel von Ausgebombten.
HB Werftstraße (Straßenbahndepot)	Materiallager der Straßenbahn und von Fischkonserven einer Räucherei.
TB Gablenzbrücke	Lagerraum für Gartenbauerzeugnisse der Bezirksausgabestelle und Material der Firma Ritter.
LS- Stollen Martin-Martens-Straße (Finkelberg)	Gefährdung eines in unmittelbarer Nachbarschaft gelegenen Wasserbehälters und des Hauptzuleitungsrohrs der Wasserversorgung bei einer Sprengung.
HB (Lazarettbunker) Hassee	Wird als Hospital genutzt.
TB Schloßbunker	Lagerraum für Aktenmaterial des Oberpräsidenten. Gefährdung des gesamten Schloßgebäudes bei einer Sprengung.
TB Rathaus	Lagerraum für Aktenmaterial. Gefährdung des Rathauses bei einer Sprengung.
HB Solomit	Unterkunft für Arbeiter der Howaldtswerke sowie Lagerraum von Lebensmitteln für die Arbeiter.
TB Land & See- Leichtbau (Hassee)	Lagerraum für Erzeugnisse der Nordland-Fischindustrie. Gefährdung der Werkhalle einer Autoreparaturwerkstatt (Kreis- Workshop) bei einer Sprengung.
HB Marinestation (Blücherbrücke)	Unterbringungsort der Bibliothek des Instituts für Weltwirtschaft der CAU.
Splitterschutzkeller Elmschenhagen, Dorfstraße 2	Lagerraum für Lebensmittel der Gastwirtschaft Armbrust. Die Gastwirtschaft verpflegt täglich ca. 500 Personen. (Handwerker, Angestellte von Baufirmen und ausgebombte Familien ohne eigene Kochgelegenheit.)

Die Sprengungen der LS- Bunker und die damit einhergehenden Zerstörungen an den umliegenden Gebäuden und der benachbarten Infrastruktur bestimmten auch andere Institutionen zu Protesten bei der Besatzungsmacht. So wandte sich z. B. der für den Friedhof Elmschenhagen zuständige Pfarrer mit der Bitte an den Militärgouverneur, den LS-Stollen unter dem Friedhof „ ... aus Pietätsgründen ... " nicht zu sprengen, weil dies „ ... die Zerstörung vieler Gräberreihen zur Folge ..." habe. [260]

Die Vorstöße der Deutschen bei der Besatzungsmacht waren vielfach erfolgreich. Nach und nach stellten die Engländer ihre Zerstörungsaktionen ein. Einige LS- Bunker blieben sogar völlig unversehrt.

Nach der Gründung der Bundesrepublik im Jahre 1949 ging die Verantwortung für diese Relikte des 2. Weltkrieges auf den neuen Staat über. Ab Mitte der 50'er Jahre kamen dann einige LS- Bunker wieder zu „alten Ehren". Sie wurden erneut für den Zivilschutz hergerichtet. Andere LS- Bunker versuchte man endgültig zu beseitigen. Eine interessante Variante der „Bunkerbeseitigung" fand man dabei mit dem Marinebunker „Torpedoregler" im Marinestützpunkt Kiel. Er wurde überbaut und ist heute als Lagerraum Teil des Marinoffiziersheims. Bei den meisten Bunkerruinen stellte man aber rasch fest, daß der Aufwand für ihre Beseitigung sehr aufwendig und unverhältnismäßig teuer war. Die Abbruchversuche wurden darum bald eingestellt. Infolgedessen stehen heute noch eine Reihe von Hochbunkern als wenig beachtete Ruinen im Stadtgebiet. Die einzige Ausnahme ist der U-Boot-Bunker KILIAN, dessen Ruine sich seit Jahren größter Beachtung erfreut.

Tiefbunker und LS- Stollen, die nicht durch Sprengungen oder Ausgraben total beseitigt werden konnten, versuchte man zu verfüllen. Das gelang nur bei wenigen Bauten, wie z. B. beim Tiefbunker unter dem Exerzierplatz und dem LS- Stollen „Katzheide". Aber diese Methode war ebenfalls sehr teuer. Dazu kam, daß aufgrund bergtechnischer Vorgaben ein Verfüllen nicht immer möglich war. Daher befinden sich auch noch immer die Ruinen einer Reihe von Tiefbunkern und Stollen in Kiel – aber die sieht man ja nicht.

Doch all diese Ruinen müssen ständig überwacht, baulich betreut und gesichert werden. Auf diese Weise werden uns die Luftschutzbauten des 2. Weltkrieges noch sehr lange erhalten bleiben, zumal die Betonqualität der Bauwerke außerordentlich hoch ist.

Die folgenden LS- Bunker wurden inzwischen für den Zivilschutz hergerichtet oder stehen unter ständiger Kontrolle der Behörden: [261]

Hochbunker:
Achterkamp ....Ruine
Andreas-Gayk-Straße; Holstenbunker; Reichs-
hallenbunker ....Trümmer
Arkonastraße ....Ruine
Bunker- Lazarett Hassee; Fröbelstraße ....Ruine
Eichenbergskamp ....Wieder hergerichtet
Flandernplatz (Flandern); Flandernbunker ....Ruine

Gorch-Fock-/Fritz Reuter Straße ....Ruine
Hohenrade; Knorrbunker.......................................Wieder hergerichtet
Howaldt I – Werftgelände.....................................Ruine
Howaldt II – Werftgelände ....Ruine
Iltisstraße 68...Wieder hergerichtet
Julienstraße/Ballastberg......................................Trümmer
Lager Oppendorfer Weg ....Trümmer
Lager Solomit ....Wieder hergerichtet
MaK- Friedrichsort (Holmag I) ....Vorhanden. Umgebaut
MaK- Friedrichsort (Holmag II) ....Vorhanden. Umgebaut
Marineschule – Torpedoregler ....Überbaut mit O-Heim
                                                                                     Marinestützpunkt

Pappelweg/Holunderbusch; Otto-Streibel-
Bunker ....Wieder hergerichtet
Peter-Hansen-Straße; Schlageter- Bunker.............Ruine
Pickertstraße (Polizeikaserne) ....Ruine
Prieser Strand (Lindenau-Werft Scheibenhof)......Entfestigt. Vorhanden
Prinzen- /Hollmannstraße; Hollmannbunker;
Prinzenbunker..Trümmer
Quittenstraße   Ruine
Sandkrug/Raaschstraße; Sandkrug- Bunker ....Ruine
Schützenpark...Wieder hergerichtet
U-Bootbunker Howaldtswerke (Kilian)................Trümmer
Warnemünder Straße; Scharnhorst- Bunker ....Ruine
Wehdenweg (Schwentinebrücke Süd) ....Wieder hergerichtet
Werftstraße 231 ....Wieder hergerichtet
Zeyestraße; Tirpitzbunker.....................................Ruine

 Tiefbunker
Hohenleuchte – Sportplatz ....Entfestigt
Düppelstraße 23 /Moltkestraße.............................Entfestigt
Chirurgische Klinik; Hospitalstraße ....Entfestigt
Schloß[262] ....Entfestigt
Philosophengang; Philosophen- Bunker ....Ruine
Waisenhofstraße – Rathaus Rathausbunker ....Wieder hergerichtet
Bahnhofsbunker; Bahnhofsbunker/Sophienblatt.Entfestigt
Haselbusch/Dorfstraße...Wieder hergerichtet
Gablenzstraße (Tankstelle Ritter) ....Vorhanden. Lager-
                                                                                     raum
Germaniawerft ....Entfestigt
Heikendorfer Weg (Holsatia- Mühle) Holsatia-
Bunker..Entfestigt
Flak- Bunker Heidberg...Trümmer

Stollen

Lager Falkenstein ....Entfestigt
Ufer- /Kanalstraße ....Entfestigt
Mecklenburger- /Uferstraße ....Entfestigt
Hindenburgufer (Grammersdorf)   Entfestigt
Bellevue – Hindenburgufer ....Entfestigt
Sternwartenweg/Caprivistraße ....Entfestigt
Krusekoppel   Entfestigt
Reventlouallee...Entfestigt
Finkelberg...Entfestigt
Friedhof /Bahnhof Elmschenhagen ....Entfestigt
Scharweg/Schwentine...Entfestigt
Starnberger Straße ....Entfestigt
Villacher Straße...Entfestigt
Friedrichsberg/Tonberg...Entfestigt
Schönkirchener Straße (Anschütz) ....Entfestigt
Werft- /Schul- /Goschstraße /Karlstal ....Entfestigt
Siedlung Oppendorf ....Entfestigt
Werftpark...Entfestigt
Hof Hammer /Eiderbrook..Entfestigt
Zeppelinring (Wasserturm) ....Entfestigt

Sonstige bauliche Luftschutzmaßnahmen

Neben dem Ausbau von behelfsmäßigen Luftschutzräumen und dem Bau von LS- Bunkern und Stollen wurden in Kiel zusätzliche Baumaßnahmen zu Luftschutzzwecken durchgeführt. Neben der Ausführung von Mauerdurchbrüchen und der Anlage von Splitterschutzgräben wurden sog. „5-Mann-Pilze", d.h. Kleinstbunker, die nur wenigen Personen Schutz bei überraschenden Luftangriffen boten, aufgestellt sowie Feuerlöschteiche angelegt.

Mauerdurchbrüche schuf man, um Rettungswege zu schaffen. Sollte ein Haus durch einen Treffer so beschädigt worden sein, daß die Bewohner im Keller verschüttet waren, wäre eine Bergung durch den Mauerdurchbruch vom Nachbarhaus aus möglich. Die „2. AusfBest. zum § 1 der 9. DVO zum LSchG" vom 12. März 1940 schrieb die Ausführung von Mauerdurchbrüchen vor. Danach waren „ … im Kellergeschoß bestehender, aneinander anstoßender Gebäude […] durch Mauerdurchbrüche in den zusammenstoßenden Umfassungswänden […] Verbindungsöffnungen herzustellen … ". [263] Diese Vorschrift war in Kiel Ende 1942 erfüllt. Mauerdurchbrüche hatte man überall dort, wo es möglich war, vorgenommen. [264] In den neuen Häusern, die im Kriege in Kiel erbaut wurden, waren konstruktive Vorbereitungen getroffen worden, um Mauerdurchbrüche schnell durchführen zu können. So besaßen z. B.

die Reihenhäuser der neuen Siedlung Elmschenhagen einen Kellerraum, der als Luftschutzraum vorbereitet war. In diesem Raum befindet sich in der Wand eine Stelle in einer Größe von ca. 50 x 50 cm, welche nur mit einem halben Stein ausgemauert ist. Der Durchgang zum Nachbarkeller kann dadurch im Notfall relativ leicht hergestellt werden.

Splitterschutzgräben richtete man dort ein, wo ein Ausbau behelfsmäßiger LS- Räume nicht möglich oder nicht sinnvoll war, oder aber sehr rasch behelfsmäßige Schutzplätze bereitgestellt werden mußten. Dies war z. B. der Fall, als die Marinestation Ostsee im März 1940 zum Schutz der Besatzungen ihrer Kleinboote an der Blücherbrücke einen Splitterschutzgraben zwischen den Gebäuden des Weltwirtschaftsinstituts und der Marinestationsbücherei forderte. [265]

Nach den Bauvorschriften sollten die Gräben in Holz, Mauerwerk, Beton oder Stahlbeton ausgebaut sein und möglichst völlig in den Erdboden eingelassen werden. Die Abdeckung sollte Schutz gegen Stab- und Phosphorbrandbomben bieten. Dafür wurden als Mindestüberdeckung 0,4 – 0,5 m Erde, zwei Ziegelschichten von je 6,5 cm und nochmals 0,1 m Erde als ausreichend angesehen. [266]

In welcher Bauweise die Splitterschutzgräben in Kiel errichtet wurden, war nicht feststellbar, da keine Unterlagen zu finden sind.

Bis Kriegsende hatte man in Kiel 26 Splitterschutzgräben mit Schutzplätzen für mehr als 1250 Personen an folgenden Plätzen angelegt: [267]

Standort	Schutz-plätze	Standort	Schutz-plätze
– Baumweg/ Sandberg	175	– Leebstraße/Holzweber straße	175
– Dänischenhagener/Boelke- straße	40	– Lettow-Vorbeck-Straße/ Hermannstraße	k.A.
– Dorf Pries	170	– Melsdorfer Straße 95 gegen über	25
– Dorotheenstraße	k.A.		
– Dr.-Goebbels-Sportplatz	175	– Niemannsweg (bei Polizei Baracke)	130
– Dubenhorstkoppel	175	– Nordmark-Krankenhaus I	130
– Eiderkrug	50	– Nordmark-Krankenhaus II	100
– Flintbeker Straße	25	– Preetzer Chaussee 117	150
– Friedrichsruher Weg 180	50	– Preetzer Chaussee 119	150
– Gutenbergstraße (Bauhof)	100	– Rendsburger Landstraße 113	170
– Hasseer Straße Uhlenkrog	100	– Rendsburger Landstraße 24/26	175
– Hermann-Bossdorf-Weg	175		
– Hof Hammer (RAD)	100	– Stadtrade	175

Standort	Schutz- plätze	Standort	Schutz- plätze
– Julienluster Weg	20	– Timmerberg	70

Über den Bau von Feuerlöschteichen und die Aufstellung von „5-Mann-Bunkern" waren keinerlei Unterlagen zu finden. Man errichtete sie zwar in großer Zahl im gesamten Stadtgebiet, in den Archiven sind aber darüber keine Belege aufzufinden. Es existiert nur eine Liste, in der die Bauten summarisch erfaßt sind. Daraus geht hervor, daß bis 1945 in Kiel 119 Feuerlöschteiche mit zusammen 67.556 cbm Fassungsvermögen angelegt und 132 „5-Mann-Bunker" aufgestellt wurden. [268]

Feuerlöschteiche sind im Stadtgebiet noch einige vorhanden, so z. B. im Gelände des Kleingartenvereins Elmschenhagen, während von den „5-Mann-Bunkern" anscheinend nur ein einziger bis heute erhalten geblieben ist. Er steht an der Rückseite des Warleberger Hofes.

Bauwirtschaft und Handwerk

Firmen und Arbeitskräfte

Bis zum Erlaß des „Führer- Sofortprogramms" waren in Kiel vermutlich nur örtliche Unternehmen am zivilen Bunkerbau beteiligt. Nach der Einrichtung der Dienststelle des „Bevollmächtigten des G. B. –Bau" bekamen auch Betriebe aus anderen Städten Norddeutschlands Aufträge. Für den LS- Bunkerbau kamen nur Firmen in Betracht, die spezielle Kenntnisse und Fertigkeiten im Betonbau nachweisen konnten. Die Anforderungen an die Qualität der Bauausführung waren hoch, und das Luftfahrtministerium machte den Firmen sehr detaillierte Vorgaben über die Betonfestigkeit und die Güte der verwendeten Baumaterialien. [269]

Die Kieler Firma Max Giese war ein Betrieb, der entsprechende Erfahrungen nachweisen konnte. Die Firma erhielt daher Aufträge für mehrere LS- Bunker und LS- Stollen. Dies waren im Einzelnen: [270]

– Bunker Schönbergerstraße	– Postbunker Kiel-Hassee
– Bunker Hebbelstraße	– Reventloustollen
– Bunker Wahlestraße 23	– Stollen Elmschenhagen
– Bunker Deutsche Werke, Geb. 78	– Stollen Finkelberg
– Bunker Schlageterplatz (Peter-Hansen-Straße)	– Bunker Schwentine- Brücke Süd
	– Horst- Wesselstollen + Erweiterung
– Bunker Kieler Kuhle	– Stollen Hof Hammer
– Lazarett-Bunker Hassee	– Stollen am Ballastberg

– Bunker Schwentine- Brücke Nord [271]	– Stollen Hof Hammer in Zusammenarbeit mit Angehörige des RAD [272]

Neben der Firma Max Giese kamen auch andere Baufirmen zum Zuge. Für folgende LS- Bunker und LS- Stollen sind an Firmen nachzuweisen: [273]

– Baufirma Dipl. Ing. K. Meyer, Kiel	Bunker Philosophengang Bunker Jungmannstraße 50
– AG Dresden Ost	Stollen Villacherstraße
– Baufirma Ed. Züblin & Co	Bunker Sandkrug 14 Bunker Holstenbrücke
– Baufirma F.W.+ H. Förster, Kiel	Bunker Lessingplatz Bunker Hollmannstraße Stollen Sternwarte
– Baufirma Hellwig (verm. Kiel)	Bunker Gablenzstraße/ Werftstraße
– Baufirma Ohle&Lovisa, Bremen	Stollen Timmerberg Stollen Tonberg
– Baufirma Peter Möller (verm. Kiel)	Bunker Holsatiamühle
– Baufirma Schacht&Co. K.G.	Bunker Hummelwiese
– Baufirma Wagner + Chastek	Bunker Annenstraße 40/48
– Baufirma Wilh. Karstens, Kiel	Bunker Wilhelminenstraße
– Baufirma A. Hudemann, Kiel	Bunker Land&See Leichtbau
– Baufirma Wagner&Schattok, Berlin	Bunker Annenstraße (nur die Entwässerungsanlage)

Die U-Bootbunker KILIAN und KONRAD errichteten die Großen der Baubranche. Den U-Bootbunker KILIAN erbaute die Dyckerhoff&Widmann A.G. [274] Die Firma Wayss&Freytag erhielt die Federführung bei der Errichtung des U-Bootbunkers KONRAD. Wayss&Freytag, Habermann&Guckes A.G. und die Arbeitsgemeinschaft (Arge) „Oberrhein" [275] gründeten zu diesem Zweck eine neue Arge. Als Subunternehmen beteiligten sich u.a. die Firmen Holzverarbeitung GmbH und G. Tesch aus Berlin an diesem Projekt. [276]

Auch ausländische Firmen waren am Bunkerbau in Deutschland beteiligt, wenn auch nur als Partner in einer Arge. So arbeitete z. B. eine dänische Baufirma mit der Kieler Firma Butzer, die einen Bunkerbau der Marine betreute, zusammen. 1942 zogen sich die Dänen aus unbekannten Gründen zurück. [277] Die Firma Butzer mußte sich einen neuen Partner suchen und schloß sich nun mit der Firma Kröger aus Itzehoe zusammen. [278]

Beim Innenausbau der LS- Bunker beschäftigten die Behörden örtliche Handwerksbetriebe. Malerarbeiten z. B. führte die Firma Lagoni [279] aus, im LS- Bunker „Hummelwiese" installierte die Firma Krambeck Entlüftungsanlagen, und die Firma Bernitt baute dort Türen und Zwischenwände zur Verkleidung der Abortanlagen. [280]

Architekten hatten beim Bau der LS- Bunker wenig Gestaltungsspielraum. Die Vorgaben der Behörden im Hinblick auf die bauliche Ausgestaltung waren eng. Zudem boten eine Reihe von Firmen bereits „Bunker von der Stange" an. Die Bauzeichnungen und alle notwendigen statischen Berechnungen konnten käuflich erworben werden, [281] so daß den Architekten meist außer der Prüfung der Bauplätze und der Überwachung von baupolizeilichen und sonstigen Vorschriften nur noch die Bauaufsicht verblieb. Foedrowitz stellt fest, daß viele Architekten die Arbeit am Bunkerbau gering achteten. An der Bezahlung kann es jedenfalls nicht gelegen haben, die Honorare für Bunkerentwürfe lagen immerhin bei rd. 20.000 RM. [282] Allerdings gab es auch Architekten, die um Aufträge in diesem Bereich nachsuchten. So bewarb sich z.B. 1941 ein Architekt aus Holtenau bei der Sonderbauleitung des G. B. –Bau in Kiel, um im Bunkerbau zu arbeiten. [283] Die Abneigung der Architekten gegen diese Beschäftigung ist demnach nicht allgemein gewesen.

Namen von Architekten zu einzelnen Kieler Bunkerprojekten sind nur wenige in den Akten vorhanden. 1942 betreute der Architekt Hans Petersen das Bunkerbauprojekt Lu 66, Werftstraße (Hollmannbunker). [284] Im gleichen Jahr übertrug man den Architekten Petersen und Widmann die Ausführung folgender Bunkerbauten der III. Welle: [285]

Architekt Petersen	Lu 15, Gorch- Fock- Straße, Friedrichsort
	Lu 61, Frerichs- Alle, Projensdorf
	Lu 63, Pfaffenstraße – Torstraße
	Lu 71, Hansastraße – Alsenstraße
	Lu 72, Uhlandstraße
	Lu 80, Kirchhofallee
Architekt Widmann	Lu 81, Nerlingskamp (Friedrichsort)
	Lu 83, Kämpenstraße

1944 betreute ein Architekt Bauer die Bauten Lu 37 (Hummelwiese) und Lu 43 (Land&See- Leichtbau Hassee). [286]

Neben den erwähnten Namen sind zwar noch eine Reihe anderer Architekten und Architektenbüros in den Akten verzeichnet, diese lassen sich aber keinem bestimmten Bauprojekt zuordnen.

Eine ausreichende Ausstattung mit Personal und Material war, neben dem fachlichen Können der Baufirmen, die unabdingbare Voraussetzung zur Errichtung von Luftschutzbauten. Zu Kriegsbeginn und kurz danach gab es beim Personal anscheinend noch geringe Probleme. 1940

erhielt der Kieler Polizeipräsident vom Arbeitsamt „ ... erhebliche Arbeitskräfte für die Förderung des Baues öffentlicher Luftschutzräume ... ". [287] Über die fachliche Qualifikation der Arbeitskräfte ist allerdings nichts gesagt.

Aber bereits im Winter 1940/41 begannen die ersten Schwierigkeiten
mit der Beschaffung von Personal. Von den 981 Arbeitern z. B., die zu
dieser Zeit mit dem Ausbau von behelfsmäßigen Schutzräumen beschäftigt waren, wurden 850 Mann im März 1941 wieder abgezogen, weil die
Marine ihr Bauvorhaben Elmschenhagen weiterbauen wollte. [288] Der Abzug der Arbeiter verzögerte die Baumaßnahmen beim Luftschutzpro-
gramm erheblich. Soldaten der Heeresbautruppe, die im Frühjahr 1941
zum Einsatz kamen, entschärften das Problem auch nur kurzfristig.

Nach der Verkündung der „Führer- Sofortprogramms" erhöhten sich
die Schwierigkeiten auf dem Arbeitsmarkt, da jetzt eine größere Anzahl
von Bauprojekten gleichzeitig in Angriff genommen werden sollten. Um
den Bedarf an Arbeitskräften zu sichern erließ Reichsminister Todt am
17. Oktober 1940 die Weisung, daß „ ... jeder im Bereich des im einzelnen für bauliche Luftschutzmaßnahmen in Betracht kommenden Orten
an Rüstungsvorhaben beschäftigten Bauunternehmer [...] im Verhältnis
zu der Zahl seiner Gefolgschaftsmitglieder zur Durchführung der baulichen Luftschutzmaßnahmen herangezogen werden [kann] und [...] die
ihm übertragenen Bauaufgaben neben seinen laufenden Aufgaben ohne
Anspruch auf Verstärkung seiner Gefolgschaft durchzuführen
[hat] ... ". [289]

Des weiteren wurde verfügt, daß Arbeitskräfte in gewissem Umfang
auch von sonstigen kriegswichtigen Baustellen abgezogen werden konnten. Der Erlaß verpflichtete die Bauunternehmen, die Umsetzungen
durchzuführen. Die Dringlichkeitsreihenfolge und der Umfang der
Maßnahmen waren jeweils zwischen dem Örtlichen Luftschutzleiter,
dem Beauftragten des G. B. –Bau und dem Bürgermeister abzustim-
men. [290] Die Weisung stürzte die Baufirmen in neue Probleme und löste
das Dilemma auch nur auf dem Papier. Die Verzögerungen im Kieler
Bunkerbauprogramm, die bereits 1941 eintraten, hatten ihre Ursache
nicht zuletzt im Mangel an Bauarbeitern.

Der Personalmangel, besonders der Mangel an Facharbeitern, steigerte
sich stetig und war spätestens ab 1942 bedenklich. Die „Meldung zur
Lage der Bauwirtschaft" aus dem letzten Quartal 1942 verdeutlicht den
Zustand in Kiel. Darin heißt es u. a. daß „ ... nach wie vor ein starker
Mangel an Facharbeitern [besteht]. Der größte Fehlbedarf besteht bei
Dachdeckern. Nach einem kleinen Abstand folgen in gleichmäßiger Wer-
tung Maurer, Zimmerer, Installateure, Klempner und Elektriker. An un-
gelernten Arbeitskräften besteht augenblicklich kein Mangel, da diese

z.Zt. von der Landwirtschaft für die Bauwirtschaft für die Wintermonate ausgeliehen sind. Durch den verstärkten Einsatz ausländischer Arbeitskräfte hat sich das zahlenmäßige Verhältnis der deutschen zu den ausländischen Arbeitskräften sehr verschlechtert ... ". [291]

1943 verschärfte sich die Situation weiter. Dafür war eine Reihe von Gründen maßgebend. Viele Ingenieure und Facharbeiter hatten sich bei der „Organisation Todt" (OT) gemeldet. Sie arbeiteten nun auf den Baustellen der OT im Ausland, u. a. auch deswegen, weil dort Bezahlung und Betreuung erheblich besser waren. Sogar ganze Firmen gingen im Dienst der OT geschlossen mit ihrem Personal und dem Maschinenpark ins Ausland. [292] Weitere Gründe waren, daß Arbeiter der Bauindustrie ihre Einberufungen zur Wehrmacht bekamen oder in die Rüstungsindustrie abwanderten, wo man ebenfalls mehr verdienen konnte. All diese Männer standen nun gleichfalls nicht mehr auf den Baustellen zur Verfügung. [293]

Der Einsatz von Fremd- und Zwangsarbeitern sowie von Kriegsgefangenen auf den Baustellen begann schon frühzeitig. Es war allerdings nicht feststellbar, seit wann in Kiel solche Arbeiter von den Firmen beschäftigt wurden.

Erst für das Jahr 1943 sind Belege vorhanden. Danach beschäftigte die bereits oben genannte Firma Butzer aus Itzehoe folgende Arbeiter auf einer Baustelle in Kiel: [294]

Nationalität / Name	Fachtätigkeit
Deutsche:	
Edler, Walter	Betonbauhelfer
Gillmeister, Wilh.	Eisenbieger- & Flechter
Italiener:	
Beretta, Guiseppe	Maurer
Beltrame, Corinna	Maurer
Bergamaschi, Mario	Eisenbieger- & Flechter
Bonanomi, Carlo	Maurer
Brumana, Giovanni	Maurer
Rigamonti, Guiseppe	Betonbauer
Belgier:	
Van der Velde, Louis	Betonbauhelfer
Lejon, Franz	Betonbauhelfer
Holländer:	
Dee, Christian	Eisenbieger- & Flechter
Hoogland, Hotze	Maurer

Nationalität / Name	Fachtätigkeit
Verbrügge, Gabriel	Eisenbieger- & Flechter

Im gleichen Jahr arbeiteten bei der Malerfirma Lagoni u.a. folgende Leute: [295]

Name	Wohnung
Jensen, Hans	Kiel, Hasseldieksdammerweg 1
Hald, Oskar	Kiel, Steinberg 3
Ciszewski, Jacques	Kiel- Diedrichsdorf, Gemeinschaftslager Ivens-ring
Hue, Andre	Kiel- Diedrichsdorf, Gemeinschaftslager Ivens-ring
Mariß, August	Kiel- Gaarden, Preetzer Chaussee, Langsee-hof [296]
Van Leemput, Louis	Kiel-Wik, Gemeinschaftslager Zur Hochbrücke
Lenoir, Adolphe	Kiel- Gaarden, Gemeinschaftslager Alte Lübek-ker Chaussee
Van de Velde, Jan	Kiel, Wall 10
Nygaard, Harry	Kiel- Gaarden, Elisabethstraße 61
Larsen, Wilhelm	Bordesholm, Gemeinschaftslager

Nach dieser Aufstellung lassen sich mindestens 7 ausländische Beschäftigte anhand der Wohnorte ermitteln. Auf der Namensliste befindet sich der ergänzende handschriftliche Vermerk „10 Ausländer auf Urlaub".

Die Firma Schacht&Co. K.G. beschäftigte 1944 beim Bau des LS- Bunkers Hummelwiese 5 Deutsche, 1 Dänen und 3 Holländer. [297]

Der Stollenbau erforderte spezielle Bauverfahren. Dafür waren Spezialisten erforderlich. Die Durchführung dieser Arbeiten „ ... geschieht durch Bergarbeiter, die aus dem Saargebiet geholt worden sind und durch Stammannschaften der Baufirmen. Der Vortrieb der LS- Stollen erfolgt nach bergbaulichen Gesichtspunkten unter Leitung eines besonders bestellten Bergingenieurs [...] Die Heranziehung der Bergleute war eine Notwendigkeit, denn die Bodenverhältnisse, insbesondere Flugsand, zwangen die ausführenden Firmen, für den Abbau der Sandmassen und den Vortrieb der Stollen neue in der Praxis noch nicht bekannte Abbausysteme anzuwenden. Aus diesen Gründen konnten die Arbeiten zunächst nur von bergbaulich geschulten Kräften erledigt werden, bis die Tiefbauarbeiter entsprechend angelernt waren ... ". [298] Die Arbeiten in den LS-Stollen forderten erhebliche körperliche Anstrengungen von dort Beschäftigten. Dazu trugen nicht allein „ ... die engen Arbeitsraumverhältnisse, die z.B. die Entfernung des Sandes nur mit bloßen Händen erlaubt, die ständige Tätigkeit unter Tage bei Licht ... " [299] bei, sondern auch „ ... daß bei mehreren Stollenbauten die Arbeiten nicht nur körperlich außerordentlich schwer sind [denn] die Gewichte der einzelnen Betonrippen [...] sind sehr groß (250 kg). Diese Gewichte müssen wegen der Enge des Raumes in der Regel nur von 4 Mann ohne irgendwelche mechanischen Hilfsmittel in den Stollen eingebracht und aufgerichtet werden ... “. [300] Der Bergingenieur Ripplinger [301] schildert in einem Schreiben den Stollenbau und den Einsatz der Bergleute so: „ ... die LS-Stollen, die in Norddeutschland hauptsächlich in losen Sandböden hergestellt sind, werden nach meinem Verfahren und unter meiner Oberaufsicht ausgeführt. [...] Zur Ausführung dieser Anlagen sind gelernte Facharbeiter d.h. Bergleute, unbedingt erforderlich. Es soll damit nicht gesagt sein, daß nur Bergleute diese Anlagen ausführen können; aber es ist stets eine Anzahl Bergleute erforderlich, um die Nichtfachleute evtl. auch Ausländer und Kriegsgefangene mit der Arbeit vertraut zu machen und anzulernen. Der Einsatz von Bergleuten ist deshalb eine Notwendigkeit [...] Es handelt sich dabei fast ausschließlich um Bergleute, die bereits 35 – 40 Jahre im Bergbau tätig waren und pensioniert sind. Es sind also Leute im Alter von 55 – 65 Jahren [...] Es ist dabei zu beachten, daß [...] es sich um Leute in vorgeschrittenem Alter handelt, die durch eine langjährige Arbeitszeit in dem schwersten aller Berufe, dem Kohlenbergbau, körperlich geschwächt sind. Eine Anzahl der Leute haben [...] Gesteinslungen und sind teils 70% Invalide. Für diese Leute ist der Stollenbau, wie er hier ausgeführt wird, eine äußerst schwere Arbeit. Die Luft in den Stollen ist, solange keine Verbindung zwischen den einzelnen Vortrieben besteht, sehr sauerstoffarm und es ist eine nicht zu unterschätzende Leistung, wenn Leute, die bereits Invaliden sind, täglich 10 – 11 Stunden bei schwerer Arbeit in diesen Räumen verbringen müssen [...] [Es] handelt es sich um ca. 120 Arbeiter, die in den Bezirken Schleswig, Kiel, Lübeck und Stettin [tätig sind] ... “. [302]

Neben deutschen Bauarbeitern und Ausländern setzte man auch Kriegsgefangene beim Bunkerbau ein. In Kiel waren das Kriegsgefangene des „Bau- und Arbeits- Bataillons 24“. [303] Seit wann die Gefangenen im Einsatz waren und welchen Nationalitäten sie angehörten, war nicht zu ermitteln.

Im Endeffekt halfen alle Anstrengungen nichts mehr. Die Arbeiten auf den Baustellen wurden mit zunehmend geringerem Aufwand weitergeführt oder lagen wegen Arbeitermangel ganz brach. Wie prekär sich die Situation bereits Anfang des Jahres 1944 entwickelt hatte, läßt sich aus einem Brief des Baubevollmächtigten vom 5. Februar entnehmen. [304] Daraus spricht schon die pure Verzweiflung über die, nach seiner Ansicht, untragbaren Verhältnisse beim Einsatz der noch vorhandenen Arbeiter und über das unwürdige Gezerre der verschiedenen Behörden um Arbeitskräfte.

Im Sommer 1944 reduzierte die AZS- Aktion (die „Auskämmung des Zivilen Sektors" für die Front) die Zahl der deutschen Arbeiter auf ein Minimum. Der Rückzug der deutschen Armee aus den besetzten Gebieten stoppte den Zuzug von Zwangsarbeitern. Als dann im Herbst 1944 auch noch der „Volkssturm" ausgerufen wurde, kamen die Arbeiten auf den Baustellen endgültig zum Erliegen. [305] Zu diesem Zeitpunkt sind wahrscheinlich auch in Kiel die Arbeiten an den Bunkerbauten eingestellt worden.

Materialbeschaffung und Transport

Vor 1939 erfolgte in Kiel kein Bau von Luftschutzbunkern. Die Errichtung von zivilen Luftschutzanlagen besaß keine Priorität. Materialzuteilungen erfolgten daher für solche Projekte nicht. Erst nach Kriegsbeginn standen Material und Transportkapazität zur Verfügung. Der Umfang der Mittel war leider nicht feststellbar. Es konnte auch nicht geklärt werden, ob diese Mittel eventuell anderen Projekten entzogen wurden.

Erst nach der Verkündung des „Führer- Sofortprogramms" bekam der Bunkerbau höchste Priorität durch die Reichsführung. Dementsprechend großzügig stattete man die Baustellen mit Maschinen, Material und Treibstoffen aus. Nun kamen modernste Baumaschinen wie Bagger und Betonpumpen zum Einsatz, sehr zum Erstaunen der Kieler Jungs. [306]

Eine rapide Verschlechterung der Materialversorgung setzte 1941 nach dem Beginn des Feldzuges gegen die Sowjetunion ein. Der Bedarf der Truppe im Osten erhielt nun Vorrang vor allem anderen. Die Auswirkung auf den Bunkerbaustellen war bedeutend. Die Treibstoffmengen für Transportfahrzeuge und Baumaschinen wurden reduziert, Baufahrzeuge abgezogen. Das allein behinderte die Baumaßnahmen bereits erheblich.

Hinzu kam der Mangel an Baustoffen. Die Baustoffversorgung, speziell die Lieferungen von Zement und Eisen, war schon vor dem Kriege kritisch gewesen. Bei der Zementproduktion, die im Reich bereits seit Ende der dreißiger Jahre ausgeschöpft gewesen war, war nach dem Polenfeldzug eine Besserung eingetreten. Die Produktion der polnischen Zementwerke erbrachte noch einmal kurzzeitig einen Ausgleich. [307] Doch ab Mitte 1941 mußte Zement im Reich wieder kontingentiert werden. Den Luftschutzbau in Kiel traf die Maßnahme zunächst nicht so hart. Im Juli 1941 bekam die Stadt noch einmal die angeforderte Menge von 6000 t Zement zugeteilt. Andere Städte erhielten dafür um so weniger, denn im gesamten Reichsgebiet kürzte man die Zementlieferungen um ca. 20,8% auf 294.610 t. [308] Gleichzeitig traten Engpässe bei Kohle- und Stahl ein. Zudem mangelte es auf den Baustellen an Bauholz. Die Unmengen Holz, die für Einschalungen gebraucht wurden, standen nicht mehr zur Verfügung, u.a. weil die Transportkapazität nicht mehr ausreichte. [309]

Aufgrund der Materiallage wies Ende 1941 der G. B. –Bau alle Oberbürgermeister an, „ ... schärfste Maßnahmen zur Einsparung von Baumaterialien ... " [310] zu treffen. Er begründete seine Maßnahme damit, daß bislang in den meisten Städten die LS- Bunker nach architektonischen Gesichtspunkten gebaut worden seien und deshalb mancherlei Formen erhalten hätten. Aber nun, „ ... nachdem sich [...] die Baustofflage und die Arbeiterfrage derart verschärft hat, [...] [sei] ein weiteres Vorwärtskommen nur noch dann möglich, wenn ein Minimum an Baustoffaufwand erreicht wird ... ". Er ordnete daher an „ ... beim weiteren Bau von LS-Bunkern einheitliche Typen zu entwerfen, die es ermöglichen, dass die gleiche Schalung immer wieder verwendet werden kann ... ". Er verbot darüber hinaus das Verputzen von Außenwänden bei Betonbauten ebenso wie die Ausführung von Verblendmauerwerk, und bestimmte, ab sofort sei „ ... der reine Betonbau ohne spätere Verkleidung vorzusehen und dementsprechend die Lage des LS-Bunkers zu wählen ... ". [311]

Ende 1942 bekam man auch in Kiel nicht mehr die geforderten Mengen Zement. Von den angemeldeten 8.500 t für die U-Bootbunker wurden nur 4.530 t geliefert, und von den benötigten 4.713 t für die anderen Bunkerbauten erhielt man nur 2.560 t. [312] Das waren nur noch 53,3% bzw. 54,3% der benötigten Mengen.

Wie angespannt die Materiallage der Bauwirtschaft in Kiel Ende 1942 war, belegt die „Meldung zur Lage der Bauwirtschaft". Der Bericht schildert die Situation ungeschminkt. Über die Baustoffzuteilung z. B. wird berichtet, daß „ ... [sich] in den letzten beiden Monaten [...] auf den Großbaustellen, insbesondere bei den Luftschutzbauten in Kiel, ein Mangel an Zement bemerkbar [macht], der sich durch die äußerst geringe Kohlezuteilung für die Zementindustrie noch weiter auswirken wird. Die Eisen- und Holzzuteilung ist sehr unzureichend. [...] Die Belieferung der Baustellen mit Ziegelsteinen war ausreichend, während die Auslieferung von Dachpappe zeitweilig stockte ... ". Und die Auswirkungen auf den LS- Bunkerbau beurteilte der Berichterstatter so: „ ... Die Luftschutzbauten in Kiel leiden sehr unter unzureichender Zuteilung von Treibstoffen und geringen Zementlieferungen. Die Eisenzuteilung ist ebenfalls mangelhaft ... ". [313]

In den letzten Kriegsjahren bekamen die ausführenden Dienststellen immer weniger Material für Luftschutzbauten zugewiesen. Andere Bauprojekte des Reiches, wie der Atlantikwall und die Auslagerungsaktionen der Rüstungsindustrie brauchten die vorhandenen Ressourcen fast völlig auf. Das machte sich sowohl bei Eisen, Zement und anderen Baustoffen, wie auch bei den Materialien für die Inneneinrichtung bemerkbar. Aus diesem Grund strich man in Kiel einige Bunkerprojekte ganz, bei anderen änderte man die ursprüngliche Planung ab. So gab man z. B. alle in Elmschenhagen geplanten Bunkerbauten völlig auf, und der LS-Bunker „Eichenbergskamp" [314] erhielt ein Stockwerk weniger als zunächst geplant. Die Decke im LS- Stollen Sternwartenweg mußte mit Holzbalken abgestützt werden, weil die Betonfertigteile fehlten, [315] und der Reventloustollen hatte noch im Spätsommer 1944 nur Holztüren. Zudem bekam letzterer bis Kriegsende weder die vorgesehenen Belüftungsanlagen, noch die notwendigen Eingangsbauwerke. [316]

Der Schutz von Kulturgut

Der Luftschutz sollte nicht nur Menschen und Tiere vor den Wirkungen feindlicher Luftangriffe schützen, sondern außerdem wertvolles Kulturgut vor Beschädigungen und Zerstörung bewahren. Die Bestände in Archiven und Bibliotheken, die Kunstschätze in Museen, Kirchen und Klöstern und besonders wertvolle Gebäude wollte man vor der Vernichtung bewahren. Solchermaßen definierte die L. Dv. 755, Anlage 6 das Ziel aller Maßnahmen. [317]

Durch die L. Dv. wurden die Zuständigen angewiesen, in ihren Häusern Vorbereitungen zu Maßnahmen zu treffen, um „ … kulturhistorisch bedeutende, schlechthin unersetzliche Kunstwerke, sofern es ohne ernste Beschädigung möglich ist, an unbedingt sichere Orte, nach Möglichkeit in feuer- und bombensichere Räume auszulagern … ". [318] Nach der Vorschrift war eine Unterbringung im eigenen Gebäude vorzusehen, falls eine Auslagerung nicht möglich sein sollte. Dafür sollten Räume „ … im Keller oder Erdgeschoß diesem Zweck entsprechend … " hergerichtet werden. [319]

Als der Krieg begann, war wirklich alles schön theoretisch vorbedacht und durch Vorschriften geregelt. Doch leider war, wie so oft, praktisch so gut wie nichts geschehen. Von den allgemeinen Luftschutzmaßnahmen, wie man sie auch sonst allenthalben durchführte, einmal abgesehen, fehlten effiziente Schutzmaßnahmen. [320]

Der Kriegsverlauf und die Bombardierung deutscher Städte brachten erst einmal neue Vorschriften. Am 12. 5. 1942 erließ der Reichsminister für Erziehung, Wissenschaft und Volksbildung (RmfWEuV) Richtlinien für den Luftschutz der Kunstwerke und am 16. 9. 1942 für den Luftschutz in Bibliotheken. Der Reichsminister des Inneren (RmdI) gab am 23. 7. 1942 die Weisungen für den Luftschutz in Archiven heraus. Die neuen Vorschriften berücksichtigten in gewissem Umfang die Erfahrungen des Bombenkrieges, denn sie stellten den neuen Grundsatz heraus: - Sicherung geht vor Nutzung -. [321] Letztlich enthielten die neuen Weisungen nichts als die Einführung des „Erweiterten Selbstschutzes" für die Kultureinrichtungen und eine Anleitungen zur Herstellung von Mauerwerk als Splitterschutz sowie Anweisungen für ergänzende Brandschutzmaßnahmen. [322] Neue Vorschriften waren da, was aber fehlte, waren Geld, Arbeiter, Material, die Einsicht in die Notwendigkeit und damit auch der Wille zur Durchführung von baulichen Schutzmaßnahmen.

Auch in Kiel waren keinerlei Maßnahmen zum Schutz der Kulturgüter ergriffen worden. Bis weit in den Krieg hinein unternahmen die Verantwortlichen nichts, trotz der ersten Bombenangriffe. Das änderte sich erst nach dem Bombentreffer im Kieler Schloß vom Oktober 1940, [323] der auch die Bestände der Landesbibliothek in Mitleidenschaft gezogen hatte. Ende des Monats begann man die Bestände der Bibliothek nach Cismar auszulagern. [324].

Der Treffer im Schloß hätte ein Warnsignal sollen. Er hätte den Zuständigen den Anstoß geben müssen, endlich durchgreifende Maßnahmen einzuleiten. Doch wieder verging fast ein Jahr, bevor man weitere Rettungsmaßnahmen in die Wege leitete. Im September 1941 brachte man einen der wertvollsten Schätze in Sicherheit, der sich in den Kieler Mauern befand: das Nydamboot. In einem aufwendigen Transport überführte man es aus dem „Museum für Vaterländische Altertümer" an einen sicheren Ort in die Nähe von Mölln. Außerdem begann man Ende des Jahres auch die Bestände der Weltwirtschaftsbibliothek auszulagern. Sie kamen teils nach Bad Segeberg, teils in den Ratzeburger Dom. [325] Die Auslagerung rettete die Bibliothek weitgehend.

Die Kunstschätze der Nicolaikirche ließen die Verantwortlichen schon früher bergen. Bereits nach den ersten Bombenabwürfen auf Kiel lagerte man die Ausstattung in die Klosterkirche nach Bordesholm aus. So entgingen u. a. der Altarschrein und die Kanzel der Vernichtung.

Nicht zuletzt überstand auch eine Reihe von bronzenen Kirchenglocken aus Kieler Kirchen den Krieg. Die Glocken, die zum Teil mehrere hundert Jahre alt waren, verdankten ihre Erhaltung jedoch nicht einer vorausschauenden Bergung. Im Gegenteil. Sie überstanden den Krieg nur, weil sie frühzeitig nach Hamburg gebracht worden waren, um in die Schmelzöfen der Rüstungsfabriken zu wandern. Dort, auf dem „Glockenfriedhof", fand man 1945 z. B. die 5 Glocken von St. Nicolai unversehrt wieder. Die Glocken waren dadurch dem verheerenden Angriff vom 22. Mai 1944 entzogen und hängen heute wieder im Turm der Kieler Hauptkirche.

Die bislang durchgeführten Maßnahmen zur Bergung und Rettung des Kulturgutes erwiesen sich allerdings als völlig unzureichend. Dem Feuer und den Bomben fielen zahlreiche Bestände an Archivalien, Akten und Büchereien zum Opfer. [326] Besonders gravierend war der Verlust der

Universitätsbibliothek. Der Bombenangriff in der Nacht vom 28. auf den 29. April 1942 zerstörte deren Bestand fast vollständig. [327]

Bauliche Maßnahmen zum Schutz der Bestände in den Büchereien und Museen hatte man keine getroffen, zum Schutz der Gebäude selbst konnte man ohnehin kaum etwas tun. Gegen die Bomben waren große Objekte sowieso nicht zu schützen. Kirchen und andere Bauten ließen sich nicht unter Beton verstecken. Daher versuchte man, wenigstens die Brandgefahr in den Gebäuden zu verringern. Denn Feuer war für solche Objekte, neben einem direkten Bombentreffer, die größte Bedrohung. Feuer zerstörte meist mehr als Bomben. Aus diesem Grunde suchte man verzweifelt nach Lösungen, um die Holzkonstruktionen in Häusern und Kirchen durch Imprägnieren mit Brandschutzmitteln zu sichern. Ganze Malerkolonnen setzte man in „Feuerschutzmittelaktionen" ein. So sollte z. B. 1943 eine solche Aktion „ … mit größter Beschleunigung unter Hintanstellung aller sonstigen Arbeiten … " [328] durchgeführt werden. Eine andere Aktion in dieser Richtung weist allerdings schon komische Züge auf. Im April 1944 verbreitete der Landeskonservator in einem Schreiben, daß der Luftfahrtminister einen Kaufmann ersucht(!) habe „ … 10.000 Holzeimer [Der Vorrat sollte den Bedarf für das *gesamte* Reichsgebiet decken! d. Verf.] zur Verfügung des Herrn Reichserziehungsministers zu halten …. " , die beim Feuerschutz von Kulturdenkmalen eingesetzt werden sollten. [329]

Doch so waren weder Gebäude noch sonstige Kulturobjekte vor der Vernichtung zu schützen. Gegen die Brände nach Bombenangriffen halfen weder Anstriche noch Holzeimer, und gegen direkte Bombentreffer half gar nichts. So fiel u.a. 1944 das Museum für Vaterländische Geschichte den Bomben zum Opfer, [330] und das Neue Rathaus erhielt noch beim letzten Bombenangriff am 3. Mai 1945 einen Treffer, der sämtliche Repräsentationsräume zerstörte. [331] Zu diesem Zeitpunkt lagen allerdings schon hunderte anderer Häuser in Kiel, kulturell wertvolle und weniger wertvolle, in Schutt und Asche.

Zusammenfassung

Kiel war als Marinegarnison und Werftstandort ein bedeutender Faktor in der Rüstungsplanung des 3. Reiches. Aufgrund ihrer Bedeutung erhielt die Stadt schon frühzeitig den Status eines Luftschutzortes I. Ordnung.

Die Kategorisierung brachte der Stadt Vorteile beim Aufbau der Luftschutzorganisation. Zusätzlich zum Auf- und Ausbau des Selbstschutzes und des Werkluftschutzes erfolgte die Einrichtung des Erweiterten Selbstschutzes, der mit staatlichen Geldmitteln gefördert wurde. Die besondere Position der Stadt als Reichskriegshafen, Marinefestung und Werftenstandort bewirkte außerdem, daß sich die Kriegsmarine frühzeitig im Luftschutz engagierte. Sie ließ bereits 1933 ein LS- Warnsystem aufbauen und auf ihre Kosten Sirenen in der Stadt installieren. Die Luftschutzmaßnahmen für die Bevölkerung erschöpften sich aber bis zum Kriegsbeginn im wesentlichen in organisatorischen Maßnahmen. In der Praxis kam man über die Erprobung der Sirenen und Verdunkelungsübungen nicht hinaus.

Bei Kriegsbeginn 1939 waren die organisatorischen Vorbereitungen im Luftschutz mehr oder weniger abgeschlossen. In einigen Bereichen, so z. B. beim Alarmierungssystem und im Wachsystem einiger Organisationen des Erweiterten Selbstschutzes traten zwar in den ersten Kriegswochen noch Mängel auf, diese ließen sich aber rasch beheben.

Was sich nicht so rasch beheben ließ, waren die Versäumnisse im Bereich des baulichen Luftschutzes. Bauliche Luftschutzmaßnahmen wurden bis Kriegsbeginn in Kiel so gut wie keine ausgeführt. Nur der Werkluftschutz errichtete einige splittersichere LS- Bauten, einzelne Hausbesitzer richteten Luftschutzräume in ihren Gebäuden ein. Mehr geschah nicht, und als der Krieg ausbrach, war für die Masse der Bevölkerung keinerlei Vorsorge auf dem Gebiet des Schutzraumbaues getroffen worden.

Das mangelnde Engagement im baulichen Bereich hatte mehrere Gründe. Bis Mitte 1939 war der Schutzraumbau freiwillig. Der Oberbürgermeister weigerte sich daher, bauliche Luftschutzmaßnahmen mit städtischen Geldern durchzuführen oder zu fördern, da durch das starke Bevölkerungswachstum der Wohnungsbau absoluten Vorrang genoß. Auf Reichsebene lagen die Prioritäten gleichfalls nicht beim Schutzraumbau. Im Rahmen der Rüstungsanstrengungen des 3. Reiches hatten bei der Zuteilung von Stahl und Zement andere Bereiche Vorrang. Luftschutzbau rangierte nur an nachgeordneter Stelle. Außerdem rechnete man im Kriegsfalle auch nicht mit größeren Luftangriffen, denn die deutsche Luftwaffe würde ja jeden Feind rechtzeitig abfangen und vernichten. Wozu also sollte man teure LS- Bunker errichten, wenn die doch nicht benötigt werden würden.

In der Jahresmitte 1939 trat eine neue Luftschutzverordnung in Kraft, die vorschrieb, entweder in alle bestehende Gebäude behelfsmäßige Luftschutzräume einzubauen, oder, sollte dies aus zwingenden Gründen nicht möglich sein, separate Luftschutzbauten zu errichten. Die Finanzierung der Baumaßnahmen übernahm das Reich. Damit änderte sich die Situation für die Stadt. Die Verantwortlichen hätten handeln müssen, Finanznot war kein Rechtfertigungsgrund mehr. Aber erst einmal geschah --- nichts.

Zwar hatte der Örtliche Luftschutzleiter vor Kriegsbeginn schon einmal eine Planung zur Errichtung von LS- Bunkern vorgelegt, doch erst im November/ Dezember 1939 begannen die ersten Baumaßnahmen. Zunächst sollten LS- Bunker in den Bereichen der Stadt errichtet werden, in denen man wegen fehlender Keller keine behelfsmäßigen Luftschutzräume einrichten konnten. Doch der Bunkerbau machte nur schleppende Fortschritte. Vermutlich waren nicht eher als in der zweiten Jahreshälfte 1940 die ersten LS- Bunker fertiggestellt. Der Durchbruch erfolgte Ende 1940 durch das „Führer-. Sofortprogramm". Nun standen genügend Personal und Material zur Verfügung, um zügig zu planen und zu bauen.

Parallel dazu trieb der Örtliche Luftschutzleiter den Ausbau anderer baulicher LS- Maßnahmen voran. In Zusammenarbeit mit dem RLB verstärkte er den Ausbau der Behelfsmäßigen Luftschutzräume, ließ Feuerlöschteiche innerhalb des Stadtgebietes angelegen, und an zahlreichen Stellen der Stadt Kleinstbunker, die sog. „5-Mann-Pilze" aufstellen.

Doch schon 1941, zu Anfang der zweiten Welle des „Führer- Sofortprogramms", begannen Schwierigkeiten mit der Zuteilung von Personal und Material. Weil die Reichsregierung ihre Prioritäten im Sommer des Jahres auf andere Projekte verlagerte, entstanden weitere Engpässe bei Personal und Material. Erhebliche Veränderungen in den Planungen und Verzögerungen bei der Bauausführung waren die Folge. So wurden Luftschutzbunker baulich verändert, zu LS- Stollen umgeplant, oder man strich Projekte ganz. Doch trotz all der Schwierigkeiten gelang es bis Kriegsende, über 100 Hoch- und Tiefbunker sowie Luftschutzstollen zu errichten.

Kiel ist aus dieser Sicht als ein „idealtypischer" Luftschutzort I. Ordnung anzusehen. Man hatte zwar spät, aber insgesamt gesehen, nicht zu spät, damit begonnen, Luftschutzbauten zu errichten. Das war allerdings nicht das Verdienst der Verantwortlichen der Stadt oder der Provinz. Der Grund dafür war einzig und allein das „Führer- Sofortprogramm". Die Verantwortlichen für den Luftschutz in Kiel hatten bis Ende 1940 wenig dafür getan, sich für die Belange des baulichen Luftschutzes einzusetzen.

Welch ein Vorteil aber der Stadt durch die Aufnahme in die höchste Priorität des „Führer- Sofortprogramms" erwuchs, läßt sich leicht aus einem Vergleich ersehen. So hatte Neumünster, eine Stadt ohne allen Bunkerschutz, bei 5 Luftangriffen vom Oktober 1944 bis März 1945 über 1.000 Bombenopfer zu beklagen. Kiel dagegen überstand während des gesamten Krieges 90, zum Teil schwerste, Bombenangriffe. 1945 waren drei Viertel aller Häuser in der Stadt beschädigt oder zerstört, die Infrastruktur weitgehend vernichtet, aber Kiel hatte insgesamt „nur" etwas mehr als 2.000 Bombentote zu beklagen.

Die in Kiel errichteten Bunker und Stollen haben aus dieser Sicht ihren Zweck voll erfüllt.

In der Stadt sind inzwischen die meisten LS- Bunker des Zweiten Weltkrieges entweder völlig verschwunden, oder es sind nur noch Ruinen. Und die wenigen LS- Bunker, die in der Zeit des Kalten Krieges wieder als Luftschutzeinrichtungen ausgebaut wurden, sollen jetzt auch noch anderen Zwecken zugeführt werden. Wir, die Nachgeborenen, können indes nur hoffen, daß wir oder unsere Kinder nie in die Lage gebracht werden, solche Bauten neu errichten und nutzen zu müssen.

Anhang

Quellen und Darstellungen

Ungedruckte Quellen

Oberfinanzdirektion Kiel (OFD)

Oberfinanzdirektion (OFD Bund) Bundesvermögensstelle Rostock, Außenstelle Kiel, Abteilung für Kriegsfolgeschäden:

XIII c, Kiel- Nord; VV 2515/16 B; VV 2908 (04412), BV 15/152; VV 5099 (04412), BV 15/152; VV 5042; Städtische Hausverwaltung Akte Kiel, Nr. L 64 (SHVK64).

Oberfinanzdirektion Kiel, Landesvermögensstelle Kiel (OFD Land), Abteilung LV:

LS KII (+ Bezeichnung für die jeweiligen Bunker: z.B.: HB 53)

Landesarchiv Schleswig- Holstein, Schleswig (LAS)

Abt 301, Oberpräsidium zu Kiel, Nr. 6210

Abt. 309, Regierung zu Schleswig, Nr. 23437, 35054, 34666, 34654, 24650, 35123, 23770, 23790, 23750, 23720

Abt. 371, Verwaltung des Provinzialverbandes der Provinz Schleswig-Holstein, Nr. 1499, 1411, 1461, 1514, 1498, 1444, 1471, 1469, 1355, 1510, 1384, 1325, 1462, 1434, 1512, 1357, 1359 II, 1509, 1473, 1440, 1458, 1470

Abt 454, NSDAP, Gauleitung, Nr. 30

Stadtarchiv der Stadt Kiel (StAK)

Niederschriften über die Sitzungen der Gemeinderäte; Protokolle 1934 – 1946; Nr. II 37 bis II 63 (*NüSdGRä + Jahr*)

Bauakten (Liste der abgerissenen und zerstörten Gebäude): Nr. 40467, 43420, 43506, 43940, 44492, 44709, 47304

Allgemeine Verwaltung (II/31): Nr. 48856, 35198, 48554, 36243, 32879

Licht- und Wasserwerk, Stadtwerke (VIa/47): Nr. 34571

Bauverwaltung: Hochbau (VIIa/18) Nr. 33417, 34328, 39139

Stadtplanung (VIId/4) Nr. 45826, 45823, 45821, 45822, 45796, 45824, 45827, 45832, 45826

Polizeiverwaltung (IX/50): Nr. 34756, 34757, 34758

Schulverwaltung: Nr. 46282

Elmschenhagen (XVII/15): Nr. 33374

Bevölkerungszahlen Kiels 1939 – 1946, zusammengestellt aus Quellen des Statistischen Amtes [Bevölkerungszahlen 39-46]

Denkschrift über den Einsatz der Bautruppen des Heers für Luftschutzbauten in nordwestdeutschen Städten des Luftgaus XI während des Kriegswinters 1940/41; Hamburg, Mai 1941; Maschinenschrift, Gebunden; (Denkschrift Heeresbautruppen)

Mechlenburg, Dr. Karl; Kriegserinnerungen – Briefe aus den Jahren 1941 und 1944 (Maschinenschrift); Kiel 1941 und 1944

Nordelbisches Kirchenarchiv (NEK-Archiv)

18.11.00 (Kirchenkreis Kiel): Nr. 26, 28, 29, 650, 815, 816, 817, 818

18.11.02 (Kirchengemeindeverband Kiel): Nr. 411, 412, 416, 418, 651, 653

22.02   (Landeskirche Schleswig-Holstein, Landeskirchenamt): Nr. 14, 29, 75, 575, 603, 664, 671, 672, 673, 674, 675, 676, 688, 689, 717, 6166,6680, 6681, 6682, 6683

Archiv der Firma Max Giese, Kiel, Sedanweg (MG-Archiv)

Anschreibebuch mit den Bauvorhaben 1911 – 1962

Briefe

Herr Hans Oskar Feld v. 15. März 1999

Herr Wilhelm Scharbau v. 20. Mai 1999

Herr Hans- Dieter Stoltenberg v. 09. Januar 2000

Gespräche

Herr Ernst-Günter Schnack v. 05. März 1999

Herr Norbert Petereit v. 11. März 1999

Herr Karl- Friedrich v. Elm v. 08. Oktober 1999

Herr Werner Ubben v. 15. Oktober 1999

Gedruckte Quellen

Stadtarchiv der Stadt Kiel

Hilscher, Hans G.; Kieler Straßenlexikon; Kiel 1995 (Als gebundenes Manuskript im Archiv)

Zeitungen und Zeitschriften

Kieler Neueste Nachrichten (*KNN*) v. 1. 9. 1939, 29. 4. 1942

Nordische Rundschau (*NR*)v. 1.9.1939, 10. 12. 1941

Die Sirene, 1939 Nr. 5, 1944 Nr. 6

Baulicher Luftschutz, 1944

Gas und Luftschutz 1942, S. 215- 219.

Statistiken

Statistiken der Stadt Kiel

Kriegszerstörte und beschädigte Gebäude und Wohnungen in Kiel (Statistik Kiel Nr. 22)
(Amtliche Erhebung über die kriegsgeschädigten Gebäude November 1947),
Mitteilungen des Statistischen und Wahlamtes der Stadt Kiel Nr. 22; Kiel 1949.

Kiel im Luftkrieg 1939/45 (Statistik Kiel Nr. 24); (Mitteilungen des Statistischen Amtes der Stadt Kiel Nr. 24), Kiel 1959.

Statistische Monatsberichte der Stadt Kiel, Jahrgang XXIX, Kiel 1948, Nr. 3.

Statistische Monatsberichte der Stadt Kiel, Jahrgang XXXI, Kiel 1950, Nr. 1.

Andere Statistiken

Statistisches Jahrbuch für das Deutsche Reich, Berlin 1937

Statistisches Jahrbuch für die Bundesrepublik Deutschland 1952, 1998.

Gesetzestexte und offizielle Verlautbarungen

Luftschutzrecht, Luftschutzgesetz und DVO i.d.Fassung v. 31. August 1943; München und Berlin 1943 (LS-Recht)

Reichsministerialblatt, Zentralblatt für das Deutsche Reich; Berlin 1941

Reichsgesetzblatt 1939, Nr. 100, S. 964 – 965

Dokumentationen

Bestimmungen für den Bau von Luftschutz-Bunkern; hrsg. vom RdLuObdL – Inspektion Luftschutz; Berlin 1941; Hefte 1, 2, 5 und 6. (*BauBestLS-Bunker*)

Dokumente deutscher Kriegsschäden. Evakuierte, Kriegssachgeschädigte, Währungsgeschädigte, hrsg. vom Bundesminister für Vertriebene, Flüchtlinge und Kriegssachgeschädigte (*DdK*)

Bd. I Der Luftkrieg. Dokumentation der Evakuierung. Zerstörtes Kulturgut, Bonn 1958

Bd. II/1 Soziale und rechtliche Hilfsmaßnahmen für die luftkriegsbetroffene Bevölkerung bis zur Währungsreform, Bonn 1960

Bd. II/2 Die Lage des deutschen Volkes und die allgemeinen Rechtsprobleme der Opfer des Luftkrieges von 1945-1948, Bonn 1960

Bd. III Die kriegssachgeschädigte Wirtschaft.

Industrie, Handel und Gewerbe, Landwirtschaft, Bonn 1962

Bd. IV/1 Maßnahmen im Wohnungsbau, für die Evakuierten und die Währungsgeschädigten sowie Rechtsprobleme nach der Währungsreform, Bonn 1964

Bd. V Bibliographie, Bonn 1964

    1. Beiheft: Aus den Tagen des Luftkrieges und des Wiederaufbaus. Erlebnis- und Erfahrungsberichte, Bonn 1960

    2. Beiheft: Der Luftkrieg im Spiegel der neutralen Presse, Bonn 1962

Richtlinien für die Durchführung des erweiterten Selbstschutzes im Luftschutz (L. Dv. 755); hrsg. v. RdLuObdL; Berlin 1938

The United States Strategic Bombing Survey; Deutsche Werke AG Kiel, Germany; Munitions Division; Washington D.C. ^{2}1947. (*USBS-DW*)

The United States Strategic Bombing Survey; Friedrich Krupp Germaniawerft Kiel, Germany; Munitions Division; o.O. 1947. (*USBS-FKG*)

Adreßbücher

Adreßbücher der Stadt Kiel 1938, 1940 und 1946

Lagepläne, Topographische Karten und Stadtpläne der Stadt Kiel

— Lagepläne:

Lageplan der Deutschen Werke Kiel AG., Stand 1941, StAK Nr.: 827

Lageplan der Deutschen Werke Kiel AG., o.J. (1945 ?), StAK Nr.: 989

Lageplan der Germaniawerft Kiel, o.J. (1945 ?), StAK Nr.: 991

Lageplan der Howaldtswerke Aktiengesellschaft, Werke Kiel, Stand 1944, StAK Nr.: 1190

— Stadtpläne:

Pharus- Plan Kiel (Stadtplan der Stadt Kiel); Kiel 1936

Pharus- Plan Kiel (Stadtplan der Stadt Kiel); Kiel 1938

Town Plan of Kiel, Compiled and drawn by A.C.I.U. and War Office, 1944

Plan der Stadt Kiel, (Lichtpause) Stadtvermessungsamt; Kiel 1945

Plan der Stadt Kiel, Eutin 1947

Falk- Plan (Stadtplan Kiel); Kiel 131970

Stadt Kiel; Stadtvermessungsamt; (Sonderkarte mit Bunkern der Stadt Kiel); Kiel o.J.

Darstellungen

Baumbach, Walter; Die Möglichkeiten der Finanzierung der Arbeiterwohnstätten; Nordhausen am Harz 1940

Beseler, Hartwig/Niels Gutschow; Kriegsschicksale deutscher Architektur. Verlust –Schäden – Wiederaufbau. Eine Dokumentation für das Gebiet der Bundesrepublik Deutschland; Bd. I: Nord; Neumünster 1988.

Biel, R.; Ein kurzer Rückblick auf den Alarm- und Warndienst während des letzten Krieges; in: Ziviler Bevölkerungsschutz 15, 1970, Nr.9

Davis, Brian Leigh; Pierre Turner; Deutsche Uniformen im Dritten Reich 1933 – 1945; München 1980

Duggen, Ingeborg, Geschichte und Geschichten, 125 Jahre Deutsches Rotes Kreuz, Kreisverband Kiel e.V.; Kiel o.J.

Erdmann, Walter; Ohne Befehl, Das Rote Kreuz in Schleswig-Holstein; Kiel ²1987

Flenker, Hans-Heinrich; Luftkrieg über Kiel 1939-1945. Materialsammlung im Stadtarchiv; Kiel 1989

Foedrowitz, Michael; Bunkerwelten; Berlin 1998. *(1998 a)*

Foedrowitz, Michael; Luftschutztürme und ihre Bauarten; Wölfersheim-Berstadt 1998. *(1998 b)*

Grimme, Hugo; Der Reichsluftschutzbund; Berlin 1937

Groehler, Olaf; Bombenkrieg gegen Deutschland; Berlin 1990

Hampe, Erich (Bearb.); Der zivile Luftschutz im Zweiten Weltkrieg; Frankfurt a.M. 1963

Hasselmann, Karl-Behrnd (Hg.); Kirche in Kiel; Neumünster 1991

Hupp, Klaus; Bei der Marineflak. Zur Verteidigung der Stadt und Festung Kiel im 2. Weltkrieg; Husum 1998.

Hütten, H.J.; Aus der Geschichte des Luftschutzes; in: Ziviler Luftschutz 22, 1958, Nr. 12, S. 281 – 285

Jensen, Jürgen (Hg.); Kriegsschauplatz Kiel; Neumünster 1989.

Kettenbeil, Lutz; Die Feuerwehr zwischen 1933 und 1945 – ihr Einsatz im II. Weltkrieg; in: ders.; Bürger gegen den Roten Hahn; Neumünster 1986.

Kiel im Luftkrieg 1939-1945. Tagebuch des Alarmpostens Detlef Boelck; Eingeleitet von Jürgen Plöger. Sonderveröffentlichung der Gesellschaft für Kieler Stadtgeschichte Bd. 13; Kiel 1980.

Kiel, Bürger bauen eine neue Stadt; hrsg. v. Magistrat der Stadt Kiel; Kiel 1955

Koch, Horst-Adalbert; Zur Organisationsgeschichte der deutschen Polizei 1927 – 1939; in: Feldgrau 3, 1958, S. 88 – 90

Krause, Kurt; Bombensichere Bauwerke; in: Der deutsche Baumeister 2/1940, S. 6-17

Lange, Ulrich (Hg.); Geschichte Schleswig-Holsteins; Neumünster, 1996.

Levine, Alan J.; The Strategic Bombing of Germany, 1940-1945; Westport, Conn., London 1992

Liesner, Thelma; Economic Statistics 1900 – 1983; London 1985

Löfken, Alexander; Über den baulichen Luftschutz; Berlin 1937

Martius, Lili; Der zweite Weltkrieg; in: dies.; Erlebtes den Verwandten und Freunden erzählt; Kiel 1970.

Menger, Christian-Friedrich; Aktives und passives Wahlrecht des Soldaten; in: Bergsträsser, Arnold, Eberhard Bach et alii; Von den Grundrechten des Soldaten; München 1957

Neitzel, Sönke; Die deutschen Ubootbunker und Bunkerwerften; Koblenz 1991

Neuerburg, Otto K. W.; Dem Erdboden gleichgemacht. Das Schicksal einer Kieler Großwerft [Deutsche Werke Kiel AG] in und nach dem zweiten Weltkrieg; Kiel 1961.

Neufeldt, Hans-Joachim, Jürgen Huck, Georg Tessin; Zur Geschichte der Ordnungspolizei 1936-145; Koblenz 1957

Paetsch; Zur Geschichte des Luftschutzes; in: Grundfragen des zivilen Luftschutzes; hrsg. v. BMI, Bonn; Koblenz 1953

Randau, Joachim; Kieler Bunker; Kiel 1979

Rickers, Karl; Der Luftkrieg über Kiel. Manuskript seiner Erinnerungen im Stadtarchiv; Kiel 1988.

Roennau, Jens; Stolperstein der Geschichte; Kiel 1997

Schroeder von; Luftschutz und Partei; in: Richard Donnevert; Wehrmacht und Partei; Leipzig ²1939; S. 96 – 104

Seebach, Carl-Heinrich; Das Kieler Schloß; Neumünster 1965

Seidler, Franz W.; Die Organisation Todt; Koblenz 1987

Sievert, Hedwig; Kiel vom Beginn der nationalsozialistischen Zeit bis zum Ende des II. Weltkrieges; in: Kieler Adreßbuch 1959/60; Kiel 1960.

Talanow, Jörg; Kiel so wie es war; Band 2; Düsseldorf 1978.

Wende; Erfahrungen des Werkluftschutzes im 2. Weltkrieg; in: Grundfragen des zivilen Luftschutzes; hrsg. v. BMI, Bonn; Koblenz 1953

Anlagen

Texte

Abzug der Arbeitskräfte aus dem Führerprogramm bei Katastrophen [332]

Der Baubevollmächtigte

des Reichsministeriums Speer   Kiel, den 5. Febr. 1944

im Bezirk der Rüstungsinspektion X   Fährstraße 23, Postfach Nr. 125

Bauleitung L.S. Kiel   Fernsprecher 14230 und 14231

Nachschub 14329

Arbeitseinsatz 14569

Aktenzeichen: L/G/L2   Be-

helfsbau 4795

Es wird gebeten, dieses Zeichen bei weiteren Schreiben

LKW-Einsatz 15173

anzugeben

An

den Gaubeauftragten

für die Regelung der Bauwirtschaft,

Herrn Landesbaurat Dr. Kuthe,

Kiel

Gartenstr. 1.

Betr.:.

In Katastrophenfällen werden mir ohne Rücksicht auf besondere Einsätze alle kriegsgefangenen Arbeitskräfte von den Baustellen abgezogen. Da die Bauarbeiten fast nur von Kriegsgefangenen unter ganz geringer Aufsicht durch deutsche Arbeitskräfte – es besteht auf den größeren Baustellen ein Verhältnis von 1 : 10 – ausgeführt werden, liegen natürlich alle Baustellen still. Die wenigen auf der Baustelle verbleibenden deutschen Arbeitskräfte, meist nur 1 Polier, 1 Zimmerer und 1 Eisenbieger können in dem Falle auch keine produktive Arbeit mehr leisten und bummeln herum.

Von den Firmen wurde mir mehrfach der Vorschlag gemacht, die geschlossenen Baustellenbelegschaften bei Katastrophen in Einsatz zu bringen. Dies hätte den Vorteil, daß erstens die deutschen Arbeitskräfte während der Dauer der Sofortmaßnahmen nicht brachliegen, zweitens daß die Kriegsgefangenen unter genügender und fachmännischer Aufsicht und unter einer Aufsicht, die die Fähigkeiten und Qualitäten des einzelnen Kgf. kennt, eingesetzt sind. Weiterhin würde jede Firma bestrebt sein, so schnell als möglich die ihr übertragenen Arbeiten fertigzustellen, um wieder zur Baustelle zurückzukehren. Diesen Vorschlag habe ich mehrmals Herrn Leisner unterbreitet, doch fand ich dort kein Verständnis dafür.

Die Rückführung der Arbeitskräfte erfolgt auch nicht verfügungsgemäß innerhalb von 14 Tagen nach der Katastrophe, sondern zieht sich über Wochen hinaus, so daß seit dem Angriff am 13. Dez. 43 bis heute immer ein großer Teil der Kgf. mit Aufräumarbeiten beschäftigt waren.

Meines Erachtens ist dies jedoch nicht auf den Umfang der Arbeiten zurückzuführen, sondern liegt einzig und allein an dem mangelhaften Einsatz und der ungenügenden Aufsicht der Kgf.

Als Beweis hierfür kann ich folgende mit bekannt gewordene Vorfälle anführen: Am 14.12. traf ein Waggon Rundeisen für die Bauleitung LS. ein, der sofort entladen werden mußte. Da die Arbeitskräfte restlos abgezogen waren, sah ich mich nach Ersatz um und stellte fest, daß auf dem Lagerplatz Messehalle des Kriegsschädenamtes 9 Italiener mit Holzhacken beschäftigt waren. Da die dort in der Bude sitzenden mehreren deutschen Arbeiter auch nicht recht wußten, was sie mit den Italienern anfangen sollten, wurden sie mir zum Entladen des Waggons überlassen.

Ein nach den Angriffen am 4. u. 5. Jan. um 15⁴⁰ Uhr auf der Werftstraße angetroffenes Kommando wurde befragt, weshalb die Arbeit so früh abgebrochen worden sei. Der Posten meldete darauf, daß die für die Stadtwerke eingesetzten Kommandos nur von 8 – 15³⁰ arbeiten, da das der Arbeitszeit der dort tätigen deutschen Arbeiter entspräche.

Bei einem Möbelbergungskommando in Kronshagen stellte sich heraus, daß von den 150 entsandten Kgf. zeitweilig nur 50% eingesetzt werden konnten.

Weiterhin konnte ich feststellen, daß an sehr vielen Arbeitsplätzen die Kgf. vollständig ohne deutsche Aufsicht waren.

Sie stehen mit hochgeschlagenem Mantelkragen, Zigaretten rauchend herum und führen lange Unterhaltungen mit vorübergehenden Ostarbeitern. Z. Zt. sind einige Trupps dabei, die Bürgersteige freizuschaufeln und neuerdings füllt man auch die Bombentrichter in den Anlagen am Schloßgarten zu.

Inwieweit man hier noch von "Sofortmaßnahmen" sprechen kann, bitte ich selbst beurteilen zu wollen.

Die Kgf. des Bau- & Arb.Batl. 24 sind jetzt im fünften Jahr im Baufach tätig und es sind heute auf Grund der Erziehungsarbeit der Firmen mehr als 50% der Kgf. als Facharbeiter eingesetzt, deren Arbeitskraft zu schade ist, wochenlang mit Schaufelarbeiten beschäftigt zu werden. Daß außerdem die Bauten des Führerprogramms in einer Zeit, in der man durch jeden Bunker oder Stollen tausenden Müttern und Kindern einen sicheren Schutz bieten kann und damit tausenden Soldaten an der Front die Gewißheit gibt, daß für die Angehörigen in der Heimat gesorgt ist, durch den dauernden und unvernünftigen Abzug der Arbeitskräfte nur schleppend vorwärts gebracht werden können, ist selbstverständlich.

Ich halte die Fertigstellung der bombensicheren Bauwerke für wichtiger als das Zuschaufeln der Bombentrichter in den Anlagen des Schloßgartens.

Außer dem Abzug der Kgf. erfolgt auch ein restloser Abzug sämtlich bei mir tätigen Handwerker.

Dafür habe ich volles Verständnis, doch bitte ich darum, auch dann Verständnis dafür zu haben, wenn ich 4 Wochen nach der Katastrophe um die Rückgabe von 2 Malern zur Beaufsichtigung und Anleitung der Kgf.-Maler, die die sehr notwendigen Leuchtfarbenanstriche ausführen sollen, bitte, zumal die Innungsmeister der Maler- sowie Glaserinnung den Abzug guthießen und der Glaserinnungsmeister feststellt, daß er z.Zt. doch nicht alle Kräfte einsetzen könnte und das Notwendigste auch bereits gemacht sei. Es handelt sich um 2 Maler der Fa. Eireiner, die in der Klinik eingesetzt sind.

Herr Dr. Forchert lehnte meinen Antrag ab und sagte eine Lockerung in ca. 4 Wochen zu.

Daß die Leuchtfarbenanstriche von einer gewissen Notwendigkeit sind, hat sich mehrmals bewiesen, als das Lichtnetz ausfiel und die Bunker im Dunkeln lagen. Dunkelheit bewirkt bei Frauen und Kindern Panikstimmung und bei der Überbelegung der Bunker birgt dies eine große Gefahr in sich.

Ich wende mich mit der Bitte an Sie, die wenigen dem Führerprogramm verbliebenen Kgf., also das Batl. 24 und auch einen geringen Teil meiner Handwerker für immer von Katastropheneinsätzen freizustellen, da der Stadt Kiel in Katastrophenfällen eine sehr große Anzahl Arbeitskräfte zur Verfügung steht und außerdem ich den Eindruck habe, daß bei der Stadt eine neuerliche Gegenarbeit gegen meine Dienststelle mit dem Ziel Platz greift, die LS-Bauten wieder selber in die Hand zu bekommen.

(Unterschrift)

Lagebericht über die Lage der Bauwirtschaft für die Monate Oktober bis Dezember 1942. [333]

(Anmerkung d. Verf.: Der Bericht trägt keinen Absender. Vermutlich ist er aber in der Dienststelle: „Der Gaubeauftragte des Generalbevollmächtigten für die Regelung der Bauwirtschaft im Gau Schleswig-Holstein; Landesbaurat Dr. Ing. Kuthe" entstanden.)

(…)Lagebericht über für die Monate Oktober bis Dezember 1942

1.) Beschäftigungslage der Baufirmen

Durch starke Einschränkungen des Bauvolumens, Nichtfreigabe von Bauvorhaben niedriger Rangfolge, ist die Beschäftigungslage der Baufirmen gerade ausreichend. Es bereitete in einzelnen Fälle Schwierigkeiten, Firmen mit ihrem Arbeitsgerät und der zur Firma gehörenden Stammarbeiterschaft mit Aufträgen zu versorgen. Dementsprechend hat der Zug der Firmen nach dem

Einsatz im Norden, Osten und Westen zugenommen. Die Anträge auf Genehmigungen zum Abzug von Arbeitskräften auf ausländische Baustellen kommen besonders von den mittleren einheimischen Firmen. Dieses hat seinen Grund darin, daß die großen Kontingentträger, besonders die Marine, die Großbauten, die sich auf mehrere Jahre hinziehen, nur den größten deutschen Baufirmen übertragen haben. Die mittleren einheimischen Firmen erhielten dementsprechend nur geringere Aufgaben. Bei dem Aufhören dieser Aufträge wegen Beendigung der Bauten werden diese Firmen frei. Arbeitsgemeinschaften mit den Großfirmen können wegen mannigfachen Schwierigkeiten für die Großbaustellen nicht eingegangen werden. Begreiflicherweise ist es auch nicht möglich, den mittleren einheimischen Firmen die Belegschaft fortzunehmen und diese den großen Firmen zuzuteilen, da hierdurch die mittleren Firmen nicht mehr existieren können. In Verfolg dieser Angelegenheiten mußten daher verschiedene Firmen für den Einsatz im Norden, Osten und Westen freigegeben werden.

2.) <u>Betrachtungen zum Bauvolumen</u>

Die Nichtfreigabe von Bauvorhaben niedriger Rangfolge hat sich insofern günstig ausgewirkt, als dadurch die vordringlichsten Bauten der WR- Listen fast ausreichend mit Arbeitskräften besetzt werden konnten. Überschläglich kann geschätzt werden, daß das für das gesamte 3. Kriegswirtschaftsjahr zur Verfügung gestellte Bauvolumen zu etwa 60 – 70% verausgabt wird.

3.) <u>Arbeitseinsatz</u>

Es besteht nach wie vor ein starker Mangel an Facharbeitern. Der größte Fehlbedarf besteht bei Dachdeckern. Nach einem kleinen Abstand folgen in gleichmäßiger Wertung Maurer, Zimmerer, Installateure, Klempner und Elektriker.

An ungelernten Arbeitskräften besteht augenblicklich kein Mangel, da diese z.Zt. von der Landwirtschaft für die Bauwirtschaft für die Wintermonate ausgeliehen sind.

Durch den verstärkten Einsatz ausländischer Arbeitskräfte hat sich das zahlenmäßige Verhältnis der deutschen zu den ausländischen Arbeitskräften sehr verschlechtert.

4.) <u>Baustoffe</u>

In den Letzten beiden Monaten macht sich auf den Großbaustellen, insbesondere bei den Luftschutzbauten in Kiel, ein Mangel an Zement bemerkbar, der sich durch die äußerst geringe Kohlezuteilung für die Zementindustrie noch weiter auswirken wird. Die Eisen- und Holzzuteilung ist sehr unzureichend. Die Zuteilung von Eisen und Holz für die Bombenschäden ist dermaßen gering, daß bei der augenblicklichen Lage Jahre vergehen werden, bis die z.Zt. bestehenden Bombenschäden beseitigt sind.

Die Belieferung der Baustellen mit Ziegelsteinen war ausreichend, während die Auslieferung von Dachpappe zeitweilig stockte.

5.) <u>Baugeräte</u>

Baugeräte sind ausreichend vorhanden. Es sind verschiedentlich Geräte für den Abzug nach den besetzten Gebieten freigegeben worden.

6.) <u>Transportmittel</u>

Die Waggon- und Schiffsraumgestellung ist sehr ungenügend. Besonders für Zementtransporte ist sie nicht ausreichend. Mit einer weiteren Verschlechterung ist zu rechnen.

7.) <u>Treibstoffe und Kohlen</u>

Die Treibstoffzuteilung ist sehr unzureichend. Die Kohlezuteilung für die Baustellen hat zu Klagen noch nicht Anlaß gegeben. Große Schwierigkeiten sind (sic!) entstanden durch die völlig unzureichende Zuteilung von Kohle für die Zementindustrie. Das Zementwerk Alsen, Itzehoe, hat daher Mitte Dezember seinen Betrieb teilweise einschränken müssen.

8.) <u>Wohnungsbauten</u>

Der Wohnungsbau schreitet nur langsam voran. Die Unterbringung der Bombengeschädigten ist daher noch ungenügend. Der Grund der langsamen Fertigstellung ist in dem Fehlen von Facharbeitern (siehe auch Ziffer 3) und der äußerst geringen Zuteilung von Holz, Eisen und Treibstoffen zu suchen. Ein weiterer Grund ist der Abzug von Arbeitskräften für die Beseitigung der kleinen Bombenschäden. Aus diesem Grunde kann z.B. an etwa 800 Wohnungen im Raum Kiel, die zu 80 bis 90% fertiggestellt sind, nicht nennenswert weiter gearbeitet werden.

9.) <u>Luftschutzbauten</u>

Die Luftschutzbauten in Kiel leiden sehr unter unzureichender Zuteilung von Treibstoffen und geringen Zementlieferungen. Die Eisenzuteilung ist ebenfalls mangelhaft.

10.) <u>Kriegsschäden</u>

Der Fortschritt der Beseitigung der Bombenschäden hat sehr unter der völlig unzureichenden Zuweisung der Eisen- und Holzkontingente zu leiden. Die Kraftstoffzuweisungen sind in den letzten beiden Monaten ebenfalls so zurückgegangen, daß die Durchführung der Wiederaufbauarbeiten völlig ungenügend vorwärts geht.

11.) <u>Preisentwicklung</u>

Es ist nichts besonderes zu bemerken.

12.) <u>Soziale Maßnahmen</u>

Wie vor.

13.) <u>Allgemeine Vorschläge</u>

Keine

(...)

Anleitung zur Aufstellung eines Betriebsluftschutzplanes. [334]

(...)<u>Anleitung für die Aufstellung eines Betriebsluftschutzplanes.</u>

Anmerkung:

Mit Rücksicht auf die Verschiedenartigkeit der einzelnen Betriebe können die nachfolgenden Ausführungen; nur als allgemeine Richtlinien gewertet werden

Durch örtliche oder betriebliche Verhältnisse bedingte Abweichungen sind zulässig.

B e t r i e b s l u f t s c h u t z p l a n
d ....

....

Straße und Hausnummer: ....

Fernsprechanschluß: ....

Betriebsführer: ....

Betriebsluftschutzleiter: ....

I.   <u>Beschreibung des Betriebes:</u>
   - a) Gebäude und deren Benutzung, unter Beifügung eines Lageplanes und eines Grundrisses,
   - b) betriebstechnische Einrichtungen ....

....

284besonders luftempfindliche Einrichtungen und Anlagen des Betriebes z.B. ....

....

....

II. <u>Angaben über die im Betriebe beschäftigten Personen</u>

A. <u>Gesamtgefolgschaft (Gefolgschaftsmitglieder)</u>

B. <u>Einsatzgruppe</u>
   - a) Betriebsordner
   - b) Betriebsfeuerwehr
   - c) Betriebs-Sanitätstrupp
   - d) Fernsprecher und Melder
   - e) Betriebstrupps für Sonderzwecke,

unter Beifügung einer namentlichen Liste, aus welcher die Zugehörigkeit zu den einzelnen Trupps, der Zeitpunkt der Heranziehung, des Berufes, des Alters und der Wohnung des Herangezogenen ersichtlich ist.

Die Namen der Truppführer sind zu unterstreichen. Anzugeben ist ferner, ob der Herangezogene ausgebildet, in der Ausbildung begriffen oder nicht ausgebildet ist.

Für sämtliche Teile der Einsatzgruppe hat der Betriebsluftschutzleiter besondere Merkblätter auszuarbeiten, aus welchen in Stichworten die Ausrüstung und die Aufgaben der einzelnen Truppangehörigen während und nach der Arbeitszeit ersichtlich sind.

C. <u>Bereitschaftsgruppe</u>.

Hier sind alle diejenigen Gefolgschaftsmitglieder zahlenmäßig aufzuführen, die nicht zur Einsatzgruppe gehören und nicht mit besonderen Aufgaben im erweiterten Selbstschutz des Betriebes betraut sind.

III <u>Betriebsfremde Personen</u>

Hier ist anzugeben, an welchen Tagen und zu welchen Zeiten der Betrieb durch betriebsfremde Personen (Publikum, Kunden, Lieferanten) besonders stark aufgesucht wird, unter Angabe der ungefähren Personenzahl (Durchschnittsziffern).

IV <u>Luftschutzbauten</u>(…)

Tabellen

Tabelle 1 Zeittafel zur Organisation des Luftschutzes 1930 – 1945
Quelle: DdK, Band II/2 S. 341-361.

Anmerkung: In der Zeittafel sind nur die Ereignisse aufgenommen, die zur Verdeutlichung der organisatorischen Entwicklung des LS in Deutschland wichtig sind. Maßnahmen der Behörden zur Hilfe für Luftkriegsopfer sind nicht angeführt.

Datum	Ereignis
1930	Gründung des Luftschutzvereins e.V.
1933	Vorläufige Ortsanweisung für den Luftschutz der zivilen Bevölkerung. Die Städte leiten die ersten Maßnahmen zum Schutz ihrer Bewohner ein.
29.04.1933	Gründung des Reichsluftschutzbundes als eingetragener Verein im Sinne des BGB.
1935	
05.07.1935	Das Reichsluftschutzgesetz (LSchG) tritt in Kraft
1939	
01.09.1939- 31.12.1939	Schlechter Stand der Luftschutzvorbereitung. Mangelhafter Luftschutzraumbau. Nicht ausreichende Einsatzmittel.
01.09.1939	Aufruf des Luftschutzes Gesetz über Sachleistungen für Reichsaufgaben (Reichsleistungsgesetz) Zehnte DVO zum LSG (Luftschutzmäßiges Verhalten bei Luftangriffen und Luftschutzübungen - RGBl. I S. 1570)
1940	Ausgabe von Merkblättern über das Verhalten bei Luftangriffen
14.05.1940	VO über den Reichsluftschutzbund. Der RLS-Bund einschließlich seiner sämtlichen rechtsfähigen oder nicht rechtsfähigen Gliederungen und Teile wird in eine Körperschaft des öffentlichen Rechts umgewandelt (RGBl. I S. 784)
15.08.1940	Elfte DVO zum LSG (Disziplinarstrafordnung für den Sicherheits- und Hilfsdienst I. Ordnung und LS- Warndienst - RGBl. I S. 1109)
Herbst 1940	„Führerbauprogramm" (LS- Bauprogramm)
15.11.1940	Der RdLuObdL wird für die Dauer des Krieges ermächtigt, Rechtsvorschriften und Verwaltungsbestimmungen über den Luftschutz selbständig zu erlassen oder abzuändern, wenn er dies im Interesse der Luftverteidigung für notwendig hält (RGBl. I S. 1487)
30.11.1940	Kriegssachschädenverordnung (RGBl. I S. 1547) (Tritt am 15.12.1940 in Kraft)
1941	Merkblätter unterrichten die Bevölkerung über das bei Fliegerangriffen sowie nach Eintritt eines Schadensfalles gebotene Verhalten und unterrichten über die vorgesehenen Betreuungsmaßnahmen Einschlägige Bemühungen der örtlichen Luftschutzleiter um eine wirksame Verbesserung des Luftschutzes. Umfassende Maßnahmen des DRK zur Sicherstellung des LS-Sanitätsdienstes.
18.04.1941	Fünfte ÄnderungsVO zum LS-Recht (RGBl. I S. 212)

Datum	Ereignis
31.05.1941	RdErl des RdLuObdL betr. Bombensichere LS-Bauten (LS-Bunker) für die Bevölkerung (Benutzung, Unterhaltung, Wartung und Überwachung)
01.07.1941	RdErl des RdLuObdL betr. LS der Kunstwerke (Splitterschutzmaßnahmen)
05.11.1941	Sechste ÄnderungsVO zum LS-Recht (RGBl. I S. 695)
1942	Der Luftschutz zieht Erkenntnisse aus den ersten Großangriffen auf das Reichsgebiet. Beachtenswerter Stand des Schutzraumbaues. Intensivierung der Kulturschutzmaßnahmen. Auslagerung aus den Archiven in noch beschränktem Umfang.
26.02.1942	Zwölfte DVO zum LSG (TarnVO – RGBl. I S. 98)
19.03.1942	Die hauptamtlichen Kräfte des Sicherheits- und Hilfsdienstes (SHD) in Luftschutzorten I. Ordnung werden in die Polizeireserve überführt und erhalten die Bezeichnung „Luftschutzpolizei"
06.05.1942	Durch Erlaß des Generalbevollmächtigten für die Reichsverwaltung wird die überörtliche Lenkung der Hilfsmaßnahmen in die Hände der RV-Kommissare gelegt (GBV Nr. 330). Schnellbrief des GBV an die RV-Kommissare zur „planmäßigen Vorbereitung der nach größeren Luftangriffen sofort zu treffenden Hilfsmaßnahmen". Ihm angeschlossen sind u.a. „Richtlinien für die Bildung eines Einsatzstabes" und Richtlinien für die Tätigkeit eines Einsatzstabes bei katastrophalen Luftangriffen".
12.05.1942	Erlaß des RmfWEuV betr. Durchführung des LS für Kunstwerke (Hinweise für Maßnahmen zur Sicherung von Kunstwerken gegen Luftangriffe)
08.-10.06.1942	Besprechung über Maßnahmen zum Schutz von Kunstdenkmälern, Museums- und Bibliotheksgut in der Reichsanstalt der Luftwaffe für Luftschutz (Kulturschutztagung)
23.07.1942	Der KfdA wird mit der zentralen fachlichen Lenkung der bei den Archiven notwendigen LS-Maßnahmen im ganzen Reichsgebiet betraut.
11.09.1942	Anordnung des RmdI für die Sicherung des behördlichen Schriftgutes gegen Luftgefahren
24.09.1942	Richtlinien zum Schutze des wertvollen Schriftgutes (Archivguts) der Wirtschaft gegen Luftgefahren
1943	Neuordnung des LS-Rechts. Der Luftschutz steht in schwerer Bewährungsprobe. Lähmung der Selbstschutzorganisation. Bildung von Selbstschutztrupps. Umfangreiche Verlagerung der Archive.
20.02.1943	RdErl des RdLuObdL betr. Bildung von Selbstschutztrupps (L In 13/2 I Ba 13946/42)
15.03.1943	Achte ÄnderungsVO zum LS-Recht (RGBl. I S. 143)
30.05.1943	Verlustreicher Angriff auf Barmen bringt neue Anordnungen des Luftschutzes
02.07.1943	Auch für die Opfer von Luftangriffen unter der Zivilbevölkerung sind die Begriffe „verwundet" und „gefallen" zu verwenden (MbliV S. 1110)

Datum	Ereignis
31.08.1943	Neufassung des LSG und seiner Durchführungsverordnungen, der VO über den LS-Bund und der Satzung des LS-Bundes (Neunte ÄnderungsVO zum LS-Recht, RGBl. I S. 499)
18.10.1943	RdErl des RdLuObdL betr. Heranziehung, Einteilung und Einberufung zum LS-Dienst
1944	Die Auswirkungen der Invasion stellen den Luftschutz vor zusätzliche Aufgaben. Nachhaltige Bemühungen des Kultur- und Archivschutzes
21.01.1944	Erl. des RmdI betr. Zusammenfassung des Archivwesens
1945	
01.01.1945-05.05.1945	Endkampf des Luftschutzes. Verzweifelte Bemühungen zur Rettung von Kultur- und Archivgut
08.05.1945	Bedingungslose Kapitulation Deutschlands. Ende des Luftkrieges über Deutschland

Tabelle 2 Ausstattung einer Luftschutzgemeinschaft mit Selbstschutzgerät
Quelle: Reichsgesetzblatt 1939, Nr. 100, S. 964.

Gegenstand	Anzahl	Bemerkungen
Handfeuerspritze	1 Stück	Handspritzen (Einstell-, Einhänge-, Kübelspritzen usw.), die von der Reichsanstalt der Luftwaffe für Luftschutz eine Vertriebsgenehmigung nach § 8 des Luftschutzgesetzes erhalten haben oder von dem Reichsführer SS und Chef der Deutschen Polizei im Reichsministerium des Innern anerkannt worden sind. Von einer Neubeschaffung kann Abstand genommen werden, wenn vorhandene Handspritzen von dem Ortspolizeiverwalter als ausreichend angesehen werden.
Einreißhaken	1 Stück	Mit Haken oder kräftigem, langem Nagel versehene Holzstange.
Leine	1 Stück	Lange, kräftige Leine auf Holzwelle gewickelt.
Leiter	1 Stück	Steh- oder Anstelleiter (Haushaltsleiter).
Luftschutz-Hausapotheke	1 Stück	Hausapotheke, die eine Vertriebsgenehmigung nach § 8 des Luftschutzgesetzes erhalten hat.
Feuerpatsche	1 Stück je Treppenhaus	Ein bis zwei Meter langer Stock, an dessen Ende ein vor der Benutzung mit Wasser zu tränkendes Stück Stoff befestigt ist.
Wassereimer	1 Stück je Treppenhaus	
Wasserbehälter	1 Stück je Treppenhaus	Faß, Bottich, Wanne od. dgl.
Sandkiste	1 Stück je Treppenhaus	Kiste mit etwa fünf Eimern Sand oder Erde und einfacher Handschaufel.
Schaufel mit Spaten	1 Stück je Treppenhaus	
Axt oder Beil	1 Stück je Treppenhaus	
Armbinden	1 Stück je Luftschutzwart, je Laienhelfer (in) je Melder	Nach vorgeschriebenem Muster.

Tabelle 3 Ausrüstung einer Einsatzgruppe im Erweiterten Selbstschutz
Quelle: L. Dv. 755, Anhang 5.

Die Mitglieder der Einsatz- und Bereitschaftsgruppe sind mit Volksgasmaske VM37 auszustatten. Betriebsfeuerwehren, die bereits für Friedenszwecke aufgestellt sind, werden mit der S-Maske ausgerüstet.	
Betriebsordner	Handlampe (elektrisch)
Betriebsfeuerwehr	Im Betrieb verteilt sind griffbereit aufzustellen: Äxte, Einreißhaken, Feuerpatschen, Leinen, Luftschutzhausfeuerspritzen, Sandkisten, Schaufeln, Wassereimer, Wasserfässer, Leitern, Wasserzapfstellen mit Schlauch und Strahlrohr, Handfeuerlöscher. für Hydrantentrupp (1 Führer, 4 Mann): Kleine Löschkarre gem. DIN FEN 352), Sonderlöschgeräte (z.B. in Garagenhöfen, Mineralöllagern usw.): Luftschaumspritzen, fahrbare Kohlensäure-Schneelöscher, Fahrleitern, Schlauchkarren usw. In allen Fällen soll die Betriebsfeuerwehr so eingerichtet sein, daß sie auch ohne Eingreifen der Ortsfeuerwehr einen Brand erfolgreich bekämpfen kann.
Betriebs-Sanitätstrupps	Ausrüstung berechnet für 1 Sanitätstrupp (bestehend aus 1 Führer und 8 Mann): - 1 Luftschutzverbandkasten, - 4 Luftschutzkrankentragen, - 4 Sanitätstaschen, - 4 Gastaschen, - 2 starke Handlampen, - 9 Labeflaschen
Fernsprecher und Melder	Schreibgerät, Notlampen, Verzeichnis der etwa benötigten Anschlußstellen
Trupps für Sonderzwecke	Ihre Ausrüstung richtet sich ach der Art der ihnen obliegenden Aufgaben und ist jeweils im Einvernehmen mit dem Örtlichen Luftschutzleiter besonders festzulegen.

Tabelle 4 Selbstschutzgerät der Stalleigentümer für Großtiere
Quelle: Reichsgesetzblatt 1939, Nr. 100, S. 965.

I. Für Pferde, Rinder oder mehr als 10 Schweine: ein Luftschutz-Veterinärkasten	Luftschutz-Veterinärkasten: Kasten für die erste Hilfeleistung des Tierhalters nach Luftangriffen, der eine Vertriebsgenehmigung nach § 8 des Luftschutzgesetzes erhalten hat.
II. Bei insgesamt mehr als 20 Tieren (Pferde, Rinder oder Schweine): ein zweiter Luftschutz-Veterinärkasten, bei insgesamt mehr als 40 Tieren: ein dritter Luftschutz-Veterinärkasten usw.	

Tabelle 5 Bevölkerungsentwicklung in Kiel 1939 – 1946
Quelle: StAK, Bevölkerungszahlen 1939-1946.

Jahr	Einwohnerzahl	Jahr	Einwohnerzahl
1939	265.443	1944	243.229
1940	281.000	1945	190.747
1941	286.800	1946	216.407
1943	284.741		

Tabelle 6 Bevölkerungsentwicklung in Kiel 1939 und 1947 nach Stadtteilen
Quelle: Stadt Kiel, Mitteilungen Nr. 22, S. 25.

	1939	1947		Zu- bzw. Abnahme der Bewohnerzahl	
Stadtteil	Zahl der Bewohner	Zahl der Bewohner	davon Lager-insassen	absolut	in %
Altstadt	5.315	1.001	0	- 4.314	- 81,2
Vorstadt	7.891	2.519	0	- 5.372	- 66,1
Exerzierplatz	12.892	10.352	0	- 2.540	- 19,1
Damperhof	9.374	3.007	0	- 6.367	- 67,9
Brunswik	19.227	5.079	0	- 14.148	- 73,6
Düsternbrook	5.429	3.036	130	- 2.393	- 44,1
Am Blücherplatz	15.660	12.603	0	- 3.057	- 19,5
Wik	15.172	18.668	1.092	+3.496	+23,0
Ravensberg	18.128	17.631	636	- 497	- 2,7
Schreventeich	18.785	20.936	454	+2.151	+11,5
Am Südfriedhof	28.289	23.346	140	- 4.943	- 17,5
Gaarden- Ost	29.350	19.703	808	- 9.647	- 32,9
Gaarden- Süd	13.068	15.905	492	+2.837	+21,7
Hassee	11.753	15.149	614	+3.396	+28,9
Hasseldieksdamm	1.480	3.349	1.175	+1.869	+126,3
Ellerbek	8.833	2.731	0	- 6.102	- 69,1
Wellingdorf	9.673	6.871	778	- 2.802	- 29,0
Holtenau	5.847	6.526	148	+ 679	+11,6
Pries	5.846	8.111	85	+2.265	+38,7
Friedrichsort	2.131	3.724	1.031	+1.593	+74,8
Neumühlen-Dietrichsdorf	10.561	10.189	636	- 372	- 3,5
Elmschenhagen	6.594	19.046	467	+12.452	+188,8
Gesamt	261.298	229.482	8.686	- 31.816	- 12,2

Tabelle 7 Stärkenachweis der Kieler Feuerwehr
Quelle: Kettenbeil 1986, S,48 - 52.

Jahr	Dienstgrad(e)/Dienststellung	Stärke
1934/35	Branddirektor	1
	Bauräte/Oberbauräte	2
	Oberbrandmeister	6
	Brandmeister	24
	Oberfeuerwehrleute	34
	Feuerwehrmänner	58
	Hilfsfeuerwehrleute	20
	Gesamt	145
1942	Offiziere	5
	Bez.- Oberleutnante	10
	Meister d. FSchP.	30
	Wachtmeister (S. B.)	224
	Gesamt	269
	Freiwillige Feuerwehr mit 14 Löschgruppen	375

Tabelle 8 Luftalarme und Luftangriffe in/gegen Kiel 1939 – 1945
Quelle: Stadt Kiel, Mitteilungen Nr. 24, S.6.

Luftalarme	633
Angriffe mit Bombenabwurf	90
Bombenabwürfe:	Sprengbomben
Minenbomben	931
Flüssigkeitsbrandbomben	30.055
Stabbrandbomben	456.357
Phosphorbrandbomben	21.557
Flammstrahlbomben	1.000
Phosphorkanister	49

Tabelle 9 Bombenopfer in Kiel 1939 - 1945
Quelle: Stadt Kiel, Mitteilungen Nr. 24, S. 6 und S. 44-49.

Jahr	Zeit von - bis	Zahl der Toten Kieler	Zahl der Toten Auswärtige	Verletzte/ Vermißte	Gesamtzahl der Opfer
1940	02.07. - 16. 12.	22	0	74	96
1941	16.01. - 30.11.	271	13	517	801
1942	26.02. - 13.10.	101	0	245	346
1943	04.04. - 13.12.	418	148	1.501	2.067
1944	04.01. - 16.09.	796	171	2.701	3.668
1945	05.03. - 03.05.	657	241	143	1041
Gesamt:		2265	573	5.181	8.019

dazu Obdachlose 1939 – 1945: rd. 167. 000

Tabelle 10 Bombenopfer in Kiel 1939 – 1945, Todesursachen
Quelle: Statistische Monatsberichte der Stadt Kiel, 1948, Nr. 3, S. 8.

Todesursache	vH der Gesamtzahl
Verschüttung	26,4
Splitterverletzung	18,0
Zertrümmerung	15,1
Ersticken	13,6
Verbrennen	9,3
Sonstige	17,6
zusammen	100,0

Tabelle 11 Bombenopfer in Kiel 1939 – 1945 nach Alter und Geschlecht
Quelle: Statistische Monatsberichte der Stadt Kiel, 1948, Nr. 3, S. 8.

Altersgruppe	Bombenopfer männlich	Bombenopfer weiblich	zusammen
bis 15 Jahre	195	158	353
15 – 60 Jahre	638	625	1.263
über 60 Jahre	368	279	647
zusammen	1.201	1.062	2.263

Tabelle 12 Bombenopfer in Kiel 1939 – 1945 nach Stadtteilen
Quelle: Stadt Kiel, Mitteilungen Nr. 24, S. 58.

Stadtteil	1940	1941	1942	1943	1944	1945	Gesamt
Altstadt	0	4	0	9	23	6	42
Vorstadt	0	1	9	26	14	1	51
Exerzierplatz	0	2	1	42	41	13	99
Damperhof	1	7	0	12	58	6	84
Brunswik	0	18	1	13	126	6	164
Düsternbrook	0	1	2	1	14	14	32
Am Blücherplatz	1	5	4	10	32	273	325
Wik	1	7	0	5	28	33	74
Ravensberg	2	23	2	12	56	30	125
Schreventeich	0	12	16	7	72	101	208
Am Südfriedhof	6	19	6	26	86	23	166
Gaarden- Ost	4	81	10	115	42	23	275
Gaarden- Süd und Kronsburg	0	25	6	42	18	23	114
Hassee	4	5	1	13	34	8	65
Hasseldieksdamm	0	0	0	2	1	0	3
Ellerbek	0	14	11	23	18	13	79
Wellingdorf	2	23	7	26	20	4	82
Holtenau	0	3	0	0	11	5	19
Pries	1	0	0	0	13	1	15
Friedrichsort	0	0	0	0	3	0	3
Neumühlen- Dietrichsdorf	0	4	3	25	38	10	80
Elmschenhagen	0	17	22	9	48	66	162
Gesamt	1.962	2.212	2.043	2.361	2.740	2.604	2.267
außerdem Ortsfremde:	0	13	0	148	171	241	573

Tabelle 13 Luftkriegsopfer der deutschen Zivilbevölkerung 1939 - 1945
Quelle: Dokumente deutscher Kriegsschäden, Band I, S. 60.

Zeit	Reichsgebiet nach dem Gebietsstand am	
	31.12.1937	31.12.1942[1]
1. Gefallene		
Ohne Flüchtende		
Kriegsbeginn bis 30.09.1940	3	3
01.10.1940 bis 31.01.1945	207	221
01.02.1945 bis Kriegsende	119	126
Zusammen	329	350
Verwundete [2]		
Kriegsbeginn bis 30.09.1940	7	7
01.10.1940 bis 31.01.1945	400	427
01.02.1945 bis Kriegsende	230	243
Zusammen	637	677
darunter an Verwundungen gestorben	51	54
Endgültig Vermißte		
Kriegsbeginn bis 30.09.1940	30	32
Luftkriegstote zusammen	410	436
Gefallene und endgültig Vermißte		
2. Flüchtende [3]		
Etwa Jan. 1945 bis Kriegsende	111	118
Verwundete [2]		
Etwa Jan. 1945 bis Kriegsende	197	208
darunter an Verwundung gestorben	16	16
Luftkriegstote zusammen	127	134
Gefallene, Vermißte und Verwundete		
3. Insgesamt		
Gefallene und Vermißte	470	500
Verwundete	834	885
Darunter an Verwundungen gestorben	67	70
Luftkriegstote zusammen	537	570

Anmerkungen:

--- o.a. Zahlen in Tausend

[1] Ohne Protektorat Böhmen und Mähren

[2] Verwundungsfälle

[3] Auf der Flucht befindliche Bevölkerung der deutschen Vertreibungsgebiete

Tabelle 14 Verlust/Verbleib von Kulturgut in Kiel 1939 - 1945
Quellen: Dokumente deutscher Kriegsschäden, Band I S. 436, 466 und 478;
Beseler/Gutschow 1988, S. 3-10;
NEK- Archiv 18.11.02, Nr. 651; NEK Archiv 22.02, Nr. 717; Talanow 1978, S. 63-72.

Verluste an/in:		Art des Schaden
Verluste an Kirchen, Museen und sonstigen Baudenkmälern		
- Kirchen	St. Nicolai	vernichtet
	Heiliggeistkirche	vernichtet
	Jacobikirche	Schwere Schäden
	Alle anderen Kirchen	Leichte bis schwere Schäden
- Museen	Kunsthalle	Schwere Schäden
	Brandschutzmuseum	Erhebliche Verluste
	Zoologisches Museum	Sachschäden, Sammlungsverluste
- Sonstige Gebäude		
	Schloß	vernichtet
	Altes Rathaus	vernichtet
	Neues Rathaus	Mittlere Schäden
	Persianische Häuser	vernichtet
	Alte Universität, Kattenstraße	vernichtet
	Universität am Schloßgarten	vernichtet
	Stadttheater	Schwere Schäden
	Marinestation Ostsee (heute Landeshaus)	Schwere Schäden
	Telemann'sches Haus, Haßstraße	vernichtet
	Buchwaldt'scher Hof, Dänische Straße	vernichtet
	Tempel im Marienhain, Düsternbrooker Gehölz	vernichtet
Verluste an Schriftgut in Bibliotheken und Archiven		
- Bücher	Schleswig-Holsteinische Landesbibliothek	Verlust ca. 5 000 Bände
	Universitätsbibliothek	Verlust ca. 250 000 Bände
	Stadtbücherei	Verlust ca. 10 000 Bände
	Bibliothek der Pädagogischen Hochschule	Verlust 26 000 Bände
- Archivalien	Staatsarchiv	Unbedeutende Verluste
	Stadtarchiv	Teilverluste
	Rathaus	Teilverluste
	Archiv des Landeskirchenamtes	Zum größten Teil vernichtet

- Archivalien   Kirchengemeinden Probstei Kiel:
                          St.Nicolai I.....................Alle Akten und Bücher, außer den
                                                        Kirchenbüchern
                          Ansgar- West.................Pfarrarchiv
                          Ansgar- Süd...................Pfarrarchiv
                          Petrus............................Sämtliche Akten
                          Luther- West..................Pfarrarchiv fast völlig vernichtet
                          Vicelin II.......................Sämtliche Akten
                          Michaelis I.....................Pfarrarchiv
                          Kiel- Gaarden.................Sämtliche Akten
                          Ellerbek..........................Pfarrarchiv (Durch Sprengung
                                                        eines der Kirche benachbarten
                                                        Bunkers am 21.5.1945!)
                          Neumühlen – D'dorf.....Pfarrarchiv
                          Elmschenhagen...............Pfarrarchiv

Verlust/Verbleib an sonstigem Kulturgut
- Bewegliches Kunstgut: Nicht zu ermitteln

Kirchenglocken (Bestand am 31. Mai 1939):

Kirchengemeinde	Bronze	davon abgegeben	Gußstahl	Klangstahl
St. Nicolai	6	5 (5 zurück)		
Heiligengeist (Pauluskirche)	3	2	1	
St. Jürgen	3	2		
Jakobi	1	1	2 (vernichtet)	
Ansgar				3
Wik	1			
Luther	1			
Vicelin				3
Michaelis			2	
Heiligengeist Kirche	2	1		
Eichhof Kapelle	1			

Tabelle 15 Die Städte im „Führer-Sofortprogramm" vom September 1940
Quelle: Hampe 1963, S. 291.

- Aachen	- Fürth	- Leuna	- Recklinghausen
- Bielefeld	- Gladbeck	- Leverkusen	- Rheinhausen
- Bitterfeld	- Gelsenkirchen	- Linz	- Rheydt
- Bochum	- Hagen	- Lübeck	- Rostock
- Bonn	- Halle	- Ludwigshafen	- Schweinfurt
- Bottrop	- Hamburg	- Magdeburg	- Siegen
- Brandenburg/	- Hamm/W.	- Mannheim	- Soest
Havel	- Hannover	- Merseburg	- Stade
- Braunschweig	- Hattingen/Stadt	- Mönchen-	- Stein b. Fürth
- Bremen	- Herdecke b.	Gladbach	- Stettin
- Breslau	Hagen	- Mühlheim/Ruhr	- Stuttgart
- Brocken b. Breslau	- Jena	- München	- Trier
- Buer	- Kassel	- Münster/W.	- Walsum b. Duis
- Burgweide b.	- Kettwig/Ruhr	- Neunkirchen/	burg
Breslau	- Kiel	Saar	- Wanne-Eickel
- Dessau	- Klottendorf b.	- Neuß	- Wesermünde
- Dortmund	Breslau	- Nürnberg	- Wetter b. Hagen
- Duisburg	- Koblenz	- Oberhausen/Rhld	- Wien
- Düsseldorf	- Köln	- Oberwesel	- Wilhelmshaven
- Emden	- Königsberg	- Offenbach/Main	- Wittenberg
- Essen	- Krefeld	- Osnabrück	- Wülfrath
- Frankfurt/Main	- Leipzig	- Opladen	- Wuppertal

Tabelle 16 Verhältnis der Schutzplätze zur Einwohnerzahl.
     7 norddeutsche Großstädte im Vergleich
     Quelle: eigene Zusammenstellung.

Stadt	Bevölker-ung 17.5.1939	Anzahl Schutz-plätze Mai 1943	Bevölker-ung 1.5.1944	Gesamtzahl bomben-sichere Luftschutz-anlagen	Schutz-plätze im Verhältnis zur Einwohner-zahl von 1939	Schutz-plätze im Verhältnis zur Einwohner-zahl von 1944
Emden	35.202	13.973	26.255	330	39,69 %	53,22 %
Bremen	424.351	40.902	314.528	182	9,64 %	13,00 %
Hannover	417.186	33.794	258.000	79	8,10 %	13,10 %
Wilhelmshaven	113.490	8.260	71.828	140	7,28 %	11,50 %
Kiel	265.443	18.556	191.099	131	6,99 %	9,71 %
Lübeck	154.871	7.211	131.094	452	4,66 %	5,50 %
Hamburg	1.711.703	52.881	1.097.961	200	3,09 %	4,82 %

Tabelle 17 Das Bunkerbauprogramm im Luftgaukommando XI
Quelle: Foedrowitz 1998a, S. 76.

Stadt	Bevöl-kerung 17.5.1939	Fertig-gestellte ziv. Bun-ker	Anzahl Schutz-plätze Mai 1943	Bevöl-kerung 1.5.1944	Gesamtzahl bomben-sichere Luftschutz-anlagen	Luftkriegs-tote (einschl. Kriegsge-fangene, Ausländer, usw.)
Braunschweig	196.159	34	21.930	137.203	38	2.905
Bremen	424.351	119	40.902	314.528	182	3.852
Cuxhaven	30.100				1	92
Emden	35.202	26	13.973	26.255	36	330
Flensburg	70.900				22	172
Hamburg	1.711.703	116	52.881	1.097.961	200	48.853
Hannover	417.186	53	33.794	258.000	79	6.782
Kiel [335]	273.973	27	18.556	191.099	131	2.515
Lübeck	154.871	17	7.211	131.094	24	452
Oldenburg	79.000				3	311
Osnabrück	98.700	5	2.732		64	737
Rostock	121.315	5	1.985	91.000	14	617
Salzgitter	45.600				23	
Wesermünde	115.400	16	4.437		34	1.142
Wilhelms-haven	113.490	19	8.260	71.828	140	510

Tabelle 18 Kieler Straßennamen 1940/1949
Quelle: Hilscher 1995 und eigene Zusammenstellung nach Kieler Stadtplänen.

Kieler Straßennamen

Bezeichnung bis 1945	Heutige Bezeichnung
- Admiral Scheer Straße	Feldstraße zwischen Einmündung Hindenburgufer und Düvelsbeker Weg
- Adolf-Hitler-Platz	Rathausplatz
- Braunauer Ring (Fortsetzung des Tiroler Rings östlich der Wiener Allee)	Tiroler Ring (von Tiroler Ring 735 bis Hermann-Löns-Schule)
- Dr.-Goebbels-Sportplatz	In Pries; an der Otmar-Enking-Straße, gegenüber der Einmündung des Fritz-Stavenhagen-Wegs.
- Emsmann-Straße	Eduard Adler Straße
- Fährsteig	Zwischen Werft- und Augustenstraße. Bildet die Verlängerung der Straße „Zur Fähre"
- Fährstraße (Damperhof)	Legienstraße (Bergstraße-Knooper Weg)
- Flandernplatz	Sportplatz im Marinestützpunkt.
- Germaniaring	Ostring von der Oldenburger Straße bis zur Helmholtzstraße/ Röntgenstraße.
- Goebbelsstraße	Allgäuer Straße
- Hackelstraße	Rüsterstraße
- Hansen's Privatstraße	Wischhofstraße (zwischen Schönbergerstraße und Seefischmarkt)
- Hohenstaufenring	Westring zwischen Hasseldieksdamer Weg und Kronshagener Straße
- Hohenzollernring	Westring zwischen Kronshagener Straße und Gutenbergstraße
- Hohenzollernpark	Schrevenpark
- Holzweberstraße	Teil der Dorfstraße Elmschenhagen
- Horst-Wessel-Park	Werft- Park
- Leebstraße	Haselbusch
- Lettow-Vorbeck-Straße	Hertzstraße.
- Martin-Martens-Straße	Heckenrosenweg
- Meitzenstraße	Schlehenkamp
- Otto-Streibel-Straße	Pestallozistraße - Krummbogen
- Ritter-von-Epp-Straße	Verdieck- Straße
- Saltzwedel-Straße	Paul-Fuß-Straße
- Schlageter Park	Stadtrat-Hahn-Park
- Schlageter Platz	Schwanensee-Platz
- Straße der SA	Eckernförder Allee ab Wilhelmsplatz, stadtauswärts.
- Tirpitzstraße	Feldstraße zwischen Düvelsbeker Weg und Hospitalstraße
- Weddingenring	Westring zwischen Gutenbergstraße und Nordfriedhof (Garnisonsfriedhof).

Tabelle 19 Kosten eines Arbeiterwohnhauses 1936
Quelle: Baumbach 1940, S. 16 - 19.

Reine Baukosten 1936

Erd-, Maurer-, Betonarbeiten..1799, 57 M
Zimmerarbeiten...586,31 M
Dachdeckerarbeiten...257,80 M
Spengler- und Installateurarbeiten..115,90 M
Schlosserarbeiten...95,70 M
Schreinerarbeiten...541,12 M
Glaserarbeiten...148,96 M
Fensterläden- Lieferung ....34,57 M
Elektroarbeiten...63,36 M
Verputzarbeiten..389,26 M
Ofen,- Herd-, Wasserkessellieferung..115,08 M
         Gesamt Baukosten:..4147,63 M

Herstellungskosten 1936

Grund und Boden (Grundstücksgröße 767 qm)...............465,42 M
Reine Baukosten ....4147,63 M
Einrichtungskosten (totes und lebendes Inventar)...........250,00 M
Nebenkosten ....454,19 M
Finanzierungskosten...369,50 M
Gesamt Herstellungskosten..5686,74 M

Erläuterung:

1. Das Haus ist ein Kleinsiedlerhaus vom Typ „Alsfeld". Es wurde in Hessen- Nassau so errichtet.

2. Das Haus besteht aus:

   <u>Keller</u> mit Vorkeller 7,32 qm, Waschküche 12,23 qm, Keller 11,20 qm, Schutzraum 7,91 qm

   <u>Erdgeschoß</u> mit Treppenhaus 7,15 qm, Wohnküche 13,79 qm, Schlafzimmer 11,38 qm, Schlafkammer 8,28 qm, Abort 1,50 qm, Schweinestall 2,18 qm, Ziegenstall 2,19 qm, Hühnerstall 1,43 qm

   <u>Dachgeschoß</u> mit Treppenhaus 3,20 qm, Schlafkammer 13,20 qm, Schlafkammer 9,20 qm, Schlafkammer 7,35 qm, Futterboden 4,55 qm.

3. Zur <u>Einrichtung</u> der Siedlerstelle zählen Pflanzen, Sämereien, Obstbäume und –sträucher, Gartengeräte, Düngemittel, Kleintiere wie Ziegen, Hühner, Kaninchen, Schafe, Schweine im Wert von 250,00 M

3. <u>Baunebenkosten</u> sind Kosten für Bauleitung, Verwaltung, Planung, Betreuungsgebühr, Übertragungsgebühr, Kosten für Außenanlagen, Einfriedung u.a.

4. Die Baukosten entsprechen denen einer sog. „Volkswohnung" (Dreiraumwohnung).

Tabelle 20 Durchschnittlicher Bruttoverdienst 1938 (Beispiele)
Quelle: Statistisches Jahrbuch 1939/40, S. 347.

Gewerbe	Bruttoverdienst je Stunde (Rpf)	je Woche (RM)
Bergbau insgesamt	84,7	38,49
Hauer	104,0	44,45
Metallverarbeitende Industrie insgesamt	91,1	46,00
Facharbeiter	106,7	55,11
Hilfsarbeiter	72,6	36,19
Baugewerbe insgesamt	75,0	- - -
Maurer	88,3	- - -
Bauhilfsarbeiter	72,6	- - -
Textilindustrie insgesamt	57,2	26,37
Facharbeiter	72,1	34,02
Hilfsarbeiter	57,3	27,64
Braugewerbe insgesamt	102,3	48,44
Gelernte Arbeiter	104,8	49,25
Ungelernte Arbeiter	91,8	42,94

Tabelle 21 Baupreise für 1 cbm umbauten Raum. Stand 1935
Quelle: StAK Nr. 39139 (Auszug aus einer Preisliste).

Bauten	Preise in RM von	bis
Einfach ausgeführte Gebäude mit Ziegel-, Ruberoid- oder Strohdach, wie bessere Stallungen, Arbeiterhäuser, Gutshäuser	10,00	12,00
Fabrikgebäude	8,00	10,00
Kleine Einfamilien- Wohnhäuser	15,00	16,00
Gute Einfamilien- Wohnhäuser	18,00	24,00
Vierstubenwohnhäuser (4-5- geschossig)	15,00	16,00
Große herrschaftliche Etagenwohnhäuser	18,50	21,50
Lagerhäuser, Eisenbeton oder Eisenbauweise	9,00	
Rammpfähle bis 10 m Tiefe, Holz	10,50 RM/mtr	
Rammpfähle bis 10 m Tiefe, Eisenbeton	20,00 RM/mtr	

Kieler Luftschutzbauten in der Übersicht

<u>Vorbemerkungen.</u>

1. Zur Benennung.

Einige Zivilschutzbunker erhielten als Kennung die Benennung „Luftschutzunterkunft (Lu)", ergänzt mit einer fortlaufenden Zahl (z.B. Lu 18 = der Hochbunker in der Iltisstraße in Gaarden). LS-Bunker der Wehrmacht und der Industrie bekamen keine „Lu "-Nummern. Die Vergabe der Lu- Nummern erfolgte nach einem Muster, welches heute nicht mehr nachzuvollziehen ist. So bekam z. B. der LS.- Bunker Schwentinebrücke-Süd/Wehdenweg zunächst die Lu- Nr. 14, später dann die Nummer 27. Bei mehreren anderen LS- Bunkern wechselten die Lu- Nummern ebenfalls. Die Vergabe von Lu - Nummern entfiel bei den Zivilschutzbunkern zu einem nicht mehr feststellbaren Zeitpunkt. Für LS- Stollen wurden keine Lu- Nummern vergeben. In den nachfolgenden Listen sind jeweils diejenigen LU- Nummern eingetragen, die in den jüngsten Dokumenten entdeckt wurden.

Im Schriftverkehr während des 2. Weltkrieges ist aber die Bezeichnung der Zivilschutzbunker, trotz vorhandener Lu - Nummern, nicht einheitlich. Denn neben der offiziellen Variante benutzte man im allgemeinen Schriftverkehr umgangssprachliche Benennung ohne Zusatz (z.B. statt Lu 18 nur „Iltisbunker") und/oder die Bezeichnung mit Straßennamen (z.B. statt Lu 12 „Achterkamp" nur „Achterkamp").

In den „Mitteilungen des Statistischen Amtes der Stadt Kiel, Nr. 24; Kiel im Luftkrieg 1939/45" sind die Kieler Luftschutzbauten nach dem Stand von 1959 aufgelistet. [336] Die Aufstellung ist identisch mit einer Zusammenstellung, die sich in den Akten des Stadtarchivs befindet. [337] In dieser Veröffentlichung sind die LS- Bunker mit Bezeichnungen benannt, die mit denen aus der Kriegszeit nur teilweise übereinstimmen. Einige Bauwerke aus der Liste sind nicht zu identifizieren. [338]

Nach dem Kriege erstellte die Kieler Bauverwaltung ein völlig neues Ordnungsschema. In einer Stadtkarte, welche in den 1980'er Jahren erschien, sind alle damals vorhandenen LS- Bunker und LS-Stollen eingezeichnet, gleichgültig, ob das Bauwerk intakt oder als Ruine existent war. Die Hochbunker erhielten Nummern von 1-55a, Tiefbunker von 56- 91 und LS- Stollen von 92- 114. Zusätzlich ordnete man den Nummern einen Namen zu. Bei der Namengebung griff man weitgehend auf die umgangssprachlichen Benennungen aus der Kriegszeit zurück. (z.B. lfd. Nr. 29 Iltisstraße (Iltis-bunker)).

Die Verwirrung ist nun komplett. All die unterschiedlichen „Systeme" führen dazu, daß eine Reihe von Bauwerken mit den unterschiedlichsten Bezeichnungen in den Unterlagen aufgeführt sind, ohne daß man immer sofort erkennen kann, welches Bauwerk eigentlich gemeint ist. Im Ergebnis hat die „Systematisierung" dazu geführt, daß einige Bauwerke mittlerweile 4 verschiedene Namen/Bezeichnungen führen.

Angesichts dieses Durcheinanders ist es bislang weder möglich, einwandfrei zu klären, wie viele LS- Bunker und Stollen eigentlich insgesamt in Kiel vorhanden gewesen sind, noch eine exakte Standortbestimmung zu erreichen.

Einen Ausweg aus dieser Situation böte eventuell die Liste, welche die Engländer im Mai 1945 erstellt hatten. Darin sind alle damals vorhandenen Luftschutzanlagen erfaßt, da sie als Unterlage für die geplanten Sprengungen diente. [339] Die Kennzeichnung der Luftschutzanlagen erfolgte zwar ein weiteres Mal nach einer neuen Methode, aber, und dies ist das Entscheidende, die geographische Lage der Bauten ist vermerkt. Diese Liste ist demnach die einzige z. Zt. bekannte Unterlage, der man den genauen Standort vieler Luftschutzanlagen entnehmen *könnte*. Leider ist die Liste wertlos. Die Engländer bestimmten die geographischen Positionen der LS- Bauten in Karten mit einem heute nicht mehr gebräuchlichen Gittersystem. Das entsprechende Kartenmaterial ist in Kiel nicht vorhanden.

2. Ungeklärte LS- Bunker/ -standorte bzw. nicht zuzuordnende Bezeichnungen

– Hochbunker

Frauenklinik	Wird in StAK Nr. 45796 und bei Foedrowitz erwähnt. Es ist unklar, ob der LS- Bunker gebaut wurde. Foedrowitz behauptet, der LS- Bunker sei gebaut worden, nennt aber seine Quelle nicht. [340] Die Standorte der ehemaligen Frauenklinik und des (geplanten) Bunkers waren nicht zu ermitteln (Siehe auch Fußnote 234, S. 63)
Krummbogen	LS- Bunker ist in der Karte der Stadtplanung als abgebrochen verzeichnet. Sonst keinerlei Hinweise oder Unterlagen. Der LS- Bunker könnte evtl. LS- Bunker „Frauenklinik" sein.
Gasbehälter Rondeel	Wird StAK Nr. 45796 erwähnt. Sonst keinerlei Hinweise oder Unterlagen. Es bleibt unklar, ob jemals gebaut.
Anlagen Seefliegerhorst	Sind nur in der „Statistik Kiel Nr. 24" erwähnt. Sonst keinerlei Hinweise oder Unterlagen. Auf dem Gelände des Seefliegerhorstes, nach 1956 Marinefliegerhorst der Bundeswehr, waren mit Sicherheit weder ein Hochbunker noch ein Tiefbunker vorhanden. Die einzigen Luftschutzanlagen, die sich noch heute auf dem Gelände befinden, bestehen aus mehreren kleineren Stollenanlagen.
K.L.A.U.-Ost-Bunker Gaarden	Die beiden Marinebunker werden nur in der „Statistik Kiel Nr. 24" erwähnt.
K.M.A.-Bunker	Standorte nicht feststellbar.

– **Tiefbunker**

Am Sandberg	LS- Bunker ist in der Karte der Stadtplanung als abgebrochen verzeichnet. Sonst keinerlei Hinweise oder Unterlagen.
Blücherplatz Blücherplatz Ost Blücherplatz West	LS- Bunker „Blücherplatz" ist in der Karte der Stadtplanung als abgebrochen verzeichnet. Sonst keinerlei Hinweise oder Unterlagen. Die beiden LS- Bunker „B.-Ost" bzw. „B.-West" werden nur in der „Statistik Kiel Nr. 24" erwähnt. Sonst keinerlei Hinweise oder Unterlagen. Es war nicht zu klären, ob auf dem Blücherplatz nur ein oder zwei LS- Bunker vorhanden waren.
Wilhelmsplatz Nord Wilhelmsplatz I Wilhelmsplatz II	Für den/die LS- Bunker auf dem Wilhelmsplatz gilt dasselbe, wie für den/die LS- Bunker „Blücherplatz".
Vinetaplatz- Bunker	Nach StAK Nr. 45821 (Geschäftsvermerk Stadtbauamt v. 23. 12. 1939) wurde der Bau des LS- Bunkers kurz nach Baubeginn wegen Schwierigkeiten mit dem Baugrund eingestellt. Auf dem Vinetaplatz muß zu einem späteren Zeitpunkt ein Bunker gebaut worden sein, da ein LS- Bunker sowohl in der „Statistik Kiel Nr. 24" als auch in der Karte der Stadtplanung zu finden ist. Baubeginn war aber nicht feststellbar.

– **Stollen**

Villacher Straße	Stollen ist in der Karte der Stadtplanung als abgebrochen verzeichnet. Sonst keinerlei Hinweise oder Unterlagen.

Liste der Kieler LS- Bunker
Quelle: Eigene Zusammenstellung.

Legende.
1. Bunkertyp:
    Z = Zivilschutzbunker, W = Werkluftschutzbunker, M = Militärbunker,
    B = Behördenbunker, N = Zuordnung unklar.
2. Welle:
    P = Bau des **P**olizeipräsidenten (Bauten aus der Zeit vor dem „Führer-
        Sofortprogramm)
    Römische Ziffern (I – III) = Bauten im Rahmen des „Führer- Sofortpro-
        gramms"
3. Stockwerke:
    OI = Oberirdisch
    UI = Unterirdisch

Hochbunker

Lfd Nr.	Typ	Lu-Nr.	Name	Baudaten					
				Welle	Baube- ginn	Baupreis (in RM)	Architekt Firma	Stock- werke OI/UI	Schutz- plätze
1	Z	36	Achterkamp Achterkamp- Bunker	II		539.245,60		4/1	1.610
2	W		Agnetha- Tor						
3	Z		Alte Lübecker Chaussee Tonberg	III					700
4	Z	12	Andreas-Gayk-Straße Holstenbunker Reichshallenbunker	II	01.04. 1941			4/4	1.540
5	N		Anlagen Seefliegerhorst Holtenau						
6	Z	4	Annenstraße Annenbunker	I	23.11. 1940	458.008,86		5/1	620
7	M		Arkonastraße					3/-	
8	Z		Arsenal – unterh. Ballast- berg	III					
9	M		Blücherbrücke Blücher I		1943				
10	M		Blücherbrücke Blücher II		1943				
11	B	19	Blumenstraße Polizeibunker	III		427.408,64		4/1	554
12	Z	42	Bunker- Lazarett Hassee Fröbelstraße		1943		- / Max Giese		
13	Z	22	Christianistraße Holtenauer Straße Christiani- Bunker	II					693
14	Z		Danziger Straße	III					1.027
15	W		Deutsche Werke – Geb. 71						
16	W		Deutsche Werke (vor Geb.1)						
17	W		Deutsche Werke Kiel AG Turm I		1941				
18	W		Deutsche Werke Kiel AG Turm II		1941				500
19	W		Deutsche Werke Tor X						

Lfd rNr.	Maße und Stärken				Anmerkungen
	Grundmaße (in m bzw. <in engl. Fuß>)	Dekkenstärke (in m)	Außenwand (in m)	Grundfläche (in qm)	
1	28 x 22,6 x 14	2	2	1.342	25. 06. 1945 gesprengt. Ruine. Soll zum Archiv ausgebaut werden.
2					Gesprengt. Ruine.
3					12. 06 1945 gesprengt, z. T. abgetragen.
4	<54x54x40>			1.155	Zeitweise Flüchtlingsunterkunft. Entfestigt.
5					
6				380,6	19. 06 1945 gesprengt, beseitigt.
7	29(ohne Vorb.) x 22 x 12,7(mit Vorb.)	2,5	2		Entfestigt; Ruine.
8					Völlig zerstört.
9					26. 05. 1945 gesprengt. Völlig zerstört.
10					26. 05. 1945 gesprengt. Völlig zerstört.
11	33,36 x 21,65 x 13,10	2	2,5	1.410	20. 08. 1945 gesprengt, beseitigt.
12					Krankenhausbunker. Entfestigt. Als Kinderklinik ausgebaut.
13				487,5	28. 06. 1945 gesprengt, eingeschüttet..
14				1.066	26. 05. 1945 gesprengt. Völlig zerstört.
15					07. 07. 1945 gesprengt. Völlig zerstört.
16					
17					
18					Gesprengt.
19					

Lfd Nr.	Typ	Lu-Nr.	Name	Baudaten					
				Welle	Baube-ginn	Baupreis (in RM)	Architekt Firma	Stock-werke OI/UI	Schutz-plätze
20	Z	21	Eichenbergskamp Eichenberg- Bunker	II	01.04. 1941			4/1	1.550
21	Z	6	Ellerbeker Markt (Ellerbeker- Bunker?) Schönbergerstraße 156	III	19.12 1940				
22	M		Flak- Bunker Heidberg						
23	M		Flandernplatz (Flandern) Flandernbunker						
24	Z		Franckestraße	III	ab 1940				68
25	N	38	Frauenklinik	III					
26	N		Gasbehälter Rondeel						
27	W		Gaswerk Wik	II					500
28	W		Germania II					2/-	
29	Z	15	Gorch-Fock-/ Fritz Reuter Straße	III	1944	404.166,41		4/-	900
30	Z	16	Große Ziegelstraße – Schule Gr. Ziegel- Bunker	II	01.04.1 941			4/1	1.290
31	Z	14	Hohenrade Knorrbunker	II	01.04. 1941			5/-	1.355
32	W		Howaldt I Howaldt I – Werftgelände					4/-	
33	W		Howaldt II Howaldt II– Werftgelände						
34	Z	37	Hummelwiese Hummel- Bunker	II			Bauer / Ohle& Lovisa, Bremen	5/1	1.266
35	Z	18	Iltisstraße 68 Iltisbunker	II				4/1	1.286
36	Z		Julienstraße Julienstraße/Ballastberg	III				5/-	1.286
37	Z	17	Jungmannstraße I Jungmannstraße/ Langer Segen Jungmann- Bunker I	II				5/-	475
38	Z	48	Jungmannstraße II Jungmannstraße 50 Jungmann- Bunker II	II				4/1	1.165

Lfd rNr.	Maße und Stärken				Anmerkungen
	Grundmaße (in m bzw. <in engl. Fuß>)	Dekkenstärke (in m)	Außenwand (in m)	Grundfläche (in qm)	
20				1.055,2	Wieder für den Zivilschutz hergerichtet.
21				417,6	01. 06. 1945 gesprengt. Völlig zerstört.
22					19. 06. 1945 gesprengt
23	<50x50x40>				1950 für das Polizei- Beschaffungsamt ausgebaut. Entfestigt.
24					
25					Bau fraglich. (Siehe auch oben S. 137)
26					(Moorteichwiese) Bau fraglich.
27					
28	21,13 x 12,37 x 9	1,4	1,1		
29	29,6 x 22,6		2	765	Nicht fertiggestellt; 2 Geschosse und Decke fehlen. Entfestigt.
30				951	10. 07. 1945 gesprengt. Völlig zerstört.
31	32,74 x 17,87 x 17,07	1,4	2	1.207	1945 Entbindungsstation. Wieder für Zivilschutz hergerichtet.
32	19,75 x 16 (ohne Vorb.) x 13,4	1,4	1,1		Entfestigt.
33					Entfestigt.
34	<54x54x50>			1.075	19. 06. 1945 gesprengt. Zeitweise Flüchtlingsunterkunft. Völlig gesprengt.
35				1.162,5	Wieder für Zivilschutz hergerichtet.
36				1163	Völlig zerstört.
37				384,5	28. 06 1945 gesprengt.
38				857	27. 06. 1945 gesprengt. 1960 beseitigt.

Lfd Nr.	Typ	Lu-Nr.	Name	Baudaten					
				Welle	Baube-ginn	Baupreis (in RM)	Architekt Firma	Stock-werke OI/UI	Schutz-plätze
39	M		K.L.A.U.-Ost-Bunker, Gaarden						
40	M		K.M.A. Bunker						
41	Z		Karlstal/Werftstraße Germania I	III				3/-	1.000
42	Z	53	Kieler Kuhle Kieler Kuhle- Bunker	III	1941/ 42		- / Max Giese	5/-	1.027
43	Z		Krummbogen	III					
44	M		Kuckucksberg Konrad-Adenauer-Damm						
45	W		Lager Howaldtsbahn						
46	Z		Lager Oppendorfer Weg	III					
47	Z		Lager Solomit	III					
48	Z		Lager Speckenweg I	III					
49	Z		Lager Speckenweg II (Sören)	III					
50	W		MaK- Friedrichsort Holmag I						500
51	W		MaK- Friedrichsort Holmag II						500
52	M		Marineschule – Torpedoregler						
53	Z		Muhliusstraße (Berghaus) Berghaus- Bunker Muhlius- Bunker	P				4/-	550
54	Z		Oppendorfer Weg	III					
55	Z	75	Pappelweg/ Holunderbusch Otto-Streibel-Bunker Pappelweg	III				3/1	875
56	Z	67	Peter-Hansen-Straße Schlageter- Bunker Peter-Nissenstraße	III	1941/ 42		- / Max Giese	3/-	1.180
57	W		Prieser Strand (Lindenau-Werft Scheibenhof)						
58	Z	66	Prinzen- / Hollmannstraße Hollmannbunker; Prinzenbunker Hollmannstraße	III				4/-	1.088

Lfd rNr.	Maße und Stärken				Anmerkungen
	Grundmaße (in m bzw. <in engl. Fuß>)	Dek-ken-stärke (in m)	Außen-wand (in m)	Grund-fläche (in qm)	
39					
40					
41	Höhe ≈ 11,8		2,5		Wieder nutzbar gemacht.
42				1.066	26. 05. 1945 gesprengt. Z. T. beseitigt.
43					Völlig gesprengt, z. T. abgetragen.
44	Durchmesser, außen 8; Höhe über der Erde 4	0,5	0,5		Entfestigt; abgetragen bis Oberkante Gelände.
45					Völlig zerstört.
46					Völlig zerstört.
47					Wieder für den Zivilschutz hergerichtet.
48					Völlig zerstört.
49					Völlig zerstört.
50	10 Ø; 15,35 hoch				Rundbunker. Entfestigt. Noch vorhanden.
51	50 x 24,2		2	1.440	Gesprengt. Überbaut, O-Heim Marinestützpunkt Kiel.
52					Völlig zerstört.
53					Völlig zerstört.
54				716	Postbunker. Wieder für den Zivilschutz hergerichtet..
55				958,7	04. 07. 1945 gesprengt. Trümmer.
56				100	Unbeschädigt.
57				1.134	01. 06. 1945 gesprengt.

Lfd Nr.	Typ	Lu-Nr.	Name	Baudaten					
				Welle	Baube-ginn	Baupreis (in RM)	Architekt Firma	Stock-werke OI/UI	Schutz-plätze
58	Z	13	Quittenstraße Quitten- Bunker	II				4/1	850
59	Z	5	Sandkrug/ Raaschstraße Sandkrug- Bunker	I	11.12. 1940			4/1	632
60	Z	35	Schützenpark Schützenpark- Bunker	II				3/1	1.036
61	Z	32	Schwester-Therese-Straße Wendenburg- Bunker	II				4/1	1.250
62	Z	45	Sedanstraße Sedan- Bunker	II				3/1	1.160
63	N		Seefliegerhorst Holtenau						
64	W		U-Bootbunker Deutsche Werke KONRAD				-/Dycker-hoff&Wid mann A.G		
65	W		U-Bootbunker Howaldts-werke KILIAN						
66	M		Uhlenkroog >Siegfried<		1944				
67	Z	10	Wahlestraße Wahlebunker	II	07.12. 1940		- / Max Giese	5/1	777
68	M		Warnemünder Straße Scharnhorst						
69	Z	27	Wehdenweg Schwentinebrücke Süd Schwentine- Bunker, Süd	II	01.04. 1941			4/-	1.180
70	Z		Werftstraße 231 – VAG Gablenzstraße Werftstraße Gablenz- Bunker	P				3/-	500
71	Z	34	Wischhofstraße Wischhof- Bunker	II				5/-	1.027
72	M		Zeyestraße Tirpitzbunker					4/-	

Lfd rNr.	Maße und Stärken				Anmerkungen
	Grundmaße (in m bzw. <in engl. Fuß>)	Dek-ken-stärke (in m)	Außen-wand (in m)	Grund-fläche (in qm)	
58				699	27. 07. 1945 gesprengt. Völlig zerstört.
59				378,6	07. 07. 1945 gesprengt. Völlig zerstört.
60	<54x54x40>			950	Medical aid post. Wieder für Zivilschutz hergerichtet.
61		1,4		1.314	30. 05. 1945 gesprengt, bis zur Sohle abge-tragen.
62	<90x70x40>		<7>	897	19. 06. 1945 gesprengt. Völlig zerstört.
63					
64					Völlig zerstört.
65					Ruine. Denkmal Inzwischen völlig beseitigt.
66	Länge 30	2,5	bis 2		Gesprengt, wieder nutzbar gemacht.
67				510,6	21. 05. 1945 gesprengt.
68	50 x 24,2		2	1.440	Universität. 15. 08. 1945 gesprengt.
69				958,3	Wieder für den Zivilschutz hergerichtet.
70	32,2 x 29,85 x 11,25	2,5			Entfestigt.
71				1.066	26. 05. 1945 gesprengt. Völlig zerstört.
72	18 x 15,13 x 15	3			Kleiderkammer Marine. Entfestigt.

Tiefbunker

Lfd Nr.	Typ	Lu-Nr.	Name	Baudaten					
				Welle	Baube-ginn	Baupreis (in RM)	Architekt Firma	Stock-werke OI/UI	Schutz-plätze
1	Z		Am Sandberg	III					859
2	Z	29	Augustenburgerplatz Auguste Victoria Straße Augusten- Bunker	I				-/1	620
3	Z		Bahnhof Wellingdorf	III					300
4	B	40	Bahnhofsbunker Bahnhofsbunker/ Sophien-blatt	II				-/1	1.250
5	N		Blücherplatz	III					
6	Z		Blücherplatz – Ost					-/1	1.000
7	Z		Blücherplatz – West					-/1	
8	B	30	Chirurgische Klinik Hospitalstraße	II				-/2	1.180
9	Z		Diedrichsdorfer Höhe	III					350
10	Z		Düppelstraße 23 / Moltke-straße	III					
11	Z		Exerzierplatz Exerzierplatz- Bunker	P				-/1	650
12	Z		Gablenzstraße (Tankstelle Ritter); Gablenz- Bunker					-/1	850
13	W		Germaniawerft						
14	Z	9	Gutenberg- / Hebbelstraße Hebbel- Bunker	II	23.12. 1940			-/1	384
15	Z		Gutenbergstraße (ehem. Ke-gelsporthalle)	III					
16	Z		Haselbusch/ Dorfstraße Haselbusch	III				-/1	
17	Z	11	Heikendorfer Weg Holsatia- Mühle Holsatia- Bunker	I	28.11. 1940			-/1	615
18	Z		Hohenleuchte – Sportplatz	III					
19	Z		Kaiserstraße/ Eing. z. Ka-sernenhof Pickertkaserne Kasernen- Bunker	III		628.957,00	Ohle& Lovisa	-/1	850
20	Z		Karlstal	III					350

Lfd rNr.	Maße und Stärken				Anmerkungen
	Grundmaße (in m bzw. <in engl. Fuß>)	Dek-ken-stärke (in m)	Außen-wand (in m)	Grund-fläche (in qm)	
1					Völlig zerstört.
2	40 x 26,6	1,4	1,8	466	22. 06 1945 gesprengt, verfüllt.
3					Gesprengt, beseitigt.
4	67,16 x 63,7			945,5	Gesprengt. Eingänge zugemauert. An Deutsche Bahn übergeben.
5					27. 06. 1945 gesprengt. Völlig gesprengt und beseitigt.
6					27. 06. 1945 gesprengt.
7					27. 06. 1945 gesprengt.
8	Breite 14,9	2,5	1,8		Archiv, Lager. Entfestigt.
9					Gesprengt, beseitigt.
10					Unbeschädigt. Polizeidirektion.
11					21.6.1945 gesprengt, zugeschüttet.
12					Entfestigt, Trümmer.
13					Entfestigt.
14				234,6	30. 07. 1945 gesprengt und beseitigt.
15					Gesprengt und beseitigt.
16	29,7 x 9,72				Wieder für den Zivilschutz hergerichtet.
17		2	2,05	312,2	05. 07. 1945 gesprengt. Beseitigt.
18					Entfestigt.
19	18,78 x 14,4	1,4	1,8		30. 08. 1945 gesprengt. Trümmer.
20					Gesprengt und verfüllt.

Lfd Nr.	Typ	Lu-Nr.	Name	Baudaten					
				Welle	Baube-ginn	Baupreis (in RM)	Architekt Firma	Stock-werke OI/UI	Schutz-plätze
21	Z		Karlstal/ Schulstraße/ Germania-Werftgelände	III					1.000
22	Z		Lager Uhlenhorst (Flakstellung)						
23	W	43	Land&See, Kiel- Hassee Land&See Leichtbau				Bauer /		1.055
24	Z		Langenbeckstraße	III					350
25	Z	50	Langer Rehm	III					150
26	Z	3	Lessingplatz Lessing- Bunker	I	23.11. 1940	395.119,25		-/1	243
27	Z		Niemannsweg/ Lindenallee	III					
28	Z	1	Philosophengang Philosophen- Bunker	I	18.11. 1940	584.340,68		-/1	313
29	Z		Preetzer Straße (eig. Lg.)	III					
30	B		Schloß	III					
31	Z		Vinetaplatz Vinetaplatz- Bunker	III				-/1	
32	Z		Waisenhofstraße – Rathaus Waisenhofstraße Rathausbunker		1942/ 43	567.309,00		-/2	750
33	W		Walter – Werke I						
34	W		Walter – Werke II						
35	Z		Werft- / Augustenstraße Fährsteig- Bunker	II				-/1	465
36	Z	2	Wilhelminenstraße Wilhelminen-Bunker	I	23.11. 1940	510.704,20		-/1	379
37	N		Wilhelmsplatz I						350
38	N		Wilhelmsplatz II						350
39	Z		Wilhelmsplatz Nord					-/1	

Lfd rNr.	Maße und Stärken				Anmerkungen
	Grundmaße (in m bzw. <in engl. Fuß>)	Dek-ken-stärke (in m)	Außen-wand (in m)	Grund-fläche (in qm)	
21					Gesprengt.
22					Völlig gesprengt.
23					1945 als Teil einer Fabrik von der Militärregierung beansprucht. Völlig gesprengt.
24					Gesprengt, beseitigt.
25					06. 07. 1945 gesprengt, beseitigt.
26		1,4		173,5	23. 06. 1945 gesprengt; verfüllt.
27					Gesprengt, beseitigt.
28	63,73 x 11,6	1,4	1,8	230	29. 06. 1945 gesprengt; verfüllt.
29					Völlig gesprengt.
30		bis 3			Vorwiegend für Behörde Oberpräsident und Kieler Luftschutzzentrale. Völlig neu gebaut. (Tiefgarage).
31					Gesprengt und zugeschüttet.
32	36 x 32,54 <100 x 60>	1,4 (2)	2,5 1,8–2,5)	690	1945 entfestigt, dann Gerätelager Polizei. Wieder für den Zivilschutz hergerichtet.
33					Gesprengt, beseitigt.
34					Gesprengt, beseitigt.
35					24. 07. 1945 völlig gesprengt.
36		1,4		263	21. 08. 1945 gesprengt, verfüllt.
37					Gesprengt, beseitigt.
38					Gesprengt, beseitigt.
39					

Stollen

Lfd Nr.	Typ	Lu-Nr.	Name	Baudaten					
				Welle	Baube-ginn	Baupreis (in RM)	Architekt Firma	Stock-werke OI/UI	Schutz-plätze
1	Z		Bellevue – Hindenburgufer	III		109.450,00		1	800
2	W		Feinmech. Werkstätten/ Diedrichsdorf	III					
3	Z		Finkelberg	III	1943/ 44		- / Max Giese	1	1.500
4	M		Flakstand Weinberg	III					
5	Z	58	Friedhof /Bahnhof Elm-schenhagen	III	1943/ 44		- / Max Giese	1	2.500
6	Z		Friedrichsberg/ Tonberg Tonberg	III					2.000
7	Z		Hindenburgufer (Gram-mersdorf) Badeanstalt	III					
8	Z		Hof Hammer / Eiderbrook	III	1943/ 44		- / Max Giese und RAD	1	1.200
9	W		Katzheide	III				1	200
10	Z		Krusekoppel, Marine- Stol-len Krusekoppel	III				1	2.000
11	M		Kuckucksberg Konrad-Adenauer-Damm	III					200
12	Z		Lager Falkenstein Brauner Berg	III	1944		- / Max Giese		
13	Z		Mecklenburger- / Ufer-straße, Uferstraße Ost	III				1	
14	Z		Partenkirchener Straße 40, Stollen Gäde	III	1943				100
15	N		Preetzer Chaussee 244	III					
16	W		Projensdorfer Straße Projensdorfer Straße / Wal-ter-Werke	III	1917 1938 erw.				1.200
17	Z	57	Reventlouallee Düsternbrooker Weg	III	1943/ 44		- / Max Giese	1	2.500

Lfd rNr.	Maße und Stärken				Anmerkungen
	Grundmaße (in m bzw. <in engl. Fuß>)	Stärke Erdschicht über Stollendecke (in m)	Außenwand (in m)	Grundfläche (in qm)	
1	120 x 1,5 x 2,5	10			1945 Lager für Polizeipräsidium. Entfestigt. Eingänge zugeschüttet.
2					
3	447 x 2,04	15		297	Nicht fertig. Eingänge zugemauert, Sandeinbrüche.
4					09. 06. 1945 gesprengt.
5	Länge 550	15-20		693	14. 08. 1945 gesprengt; entfestigt.
6					
7	250 x 1,5 x 2,5	10			Entfestigt. Eingänge zugeschüttet.
8	575 x 2 x 3	12			RAD-Stollen. Gesprengt, z.T. Sandeinbrüche. 2 Eingänge zugeschüttet, 1 Eingang intakt.
9	180 x 1,5 x 2,2	15			Verfüllt. Stollen der DWK für Fremdarbeiter.
10	230 x 2,3	3-11			Entfestigt. Eingänge zugeschüttet
11		bis 12			Gesprengt, beseitigt. Anlage gehörte als Splitterschutz zur Fla-Stellung Kuckucksberg.
12	Länge 130				Entfestigt. Eingänge zugemauert.
13	156 x 1,4 (2,1-2,3) x 2,3	10			Entfestigt.
14	45 x 1,2				
15					04. 07. 1945 gesprengt.
16					Gesprengt. Ruine.
17	600 x 2 x 2,3	6-16		522	04. 06. 1945 gesprengt, entfestigt. Eingänge zugesetzt.

Lfd Nr.	Typ	Lu-Nr.	Name	Baudaten					
				Welle	Baube-ginn	Baupreis (in RM)	Architekt Firma	Stock-werke OI/UI	Schutz-plätze
18	W		Scharweg / Schwentine Oppendorf	III	1944			1	1.000
19	W		Schönkirchener Straße (An-schütz)	III					
20	Z		Segeberger Straße	III					
21	Z		Siedlung Oppendorf	III					500
22	Z		Sophienhöhe, Sophienhöhe Elmschenhagen	III	1943/44				200
23	Z		Starnberger Straße	III	1943/44				250
24	Z		Sternwartenweg/ Caprivis-traße, Moltkestraße, Him-melsleiter	III	1943/44	393.443,00	/ F.W.& H.Förster	1	2.000
25	Z		Timmerberg	III	1943/44		- / Ohle& Lovisa	1	600
26	Z		Ufer- / Kanalstraße Uferstraße West	III				1	1.00
27	M		Viehburger Gehölz						
28	Z		Villacher Straße	III					
29	Z		Werft- / Schul- / Gosch-straße / Karlstal	III				1	3.950
30	Z		Werftpark, Horst-Wessel-Park, Volkspark/Werftpark		1940/41 (?)			1	1.450
31	Z		Zeppelinring (Wasserturm)	III	1943/44				2.000
32	Z		Zeppelinring 53/55 Zeppelinring 54a	III	1943/44				80
33	W		Ziegelei Hansen	III	1943/44			1	100
34	W		Ziegelei Wulff		1943				60

Lfd rNr.	Maße und Stärken				Anmerkungen
	Grundmaße (in m bzw. <in engl. Fuß>)	Stärke Erd-schicht über Stollendecke (in m)	Außen-wand (in m)	Grund-fläche (in qm)	
18	116,6 x 2,5	12			Beseitigt
19					
20					16. 07. 1945 gesprengt.
21	nur 12m Länge vorgetrieben				Nicht fertiggestellt. Nach Bomben-volltreffer im Eingangsbereich wur-den die Arbeiten eingestellt.
22	75 x 1,4				09. 06. 1945 gesprengt.
23	135 x 1,4				Nicht fertiggestellt; Rest verfüllt.
24	575 x 2,04 x 2,5			357	Volltreffer auf Westeingang. Entfe-stigt.
25	153 x 2,04			155	02. 07. 1945 gesprengt.
26	Länge 600	3-10	0,15-0,20		Entfestigt, Ruine.
27	Durchmesser 3, Höhe 3,5, über Oberkante- Ge-lände 2,5	1	0,5		Flakbunker/ Rundbunker. Am 21.10 1993 beseitigt.
28					
29	1200 x (1,7-2,4) x (2,2-2,3)	4-10		1.200	Teilweise Sandeinbrüche.
30	530 x 1,5 x 1,9	4-10			24. 07. 1945 gesprengt, verfüllt.
31	98 x 1,4				Entfestigt, Lagerraum.
32	40 x 1,4				
33	50 x 1,2				
34	25 x 1,2				

Sonstige LS- Einrichtungen

Tabelle 22 Sonstige Kieler LS-Einrichtungen: 5-Mann-Bunker(Pilze)
Quelle: Statistik Kiel Nr. 24, 1959, S. 12.

- Alte Lübecker Chaussee 73
- Am Wellsee gegenüber Litzmannstraße
- Arfrade 13/ Mettlachstraße
- Beselerallee 2/ Niemannsweg
- Blocksberg 25
- Claudiusstraße 26/28
- Danziger Straße/ Havemeisterstraße
- Danziger Straße/ Ratsredder
- Dietrichsdorfer Höhe 29
- Dorf Pries
- Eckernförder Chaussee/ Eichendorfstraße
- Eekberg 9
- Eichendorffstraße 15/ Ecke Uhlandstraße
- Ellerbeker Weg 121
- Ellerbeker Weg gegenüber 103
- Ellernbrook 11/ Spitzenkamp
- Elmschenhagen, Jettkorn
- Ernestinenstraße/ Pickertstraße
- Fleckenstraße 20
- Franziusallee gegenüber Probsteier Straße
- Fritz-Reuter-Straße 79/85
- Gabelsbergerstraße/ Obere Straße
- Gärtnerstraße
- Gebhardstraße 39
- Gellertstraße 18
- Gellertstraße 25
- Germaniaring gegenüber Greifstraße
- Germaniaring Nähe Nr. 41
- Germaniaring Nr. 74
- Germaniaring/ Preetzer Chaussee 50
- Germaniaring/ Segeberger Straße
- Grabastraße 123/ Federmannstraße
- Großer Kamp- Kreuzkamp
- Grüne Gilde, Hasseldieksdammer Weg
- Gutenbergstraße/ Eckernförder Chaussee
- Gutenbergstraße/ Hansaring
- Haderslebener Straße/ Tonderner Straße
- Hamburger Chaussee (Eiderkrug)
- Hamburger Chaussee- Rendsburger Landstraße
- Hansestraße/ Projensdorfer Weg
- Hedenholz
- Heikendorfer Weg 54
- Helenenstraße/ Langer Rehm gegenüber 107
- Hof Kroog
- Hohenbergstraße/ Kirchstraße
- Hohenstaufenring/ Langenbeckstraße
- Hollwisch/ De Twiel
- Holtenauerstraße 47
- Holtenauerstraße 72
- Hügelstraße 5
- Julienluster Weg 31a (Gärtnerei Schlue)
- Julienluster Weg 71 a (Rudemann)
- Karolinenweg 23
- Klausdorfer Weg 19/ Nissenstraße
- Klausdorfer Weg 74/ Hangstraße
- Klausdorfer Weg/ Hagener Straße
- Klausdorfer Weg/ Peter-Hansen-Straße
- Kleiner Kuhberg (Baumreihe)
- Kleiststraße 68
- Klopstockstraße/ Körnerstraße
- Knivsberg/ Hohenrade
- Knooper Weg 119
- Knooper Weg/ Jacobikirche
- Krausstraße/ Weddingenring
- Kuhlacker 1
- Langemarkufer
- Langenbeckstraße (Hofgelände) verlängerte Kantstraße

- Langer Rehm gegenüber 91/ Nachtigalstraße
- Lerchenstraße 11
- Lettow-Vorbeck-Straße gegenüber 112/ Wiesmannstraße
- Lettow-Vorbeck-Straße gegenüber 38/ Lüderitzstraße
- Lettow-Vorbeck-Straße/ Hermannstraße
- Lütjenburger Straße 40
- Lütjenburger Straße 88
- Lütjenburger Straße/ Ellerbeker Weg
- Marienbader Straße/ Franzensbader Straße
- Martin-Martens-Straße/ Pestalozzistraße
- Maybachstraße 15
- Mettlachstraße gegenüber Ottweiler Straße
- Metzstraße 50/ Frerichstraße
- Mühlenweg/ Sedanstraße
- Neuenrade/ Uhlenkrog
- Niemannsweg 81
- Niemannsweg/ Lindenallee
- Oldestraße 14/16
- Oppendorfer Weg/ Landweg
- Peter-Hansen-Straße/ Werftpark
- Petersburger Weg/ Finkelberg
- Poppenbrügger Weg 20
- Pottberg 10
- Preetzer Chaussee 112, nebenan
- Preetzer Chaussee 117/ 119
- Preetzer Chaussee hinter Germaniaring
- Prinz-Heinrich-Straße
- Kronshagener Weg 81/ Kantstraße
- Kronshagener Weg/ Dehnkestraße
- Kronshagener Weg/Nietzschestraße
- Probsteier Platz
- Richard-Menzel-Straße 26
- Ritter-von-Epp-Straße/ Lüderitz-straße
- Röhberg
- Rönner Weg gegenüber 94
- Saarbrückenstraße 163
- Saarbrückenstraße 96/ Lantziusstraße
- Saarbrückenstraße zwischen 157/ 159/ Mühlenweg
- Schevenbrücke
- Schlageterstraße 18
- Schmiedekoppel 12/16
- Schönkirchener Straße 48
- Schützenpark/ Lutherstraße
- Schwanbeckstraße 37
- Sonthofener Straße/ Allgäuer Straße
- Sören 17
- Stadtrade/ Arfrade
- Stadtrade/Saarbrückenstraße
- Steinberg 12/ Neue Reihe
- Stoschstraße/ v.d.Gröbenstraße
- Straßenbahndepot Sophienblatt
- Strohredder 19
- Strohredder- Friedhofstraße-Hohes Tor
- Timkestraße/ Erlenkamp
- Traunsteiner Straße
- Trenntrader Weg 35
- Ulmenweg 23
- v.d.Gröben-Straße/ Katzheide
- Wehdenweg 47
- Wiener Alle/ Andreas-Hofer-Platz
- Wittland
- Wohldkoppel gegenüber Nr. 21
- Zeppelinring (Rondeel)
- Zeppelinring 40/ Plötzen

Tabelle 23 Sonstige Kieler LS-Einrichtungen: Öffentliche Luftschutzräume
Quelle: Statistik Kiel Nr. 24, 1959, S. 10.

Standort	Anzahl Schutz- plätze	Standort	Anzahl Schutz- plätze
Kleiner Kuhberg 14	140	Rathaus	650
Oberlandesgericht	170	Sophienblatt 60	310
Königsweg 78	346	Wilhelminenstraße 10	147
Boninstraße 63/65	65	Hasseldieksdammer Weg 3	113
Holtenauerstraße 59	132	Holtenauerstraße 82	152
Holtenauerstraße 199	158	Gutenbergstraße 40	160
Eichhofstraße 1	100	Adalbertstraße 13	75
Prinz-Heinrich-Straße 132	60	Knorrstraße 1	130

Tabelle 24 Sonstige Kieler LS-Einrichtungen: Deckungsgräben
Quelle: Statistik Kiel Nr. 24, 1959, S. 10 und eigene Zusammenstellung

Standort	Anzahl Schutz- plätze	Nach dem Kriege:
Baumweg/ Sandberg	175	14.6.1945 gesprengt
Dänischenhagener/ Boelkestraße	40	
Dorf Pries	170	
Dr.-Goebbels-Sportplatz	175	
Dubenhorstkoppel	175	
Eiderkrug	50	
Flintbeker Straße	25	
Friedrichsruher Weg 180	50	
Gutenbergstraße (Bauhof)	100	
Hasseer Straße / Uhlenkrog	100	
Hermann-Bossdorf-Weg	175	
Hof Hammer (RAD)	100	
Leebstraße/Holzweberstraße	175	
Melsdorfer Straße 95 gegenüber	25	
Niemannsweg (bei Polizei Baracke)	130	
Nordmark-Krankenhaus I	130	
Nordmark-Krankenhaus II	100	
Preetzer Chaussee 117	150	
Preetzer Chaussee 119	150	
Rendsburger Landstraße 113	170	5.7.45 gesprengt
Rendsburger Landstraße 24/26	175	
Stadtrade	175	

Standort	Anzahl Schutzplätze	Nach dem Kriege:
Timmerberg	70	
Julienluster Weg	20	Lagerraum Gartenbaubetrieb Rudemann
Lettow-Vorbeck-Straße/ Hermannstraße	...k.A.	
Dorotheenstraße	...k.A.	

Tabelle 25 Sonstige Kieler LS-Einrichtungen: Feuerlöschteiche
Quelle: Statistik Kiel Nr. 24, 1959, S. 15.

F = Fassungsvermögen in m³

Standort	F	Standort	F
Redingskamp Schule	1.060	Markt	92
Brauner Berg	1.350	Wilhelmsplatz	1.200
Lager Hochbrücke	855	Exerzierplatz	1.110
Achterkamp	800	Städtisches Krankenhaus	1.020
Prinz-Heinrich-Straße 83/85	300	Kirchhofallee/Weberstraße	325
Hansenstraße	870	Saarbrückenstraße/ Lantziusstraße	200
Weddingenring/ Saltzwedel- Straße	455	Altenrade	920
Düvelsbeker Weg	1.110	Winterbeker Weg	600
Blücherplatz	615	Rendsburger Landstraße, Schule	515
Esmarchstraße/Moltkestraße	480	Wulfsbrook	200
Düppelstraße/Forstweg	225	Rondeel	200
Adolfstraße	200	Pestalozzistraße	570
Franckestraße/ Olshausenstraße	500	Alte Lübecker Chaussee	640
Waitzstraße	590	Schwedendamm	665
Niemannsweg	800	Asmusstraße/ Heischstraße	910
Weddingenring/ Schauenburgerstraße	875	Werftstraße, Speck & Sohn	770
Eichhofstraße/ Mühlenweg	750	Schulstraße, Steffen Sohst	530
Annenstraße	200	Kaiserstraße 78	430
Lehmberg– Anscharkrankenhaus	485	Preetzer Chaussee/ Gazellenstraße	830
Frauenklinik	450	Elisabethstraße	1.700
Alte Weide	1.022	Norddeutsche Straße	168
Gartenstraße	750	Pickertstraße, Kaserne	500
Geibelplatz	1.275	Pickertstraße/ Ernestinenstraße	608
Kronshagener Weg	650	Franzensbader Straße	660

Standort	F
Starnberger Straße	550
Hackelstraße	493
Hultschiner Straße	600
Wiener Allee	1.700
Braunauer Ring	930
Poppenrade/ Buchholzstraße	1.030
Am Russenberg	450
Schlageterplatz	700
Prinzenstraße/ Hollmannstraße	290
Danziger Straße/Havemeisterstraße	376
Gabelsbergerstraße	350
Oppendorfer Weg	800
Karlstal/Verbindungsstraße	560
Sokratesstraße	960
Wischhofstraße/ Langenkampweg	375
Langer Rehm	1.490
Probsteier Platz	610
Prinz-Heinrich-Straße 80	890
v.d.Tann-Straße	200
Ravensberg	319
Wilhelminenstraße	430
Hohenstaufenring 34	425
Preetzer Chaussee 121	547
Medusastraße	199
Kaiserstraße/ Jägerstraße	380
Knooper Weg 138/140	220
Holtenauerstraße 75	240
Amtsgericht Ringstraße	520
Sophienblatt 48	580
Gebhardtstraße 19	135
Kaiserstraße 39	274
Hansastraße 56	360
Michelsenstraße	370
Grabastraße 56/58	210

Standort	F
Klosterstraße 48/50	200
Kleiner Kuhberg 13/15	510
Ziegelteich 7	250
Schönberger Straße 133	430
Schönberger Straße 175	430
Sören	600
Bregenzer Weg	860
Hollmannstraße 55/57	160
Raaschstraße 5	190
Nachtigalstraße	610
Ritter-von-Epp-Straße	610
Kehdenstraße 6-8	430
Muhliusstraße 80	250
Medizinische Klinik	250
Nervenklinik	950
Fleckenstraße/Hospitalstraße	150
Kaiserstraße 9	300
Salzburgerstraße 69/71	300
Quinkestraße	710
Kämpenstraße 7	356
Kleiststraße 32/46	430
Tirpitzstraße, Sportplatz	460
Hardenbergstraße	865
Gefionstraße	500
Holtenauer Straße/ Esmarchstraße	430
Waitzstraße, Schulhof	260
Esmarchstraße	460
Holtenauerstraße 121	356
Schliefenallee	356
Beselerallee/Niemannsweg	430
Schützenpark	865
Lornsenstraße, Landesfinanzamt	250
Klagenfurter Weg 1-5	430
Tiroler Ring 63/67	430
Salzburger Straße 9/15	430
Klausdorfer Weg	650

Tabelle 26 Luftschutzplätze Kieler Firmen, Stand Mai 1941
Quelle: LAS Abt. 371, Nr. 1473.

Firma	Belegschaftsstärke	Plätze in Luftschutzräumen		sonstige Unterbringung	
		Bombensichere	Splittersichere	Behelfsmäßig	Deckungsgräben
F. Andersen, Kieler Hanf- und Drahtseilwerk G.m.b.H.; Kiel	60			20	50
Anschütz&Co; Kiel-Neumühlen	1.593	600	800	100	200
Baltische Korkenfabrik Eugen Pfotenhauer&Co; Kiel	28			28	
Deutsche Werke Kiel A.G. Werk Kiel	14.800		11.50	500	
Deutsche Werke Kiel A.G. Werk Friedrichsort	3.800	500	1.140	1.140	500
Electroacustic K.G. Kiel- Wik	2.736 + 200 Bau- arb		1.040	740	
Hagenuk Hanseatische Apparatebau- Gesellschaft Neufeldt&Kuhnke; Kiel	2.640		1.689	915	
Holdorf&Richter Gabelfisch K.G., Kiel	120			300	
Friedr. Krupp Germania- werft A.G.; Kiel- Gaarden	10.900			700	
Wilhelm Poppe A.G; Kiel- Pries	295			80	120
Stadtwerke Kiel; Gaswerk Wik	301			80	140
Stadtwerke Kiel, Knooper Weg und Kraftwerk Humboldtstraße	646			518	
Stadtwerke Kiel; Kraftwerk Wik	129		100		

Firma	Belegschaftsstärke	Plätze in Luftschutzräumen			
		Bombensichere	Splittersichere	sonstige Unterbringung	
				Behelfsmäßig	Deckungsgräben
Thomsen & Schwarzkopf Werkstätten für Feinmechanik und Elektrotechnik, Kiel	184		150	150	
Land- und See- Leichtbau GmbH.; Berlin, Werk Kiel	1.000		700		
„Nordland" Fischindustrie GmbH.	250			50	250

Tabelle 27 Liste der Kieler LS- Bunker, erstellt von der Stadt Kiel 1959
Quelle: Statistik Kiel Nr. 24, 1959, S. 8 – 11.

Hochbunker

– Sandkrug- Bunker	– Quitten- Bunker
– Annen- Bunker	– Wendenburg- Bunker
– Ellerbeker- Bunker	– Hummel- Bunker
– Christiani- Bunker	– Schützenpark- Bunker
– Wahle- Bunker	– Wischhof- Bunker
– Jungmann- Bunker I	– Schlageter- Bunker
– Knorr- Bunker	– Kieler Kuhle- Bunker
– Gr. Ziegel- Bunker	– Achterkamp- Bunker
– Eichenberg- Bunker	– Prinzen- Bunker
– Holsten- Bunker	– Otto-Streibel- Bunker
– Sedan- Bunker	– Polizei- Bunker
– Schwentine- Bunker Süd	– Tonberg (Alte Lübecker Chaussee)
– Jungmann- Bunker II	– Muhlius- Bunker
– Iltis- Bunker	– Gablenz- Bunker

Tiefbunker

– Wilhelminen- Bunker	– Fährsteig- Bunker
– Philosophen- Bunker	– Gablenz- Bunker
– Augusten- Bunker	– Kasernen- Bunker
– Holsatia- Bunker	– Wilhelmsplatz (Nord)
– Hebbel- Bunker	– Blücherplatz (Ost)
– Lessing- Bunker	– Blücherplatz (West)
– Bahnhof- Bunker	– Vinetaplatz- Bunker

– Rathaus- Bunker	– Flak- Bunker Heidberg
– Exerzierplatz- Bunker	–

Liste der Kieler LS- Bunker, erstellt von der Stadt Kiel 1959 (Fortsetzung)
Quelle: Statistik Kiel Nr. 24, 1959, S. 8 – 11.

Werkluftschutzbunker und Stollen

– Hochbunker Deutsche Werke (vor Geb. 71)	– Hochbunker Deutsche Werke (Tor X)
– Hochbunker I Deutsche Werke Friedrichsort	– Hochbunker II Deutsche Werke Friedrichsort
– Hochbunker Germaniawerft	– Tiefbunker Germaniawerft
– Hochbunker Germaniawerft (Oberhof Goschstr.)	– Tiefbunker Chirurgische Klinik (Operationsb.)
– Stollen H. Walther & Co	– Stollen Germaniawerft
– Stollen Feinmechanische Werkstätten N. D'dorf	– Bunker Julientor Kriegsmarinewerft
– Bunker Ballastberg	– Bunker Specken
– Bunker Langer Rehm	– Bunker Schönkirchener Straße 12
– .	– Agnetha Tor Kriegsmarinewerft

Marine-Hochbunker

– Scharnhorstbunker, Wik	– Tirpitz- Bunker, Wik
– Marine-Schule-Bunker, Wik	– K.M.A.-Bunker
– Blücher Bunker, Station Düsternbrook	– M.O.K.–Ost-Bunker, Station Düsternbrook
– K.L.A.U.-Ost-Bunker, Gaarden	– Anlagen Seefliegerhorst Holtenau
– Bunker-Lazarett Hassee	–

Tabelle 28 Liste der Kieler LS- Bunker, erstellt durch die englische Besatzungsmacht, Mai 1945.
Quelle: OFD Bund SHVK64.

Anmerkung: Die nachfolgende Liste enthält nur Auszüge aus dem Original. Nicht
aufgenommen sind die Felder: „Map,-Ref.; Town Plan Square; Date Dem'd; Result"
und die handschriftlichen Vermerke in deutscher Sprache.

SERIAL NUMBER	DESCRIPTION	REASONS FOR NOT DEMOLISHING IF ANY	PROP. DATE OF DEM.
K. 6018	Concrete Air Raid Shelter	At present occupied by 60 Civilians	
K. 6029	Underground Mashine shops and stores. 100' x 50'	A part of a factory requisitioned by Mil. Gov.	
K. 6046	U Boat Radio station & underground rifle range etc. Covers 4 acres.	Naval W/T Station on top reqd. By R.N.	
K. 6047	Underground W/Shops for torpedo assembly	Required by R.N.	
K. 6067	Two underground RC shelters 18' x 13' x 30' x 7' high		18 Jun
K. 6072	RC surface shelter 90' x 70' x 40' high 7' thick walls		19 Jun
K. 6073	RC surface shelter 50' x 50' x 40' high.		
K. 6074	RC surface shelter 50' x 50' x 40' high.	Being used as Hospital	
K. 6075	RC surface shelter 54' x 54' x 50' high.	Temporary home for refugees	OK.19 Jun
K. 6076	RC Underground shelter 190' x 45'		
K. 6077	RC Underground shelter 90' x 54'		
K. 6078	RC surface shelter 54' x 54' x 40' high	Used as a Medical aid post	
K. 6079	RC Underground shelter 75' x 75'		
K. 6080	RC Underground shelter 100' x 60'		
K. 6081	RC Surface shelter 54' x 54' x 40'	Temporary home for refugees	
K. 6082	RC Underground shelter 70' x 20'		
K. 6084	RC surface shelter 190' x 36' x 20' high		
K. 6085	Underground shelter tunnels		
K. 6086	RC surface shelter 110' x 40' x 40' high	Maternity hospital	
K. 6087	RC surface shelter 75' x 75' x 40' high	Telephone Exch. at 50 yards	
K. 6088	RC surface shelter 70' x 30' x 40' high		
K. 6201	Marine Command Post	Required by RN ?	
K. 6321	Concrete shelter 500 Sq.Yds		
K. 6339	Trench shelters 175' x 8' x 6' high		
K. 6375	RC surface shelter 100' x 42' x 50' high		

SERIAL NUMBER	DESCRIPTION	REASONS FOR NOT DEMOLISHING IF ANY	PROP. DATE OF DEM.
K. 6376	RC surface shelter 70′ x 30′ x 50′ high		
K. 6377	RC surface shelter 70′ x 30′ x 50′ high		
K. 6411	RC shelter large		
K. 6412	RC shelter large	Temporary Police H.Q.	
K. 6413	RC shelter large		
K. 6414	RC shelter large		
K. 6438	Underground shelter		
K. 6439	Underground shelter		
K. 6440	Underground shelter, Mass concrete, earth covered		
K. 6441	Underground shelter, mass concrete, earth covered		
K. 6374	RC Underground shelter ?		
K. 6552	Several underground shelters 650′ x 80′ overall		
K. 6553	Underground shelter 160′ x 40′		
K. 6554	RC cellar shelter 76′ x 29′ x 7′ high		
K. 6555	RC surface shelter 45′ x 45′ x 45′		
K. 6556	RC surface shelter 45′ x 45′ x 45′		
K. 6447	RC surface shelter 13′ x 50′	Temporary home for refugees	
K. 6452	Underground shelter		
K. 6454	Wireless & Telephone surface shelter 3000 Sq.Ft.		
K. 6455	Hospital shelter 6000 Sq.Ft.		
K. 6456	RC surface shelter 3000 Sq.Fr.		14 Jun
K. 6457	Underground shelter 6000 Sq.Ft. 25′ below		
K. 6458	Underground shelter 800 Sq.Ft.		
K. 6459	RC surface shelter 70′ x 70′ 36′ high	alongside Hospital which must be evacuated first	
K. 6471	Underground tunnel shelter 80′ lang x 7′ diam.		
K. 6472	RC surface shelter under construction 65′ x 100′		
K. 6473	RC surface shelter 65′ x 65′		
K. 6511	Concrete surface store 13′ x 15′ x 8′		
K. 6512	Concrete surface store 13′ x 15′ x 8′		
K. 6513	Concrete surface store 150′ x 25′		
K. 6514	U Boat pen 475′ x 130′		
K. 6540	RC surface shelter 80′ x 50′ x 50′ high	Temporary home for refugees	
K. 6541	RC surface shelter 80′ x 27′ x 40′ high		

SERIAL NUMBER	DESCRIPTION	REASONS FOR NOT DEMOLISHING IF ANY	PROP. DATE OF DEM.
K. 6542	RC surface shelter 65' x 50' x 54' high		
K. 6543	RC surface shelter 65' x 50' x 54' high		
K. 6545	RC surface shelter 95' x 30' x 40' high		
K. 6546	RC surface shelter 85' x 65' x 40' high		
K. 6547	Two underground shelters 80' x 20' each		
K. 6548	Underground store 30' x 30' x 10' high		
K. 6549	Two underground shelters 190' x 80' each		
K. 6550	Two underground shelters 150' x 100'		
K. 6551	Several underground shelters 300' x 45' overall		
K. 6474	RC surface shelter 65' x 65'		
K. 6475	RC surface shelter 65' x 65'		
K. 6477	Underground concrete storehouse – 200' diam.	In RN Oil depot	
K. 6479	Eight Amn shelters each 70' x 15' buried	In factory area reqd. by RN	
K. 6481	Two RC surface shelters 30' x 30'	In factory area reqd. by RN	
K. 6482	Underground shelter 20' x 25'	In factory area reqd. by RN	
K. 6483	RC surface shelter 70' x 70'	In factory area reqd. by RN	
K. 6484	RC surface shelter 70' x 70'	In factory area reqd. by RN	
K. 6485	Fuel shelters passages 620' by 7' and 2 Tanks 30' x 18'	In factory area reqd. by RN	
K. 6486	U boat pen 560' x 300'	In factory area reqd. by RN	
K. 6487	RC Underground W/Shop 65' x 40'	In factory area reqd. by RN	
K. 6488	RC Cellar shelter 50' x 30'	In factory area reqd. by RN	
K. 6491	Underground Gun Crew's shelter 40' x 40'		
K. 6495	Two underground shelters in hillside closed but appear large		

Abbildungen

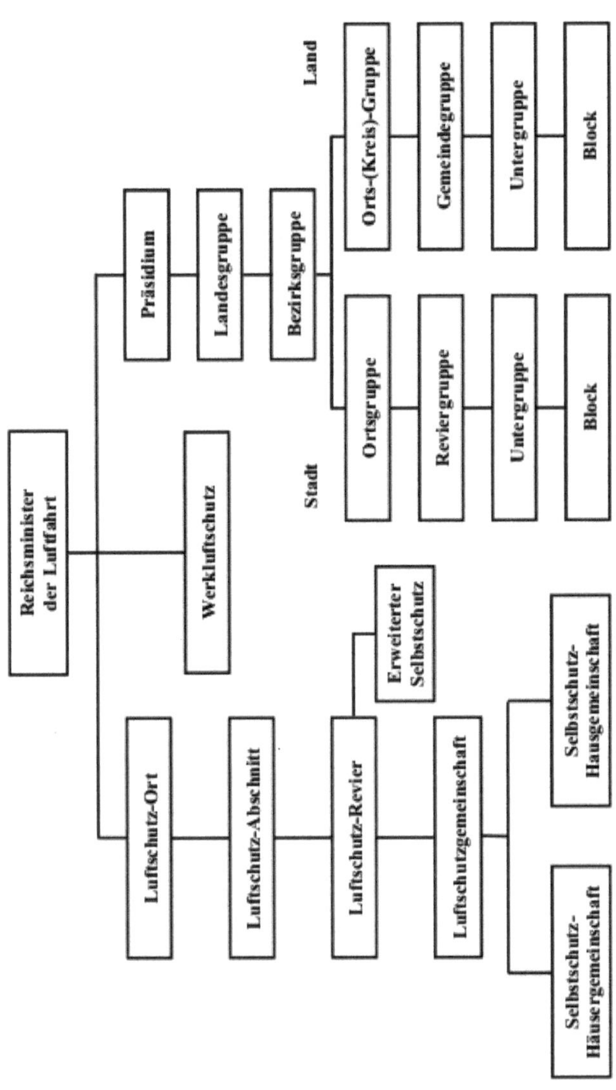

Abb. 1 Organisation des Reichsluftschutzbundes
Quelle: Grimme 1937, S. 39.

<table>
<tr><td colspan="4">Örtliche Luftschutzleitung beim Polizeipräsidium Kiel
Fachführer Gas und Wasser   Fachführer Elektrizität</td></tr>
<tr><td colspan="2">Abschnittsleitung Ost
Fachführer</td><td colspan="2">Abschnittsleitung West
Fachführer</td></tr>
<tr><td>Gas und Was-
ser</td><td>Elektrizität</td><td>Gas und Was-
ser</td><td>Elektrizität</td></tr>
</table>

- Fachtrupp 1: Schule Booksberg, später Kaserne Pickertstraße
- Fachtrupp 2: Margarinefabrik Seibel, Alte Lübecker Chaussee
- Fachtrupp 3: Nicht bekannt, da keine Angehörigen der Stadtwerke
- Fachtrupp 4: „Eiche- Brauerei", Königsweg
- Fachtrupp 5: Stadtwerke, Humboldtstraße 13
- Fachtrupp 6: Hotel zum Prinzen Heinrich, Tirpitzstraße
- Fachtrupp 7: Gaswerk Wik
- Fachtrupp 8: Gravensteinerstraße
- Fachtrupps 9 – 22: Unbekannt

Abb. 2 Organisation der Fachtrupps „Versorgungsnetze" 1939.
Quelle: StAK Nr.32879.

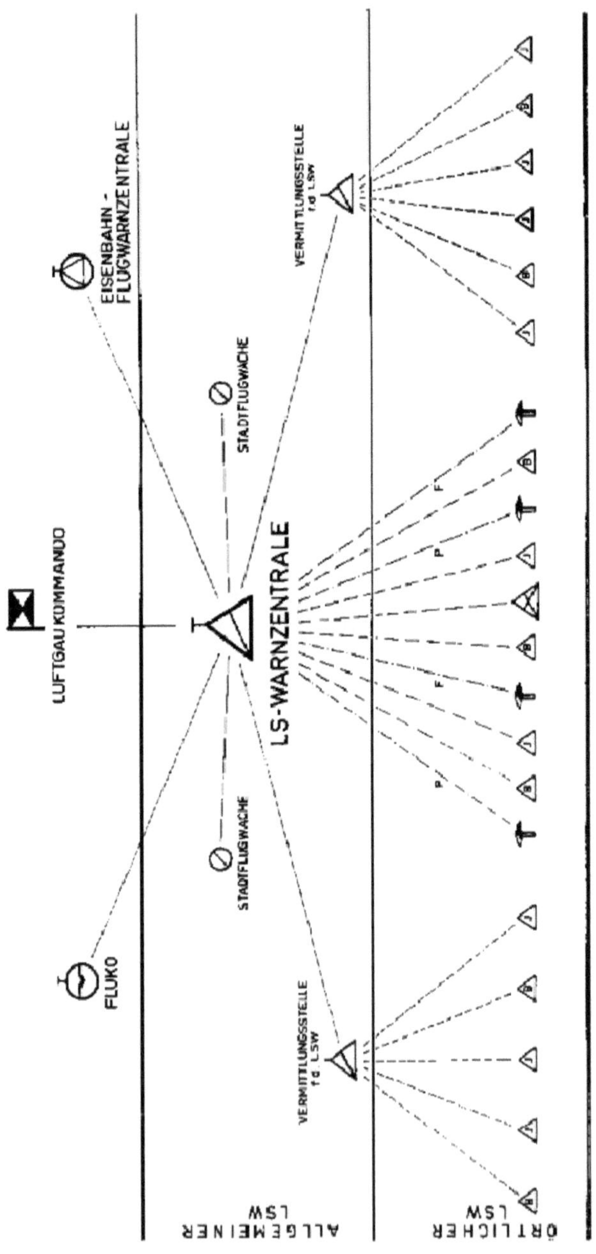
LUFTGAU KOMMANDO
EISENBAHN-
FLUGWARNZENTRALE
STADTFLUGWACHE
FLUKO
STADTFLUGWACHE
LS-WARNZENTRALE
VERMITTLUNGSSTELLE f.d. LSW
VERMITTLUNGSSTELLE f.d. LSW
ALLGEMEINER LSW
ÖRTLICHER LSW

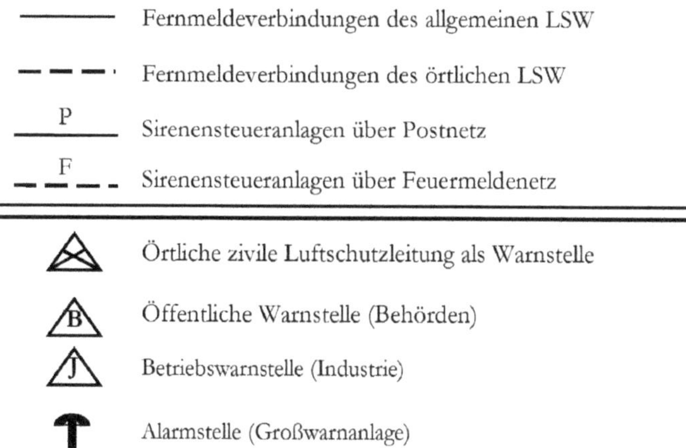

Abb. 3 Organisation des Luftschutz-Warndienstes 1939
Quelle: Hampe 1963, Tafel 12.

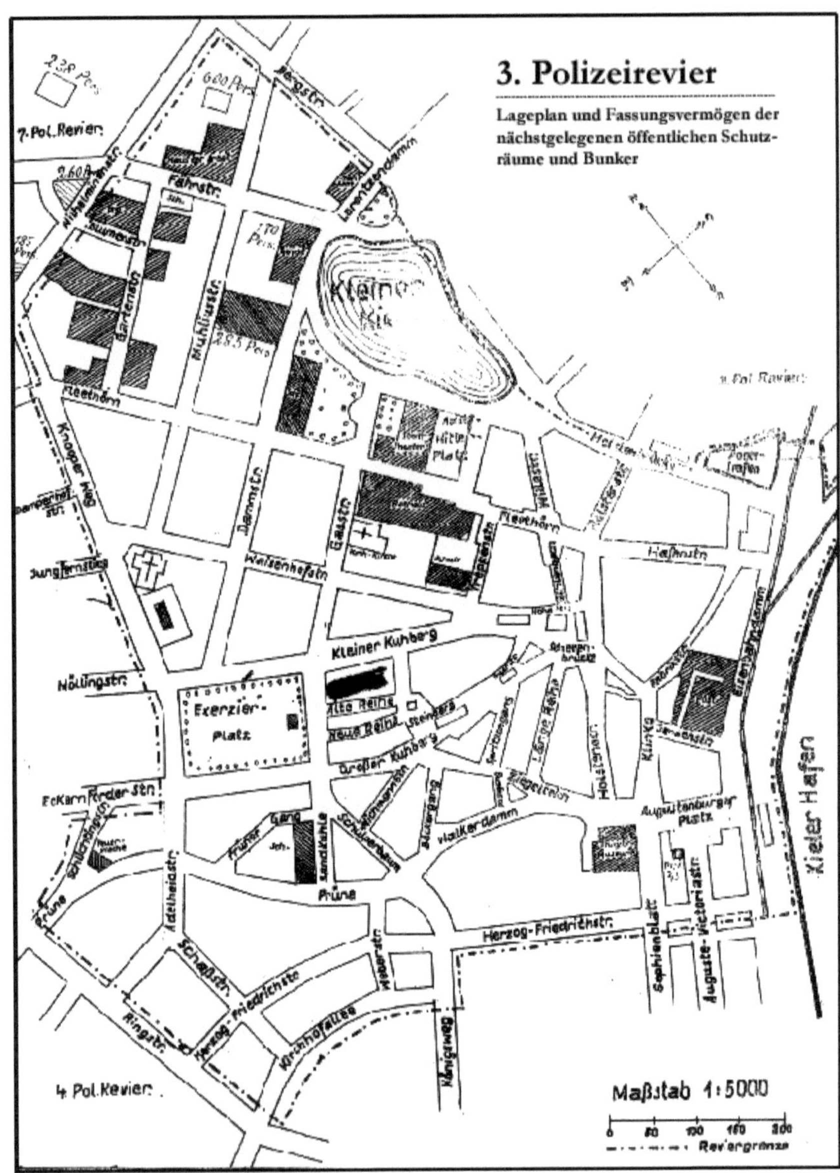

Abb. 4 LS-Einrichtungen im 3. Polizeirevier Kiel

(Teil des Betriebsluftschutzplanes des Polizeireviers)
Quelle: StAK Nr. 34757.

Der Polizeipräsident.

Kiel, den .... 193...

Polizeiliche Verfügung
zum Zwecke der Heranziehung zur Luftschutzdienstpflicht.

An

Herrn
Frau ....
Frl.

in **Kiel** ________________________

.... Nr. ....

Auf Grund des § 2 des Luftschutzgesetzes vom 26. 6. 1935 (Reichsgesetzblatt I Seite 827) in Verbindung mit § 9 der ersten Durchführungsverordnung zum Luftschutzgesetz vom 4. Mai 1937 (Reichsgesetzblatt I Seite 559) werden Sie hiermit zur Luftschutzdienstpflicht herangezogen und

zum Luftschutzhauswart für das Haus .... **Platz ....**
strasse Nr. ....
Weg

ernannt.

Die Heranziehung verpflichtet zur gewissenhaften Erfüllung aller Dienstobliegenheiten, insbesondere zur Teilnahme an Ausbildungsveranstaltungen und Übungen.

Sollten Sie dieser Verfügung nicht oder nicht vollständig nachkommen, so haben Sie polizeiliche Zwangsmaßnahmen zu gewärtigen, insbesondere kann gegen Sie eine Geldstrafe bis zu 150 RM oder Haftstrafe wegen Übertretung des Luftschutzgesetzes verhängt werden, wenn nicht andere Gesetze schwerere Strafen androhen.

Gegen diese Verfügung steht Ihnen innerhalb 2 Wochen nach Zustellung oder Kenntnisnahme derselben das Rechtsmittel der Beschwerde an den Regierungspräsidenten in Schleswig zu. Die Beschwerde ist bei mir bezw. bei dem zuständigen Polizei-Revier schriftlich oder zur Niederschrift einzulegen.

Im Auftrage

Abb. 5 Formblatt –Heranziehung zur Luftschutzpflicht
Quelle: OFD Bund, XIII c, Kiel- Nord.

Luftschutz-Merkblatt Nr. 1

Merkblatt für den Luftschutzwart

Für Luftschutz-Uebungen und für den Ernstfall. Auf starke Pappe aufkleben und gut aufbewahren.

Der Luftschutzwart ist der Führer der Luftschutzgemeinschaft. Ihm bzw. seinem Stellvertreter unterstehen vom Aufruf des zivilen Luftschutzes ab in allen Luftschutzangelegenheiten sämtliche zur Luftschutzgemeinschaft gehörenden oder in ihrem Bereich weilenden Personen, auch wenn sie nur vorübergehend anwesend sind. Im Frieden bezieht sich seine Anordnungsbefugnis, außer bei Luftschutzübungen, nur auf diejenigen Personen, die von der Polizei zur Luftschutzdienstpflicht im Selbstschutz herangezogen worden sind.

Persönliche Ausrüstung:

Volksgasmaske, Luftschutzhelm, **Schutzanzug mit Leibriemen,** derbe Schuhe, kräftige Handschuhe, Signalpfeife, Taschenlampe, Schreibgerät, Verbandspäckchen, Armbinde, Päckchen Hautentgiftungsmittel.

Aufgaben im Frieden:

Personenverzeichnis [(lfd. Nr., Vor- und Zuname, Geburtstag und -jahr, Beruf, im Selbstschutz ausgebildet als . . . . Bemerkung), Geräteliste und Geräteverteilungsplan (lfd. Nr. . . . .), Art des Gerätes, Vor- und Zuname des Eigentümers, Art der Verwendung, Bestimmungsort nach Aufruf des zivilen Luftschutzes, Bemerkungen] aufstellen. In bestimmten Zeitabständen überprüfen. Hausbewohner und Selbstschutzkräfte von dem Verteilungsplan in Kenntnis setzen. Bei der Erfassung der Selbstschutzkräfte durch den RLB. Vorschläge machen. Für eine Luftschutzgemeinschaft: Hausfeuerwehr (drei oder mehr Personen), ein bis zwei Laienhelferinnen, ein bis zwei Melder. Für die persönliche Ausrüstung der Selbstschutzkräfte sorgen (evtl. Neuanschaffungen, wie beim Gerät, durch freiwillige Opfer).
Die Hausbewohner auf ihre Pflichten hinweisen.
Für Entrümpelung der Böden sorgen und darauf achten, daß sie entrümpelt bleiben.
Abstellort für alle nach „Aufruf des zivilen Luftschutzes" zu entfernenden Restbestände feststellen.
Luftschutzraum aussuchen und Ausbau anregen. (Bauberatungsstelle des RLB. hinzuziehen.)
Wegweiser zum **Luftschutzraum** anbringen.
Luftschutzraum - Einrichtung anschaffen. (Bei Dachbodenentrümpelung Gegenstände, die dafür geeignet sind, wie z. B. Sitz- und Liegegelegenheit, erfassen.)
Für endgültige Verdunkelungsmaßnahmen, auch im Treppenhaus, sorgen.
Alarmgerät für das Haus bereitstellen (Glocke, Hupe, Pfeife, Pflugschar usw.).
Vorbereitungen durch Besprechungen mit den Hausbewohnern und Uebungen durchführen.
In Zweifelsfragen den Rat des zuständigen Blockwartes des RLB. einholen.

Aufgaben nach „Aufruf des zivilen Luftschutzes":

Das Haus luftschutzbereit herrichten lassen, d. h. die Bewohner sofort vom Aufruf des Luftschutzes benachrichtigen, die Einsatzbereitschaft der Selbstschutzkräfte (ihre Ausrüstung) überprüfen.
Luftschutzraum fertigstellen und zur sofortigen Benutzung einrichten; Dachboden (Speicher) entleeren.
Alles Gerät an Ort und Stelle bringen.
Alarmgerät im Treppenhaus ständig bereithalten.
Die zur Verfügung stehenden Wasserbehälter füllen.
Die Verdunkelungseinrichtungen überprüfen.
Haus nur verlassen, wenn ein Stellvertreter anwesend.
Durch einen Hausalarm überprüfen, ob alle Maßnahmen richtig durchgeführt sind.
Persönliche Ausrüstung zum sofortigen Gebrauch bereitlegen.

Aufgaben bei „Fliegeralarm":

Für sofortige Durchführung des Hausalarms sorgen.
Persönliche Ausrüstung anlegen.
Hof- und Gartentüren offenlassen.
Haustür einklinken, nicht abschließen, oder anlehnen, so daß man das Haus von außen betreten kann.
Fenster öffnen, **wenn kein Schutz durch zu schließende Rolläden oder Fensterläden möglich ist.** Dabei Verdunkelungspflicht beachten.
Selbstschutzkräften **Aufgaben zuteilen.**

Nötigenfalls Beobachtungsposten gedeckt aufstellen.
Einen Stellvertreter bestimmen, der in der Regel die Aufsicht im **Luftschutzraum** übernimmt.
Wohnungen, **Luftschutzraum,** Flur, Dachboden mit Unterstützung der Selbstschutzkräfte kontrollieren.
Hauptgashahn abstellen. (Bei Luftschutzübungen darf er nicht betätigt werden, sondern es wird ein Schild mit der Aufschrift: „Luftschutzübung — Hauptgashahn geschlossen!" angebracht.) Hauptwasserhahn und Hauptschalter für elektrischen Strom werden nicht abgestellt.
Bei Bettlägerigen und Gebrechlichen für den Transport in den **Luftschutzraum** sorgen.

Aufgaben während und nach dem „Luftangriff":

Der Luftschutzwart **hält sich in der Regel am Eingang des Luftschutzraumes auf.**
Er hat **von Zeit zu Zeit** überall nach dem Rechten zu sehen, auch die Straße und die Nachbargrundstücke zu beobachten.
Er setzt bei eintretenden Schäden seine Selbstschutzkräfte ein.
Können Schäden mit den Kräften der eigenen Luftschutzgemeinschaft nicht beseitigt werden, so wird die benachbarte Luftschutzgemeinschaft zur Hilfe gerufen.
Ist auch diese Hilfe nicht ausreichend, so erfolgt schriftliche Meldung an das zuständige Luftschutzrevier.
Diese Meldung muß auf folgende Fragen Antwort geben: „Was — wann — wo?"
Die Bekämpfung des Schadens wird aber trotzdem mit allen zu Gebote stehenden Mitteln fortgesetzt.

Aufgaben nach der „Entwarnung":

Prüfen, ob Straße und Außenluft kampfstofffrei sind.
Haus auf entstandene Schäden untersuchen (Brand-, Gas-, Kampfstoff-, Einsturzgefahr).
Hausbewohner erst nach Kontrolle des Hauses in die Wohnung entlassen. Hauptgashahn erst dann wieder öffnen, wenn einwandfrei festgestellt ist, daß alle Gashähne und Steigleitungen in den Wohnungen unbeschädigt sind. (Bei Luftschutzübungen darf der Hahn nicht betätigt werden, sondern es wird ein Schild mit der Aufschrift: „Luftschutzübung — Hauptgashahn offen" angebracht.)
Feindliche Flugzettelpropaganda unwirksam machen (Flugzettel sammeln, beim Luftschutzrevier abgeben).
Haus sofort für einen neuen Angriff rüsten lassen (**Luftschutzraum** lüften, Wasservorräte ergänzen usw.).
Bei Schäden Schadensbericht an das Luftschutzrevier.

Ausstattungsvorschlag

für die Luftschutzgemeinschaft mit Feuerlöschgerät

Gegenstand	Anzahl	Bemerkungen
Axt	2	Handelsübliche Zimmermannsaxt für Einreißarbeiten und zum Freilegen von Brandherden.
Einreißhaken	1	Mit Stahlhaken versehene Holzstange
Feuerpatsche	1	Mit fächerartigem Stoff versehener Stock zum Ausschlagen von Flammen und zum Bekämpfen schwer erreichbarer Brandherde.
Leine	1	20 m lange handelsübliche kräftige Leine von etwa 8 mm Durchmesser auf Holzwolle gewickelt, zum Hochziehen und Befestigen von Gegenständen.
Luftschutzhandspritze (Einstellspritze)	1	Wichtiges Löschgerät des Selbstschutzes. Es sollen nur solche Spritzen verwendet werden, die vom Feuerwehr-Beirat geprüft sind.
Sandkiste	1	Kiste mit etwa ¼ cbm Sand oder Erde und einfacher Handschaufel (Kohlenschippe).
Schaufel	2	Handelsübliche Flachschaufel (280 mm Blattlänge und 260 mm Blattbreite).
Wassereimer	6	Handelsübliche Haushaltseimer.
Wasserfaß	1	Faß, Bottich oder dergl. mit etwa 100 l Wasser.

Herausgegeben vom Präsidium des Reichsluftschutzbundes, Berlin W 35.

Anmerkung: Die geänderten Stellen sind im Druck hervorgehoben.

Abb. 6 Merkblatt für den Luftschutzwart
Quelle: Die Sirene Nr. 5, 1939, S. 126.

Luftschutz-Merkblatt für die Familie

Für Luftschutz-Uebungen und für den Ernstfall. Auf starke Pappe aufkleben und gut aufbewahren.

Aufgaben im Frieden:

Aufklärung aller Familienmitglieder durch den Haushaltungsvorstand.
Die im Haushalt für den Selbstschutz in Frage kommenden Gegenstände feststellen (Eimer, Wannen, Spaten, Schaufel, Gartenschlauch, Axt, Beil, Verbandmaterial, Decken usw.) und dem Luftschutzwart für Uebungen und den Ernstfall zur Verfügung stellen.
Die fehlenden Gegenstände, soweit eine anderweitige Regelung nicht getroffen ist, durch freiwillige Opfer beschaffen helfen.
Dachboden entrümpeln.
Endgültige Verdunkelungsmaßnahmen treffen.
Behälter für die kampfstoffsichere Verpackung der Lebensmittel auswählen (Kisten, Blechdosen, Zellglaspapier usw.).
Den Luftschutz durch rege Mitarbeit unterstützen.

Aufgaben nach „Aufruf des zivilen Luftschutzes":

Allen Anordnungen des Luftschutzwartes Folge leisten.
Alles so in der Wohnung vorbereiten, daß diese in kürzester Zeit verlassen werden kann.
Abends vor dem Lichtmachen die Verdunkelung durchführen. (Oberlichter, Dachbodenfenster, Abortfenster, Speisekammerfenster nicht vergessen!)
Den Dachboden vollständig räumen.
Lebensmittel nicht offen liegenlassen.
Zur Sicherung gegen chemische Kampfstoffe genügt sorgfältiges Einwickeln in Papier oder Aufbewahren in geschlossenen Behältern, z. B. Kochtopf mit Deckel.
Wasser zum Trinken, Kochen, Löschen dauernd bereitstellen.
Eimer, Fässer usw. stets mit Wasser gefüllt halten.
Kleidungsstücke nachts griffbereit neben das Bett legen.
Luftschutzraumgepäck bereithalten (Volksgasmaske, Mäntel, Decken, Kissen, Taschenlampen, Lebensmittel, für Kinder und Kranke Thermosflasche mit Getränk, Kinderspielzeug, wichtige Papiere).
Wenn alle Familienmitglieder auf längere Zeit die Wohnung verlassen, ist ein Schlüssel beim Luftschutzwart abzugeben.

Aufgaben bei „Fliegeralarm":

Ruhe bewahren!
Fenster öffnen, **wenn kein Schutz durch zu schließende Rolläden oder Fensterläden möglich ist.** Dabei Verdunkelungspflicht beachten. Türen schließen.
Die in den Wohnungen befindlichen Gashähne schließen.
Elektrische Hauptschalter der Wohnung ausschalten oder Hauptsicherung lockern.
Wohnungstür nicht zuschließen (Reserveschlüssel an Luftschutzwart abgeben).
Kranken und Gebrechlichen Hilfe leisten.
Selbstschutzkräfte begeben sich nach den Anordnungen des Luftschutzwartes auf ihre Plätze.
Die übrigen Familienmitglieder gehen ruhig in den **Luftschutzraum; Luftschutzraumgepäck** mitnehmen.

Aufgaben während und nach dem „Luftangriff":

Ruhe bewahren!
Jedes unnötige Sprechen, jede unnötige Bewegung im Luftschutzraum vermeiden.
Nicht rauchen, kein offenes Licht benutzen, den Anordnungen des Luftschutzwartes oder seines Stellvertreters unbedingt Folge leisten.

Aufgaben nach der „Entwarnung":

Erst nach Anordnungen des Luftschutzwartes ruhig in die Wohnung gehen.
Wohnung gut durchlüften, dabei kein Licht machen.
Erst Licht machen, wenn Fenster wieder verdunkelt sind.
Die Inbetriebnahme der Gasverbrauchsgeräte darf erst nach Genehmigung durch den Luftschutzwart erfolgen.
Luftschutzraumgepäck wieder bereitlegen.
Bei Kampfstoffverdacht keine Gegenstände berühren. Luftschutzwart benachrichtigen.
Zerbrochene Fensterscheiben zunächst behelfsmäßig ausbessern. (Durch Pappscheiben usw. ersetzen.)

Herausgegeben vom Präsidium des Reichsluftschutzbundes, Berlin W 35.

Anmerkung: Die geänderten Stellen sind im Druck hervorgehoben

Abb. 7 Luftschutz-Merkblatt für die Familie.
Quelle: Die Sirene Nr. 5, 1939, S. 127.

Luftschutz-Merkblatt für die Hausfeuerwehr

Für Luftschutz-Uebungen und für den Ernstfall. Auf starke Pappe aufkleben und gut aufbewahren.

In jeder Luftschutzgemeinschaft sollen als Hausfeuerwehr drei oder mehr Personen eingesetzt werden.

Persönliche Ausrüstung:

Volksgasmaske, Luftschutzhelm, derbe Jacke und Hose, derbe Handschuhe, Koppel oder fester Gurt, Verbandpäckchen, Päckchen Hautentgiftungsmittel, elektrische Taschenlampe.

Aufgaben im Frieden:

Regt die Beschaffung des erforderlichen Feuerlöschgeräts und der Werkzeuge an **Luftschutzhandspritze [Einstellspritze]**, evtl. Gartenschlauch mit Anschlußstück für die Hausleitung, Feuerpatschen — je nach den örtlichen Verhältnissen mit verschieden langen Stielen —, Eimer, Wannen, Tonnen, Einreißhaken (auch Bootshaken), Axt, Beil, Laternen, Leine, Besen, Steh- oder Anstellleiter).

Aufgaben nach „Aufruf des zivilen Luftschutzes":

Verteilt die Löschgeräte und gefüllten Wasserbehälter auf die einzelnen Stockwerke, wobei das einmalig vorhandene Gerät auf dem Treppenabsatz des obersten Stockwerkes aufgestellt wird.
Sorgt besonders für die Räumung der Böden von allen brennbaren Gegenständen und für Offenbleiben der Bodenräume.
Legt persönliche Ausrüstung zum sofortigen Gebrauch bereit. **Zweckmäßig ist Aufbewahrung im Luftschutzraum.**

Aufgaben bei „Fliegeralarm":

Legt die persönliche Ausrüstung an. Gasmaske wird noch nicht aufgesetzt.
Prüft das Gerät und die Wasserbehälter.

Nimmt **in der Gasschleuse** oder im **Luftschutzraum** Deckung und überprüft, sobald es der Verlauf eines Angriffs gestattet, den zugewiesenen Grundstücksabschnitt.

Verhaltungsmaßregeln bei einer Brandbekämpfung:

Die Leitung der Brandbekämpfung hat der Luftschutzwart oder sein Stellvertreter. Auf dem Weg zum Brandherd Türen und Fenster für Abzug des Qualms öffnen.
Gasmaske erst beim Annähern an den Brandherd aufsetzen, sofort aber beim Verdacht von Kampfstoffgefahr.
Auf Stichflammengefahr beim Oeffnen von Türen achten.
Beim Heranarbeiten an den Brandherd Gesicht am Boden, weil dort bessere Luft ist.
Mit Wasser sparsam umgehen, stets den Kern des Brandes bekämpfen.
Für Wassernachschub sorgen.
Bei Wassermangel Sand, Erde verwenden.
Brandbekämpfung keinesfalls unterbrechen. An jedem Gebäudeabschnitt erneut Widerstand leisten.
Nach Brandnestern suchen.
Sind chemische Kampfstoffe festgestellt, baldmöglichst Meldung an Luftschutzwart.

Aufgaben nach der „Entwarnung":

Alle Schäden beseitigen.
Brandstelle aufräumen und durch Brandwache sichern.
Geräte wieder an Ort und Stelle bringen.
Material ergänzen (Wasser, Feuerpatsche usw.).
Alles sofort für einen neuen Angriff herrichten.

Herausgegeben vom Präsidium des Reichsluftschutzbundes, Berlin W 35.

Anmerkung: Die geänderten Stellen sind im Druck hervorgehoben

Die Aufbewahrung der persönlichen Ausrüstung im Luftschutzraum wird empfohlen, damit jeder gerade anwesende Ausgebildete damit ausgerüstet werden kann. Voraussetzung: Verschließbarkeit des Luftschutzraums.

Abb. 8 Luftschutz-Merkblatt für die Hausfeuerwehr.
Quelle: Die Sirene Nr. 5, 1939, S. 127.

<u>Auf starke Pappe aufkleben und gut sichtbar aufhängen!</u>

Luftschutzmerkblatt
für die Bevölkerung

Verhalten nach Aufruf des zivilen Luftschutzes:

Der Aufruf des zivilen Luftschutzes wird öffentlich bekanntgegeben. Das gewohnte Leben geht weiter, die Vorbereitungen für den Luftschutz im Hause werden abgeschlossen.

Allen Anordnungen des **Luftschutzwarts** Folge leisten.

Luftschutzraum gebrauchsfähig herrichten.

Selbstschutzgeräte bereitstellen.

Wasser in Eimern, Bottichen usw. zum Trinken, Kochen, Löschen dauernd bereithalten.

Dachboden endgültig entrümpeln.

Stallungen von Großvieh vorschriftsmäßig gas- und splittersicher herrichten.

Verdunklungseinrichtungen anbringen.

Lebensmittel, möglichst auch Futtermittel, nur noch verpackt oder in gut schließenden Schränken oder sonstigen Behältern aufbewahren. Lebens- und Futtermittel bei Lagerung im Freien und auf Transporten nach Möglichkeit abdecken.

Gasmaske stets griffbereit halten und auf der Straße mitführen.

Luftschutzraumgepäck bereithalten (Gasmaske, warme Kleidung, Decken, Kissen, Taschenlampen, Lebensmittel, für Kinder und Kranke Thermosflaschen mit Getränk, Kinderspielzeug, wichtige Papiere).

Verhalten bei Fliegeralarm: Ruhe bewahren!

I. Im Hause:

Türen und Fensterläden zu, Haustüre offen lassen, dabei Verdunklungspflicht beachten.

Gas und Strom in der Wohnung abstellen. Luftschutzwart stellt Hauptgashahn ab.

Luftschutzraum mit Luftschutzraumgepäck aufsuchen. Keine Tiere, außer Blinden- und Diensthunden, mitnehmen.

Im **Luftschutzraum** nicht rauchen, kein offenes Licht benutzen. Bei Kampfstoffgeruch oder Reizwirkung Gasmaske aufsetzen, notfalls feuchtes Tuch vor Mund und Nase. Undicht gewordene Stellen des Luftschutzraumes abdichten. Luftschutzraum nur auf Anordnung des Luftschutzwartes verlassen.

II. Auf der Straße:

Sofort Straße räumen.

Nächsten Luftschutzraum aufsuchen.

Fahrzeuge so abstellen, daß Durchfahrt nicht behindert wird.

Zugtiere ausspannen und anbinden.

In **unbebautem Gelände** jede Deckung ausnutzen oder hinlegen.

Die gleichen Gebote gelten auch bei überraschendem Luftangriff.

Bei **Kampfstoffgeruch** oder Reizwirkung (nicht Leuchtgas) Gasmaske aufsetzen, notfalls feuchtes Tuch vor Mund und Nase, ruhig atmen, nicht laufen. Stellen mit öligen Spritzern meiden. Bei Feststellung flüssiger Kampfstoffe auf Haut oder Kleidung nächste Rettungsstelle oder Laienhelferin aufsuchen. Wenn dies nicht möglich, schnellstens vergiftete Kleidungsstücke ablegen und gründliche Körperreinigung mit Seife und warmem Wasser.

III. Bei Einsatz des Selbstschutzes:

Der **Luftschutzwart** leitet den Einsatz der **Luftschutzgemeinschaft**. Dabei kann er jeden Anwesenden im Selbstschutz einsetzen.

Brandbekämpfung:

In **verqualmten Räumen** kriechend oder gebückt gegen den Brandherd vorgehen, Gasmaske aufsetzen.

Brand aus möglichst geringer Entfernung bekämpfen.

Bei Brandbombenbekämpfung Türen, Mauervorsprünge u. dgl. als **Deckung** ausnutzen.

Kein Wasser verschwenden, für Wassernachschub sorgen.

Bei Wassermangel **Sand oder Erde** verwenden.

Bekämpfung des Feuers nicht unterbrechen.

Brandnester beachten. Brandwache zurücklassen.

Erste Hilfe:

Ruhe und Ueberlegung. In allen schweren Fällen möglichst sofortiger schonender Abtransport zur LS.-Rettungsstelle, falls nicht vorhanden Krankenhaus.

Wunden nicht auswaschen, sauber verbinden.

Bei inneren Verletzungen: Flache Lagerung. Bei Bauchverletzungen: Beine angezogen; bei Brustverletzungen: Oberkörper hochlagern. Nicht essen oder trinken.

Bei Schädelverletzungen: Kopf hochlagern.

Bei Schlagaderblutungen: Schlagader zwischen Wunde und Herz abdrücken, dann abbinden oder Druckverband, Zettel mit Uhrzeit des Abbindens anheften. Nach einer Stunde Druckverband kurze Zeit lockern.

Bei Brandwunden: Brandbinde, darüber Schutzverband.

Bei Bewußtlosigkeit: Kopf oder Oberkörper bei bleichem Gesicht tief, bei rotem Gesicht hochlagern. Nichts zu trinken geben.

Verrenkungen: Nicht bewegen, nicht einrenken. Glied hochlagern.

Bei Knochenbrüchen: Zuerst etwaige Wunden versorgen. Bei Arm- und Schlüsselbeinbrüchen: Dreiecktuch. Bei Wirbelsäulen-, Becken- und Beinbrüchen bequeme Lagerung auf Trage o. ä.

Kampfstoffvergiftete: Stets wie Schwerkranke behandeln. Frische Luft, baldiger Abtransport.

Nach Einatmen von Kampfstoffen: Vollkommene Ruhe, warm zudecken.

Vergiftungen mit flüssigen Kampfstoffen: Vergiftete Kleidungsstücke ablegen, gründliche Körperreinigung mit Seife oder warmem Wasser.

Erste Hilfe durch den Tierhalter:

Wunden: Nicht auswaschen, starke Blutungen durch Druckverbände stillen.

Bei Bauch- oder Brustverletzungen sowie bei Knochenbrüchen von Großvieh: Tierärztliche Hilfe über Luftschutzrevier anfordern.

Kampfstoffvergiftete Tiere, auch anscheinend nur leichtkranke, grundsätzlich wie schwerkranke behandeln! Geschirr abnehmen! Häufig Trinkwasser anbieten. Frische Luft. Kampfstoffspritzer abtupfen, danach Tiere abspritzen.

Verhalten nach der Entwarnung:

Erst nach Anordnung des **Luftschutzwarts** ruhig in die Wohnung gehen.

Verdunklung beachten.

Gas erst anzünden, nachdem Luftschutzwart Haupthahn wieder geöffnet hat.

Luftschutzraumgepäck wieder bereitstellen.

Bei **Kampfstoffverdacht** keine Gegenstände berühren. Keine kampfstoffverdächtigen Lebensmittel genießen, Luftschutzwart benachrichtigen.

Herausgegeben vom Präsidium des Reichsluftschutzbundes, Berlin W 35

Abb. 9 Luftschutz-Merkblatt für die Bevölkerung
Quelle: Die Sirene Nr. 5, 1939, S. 534

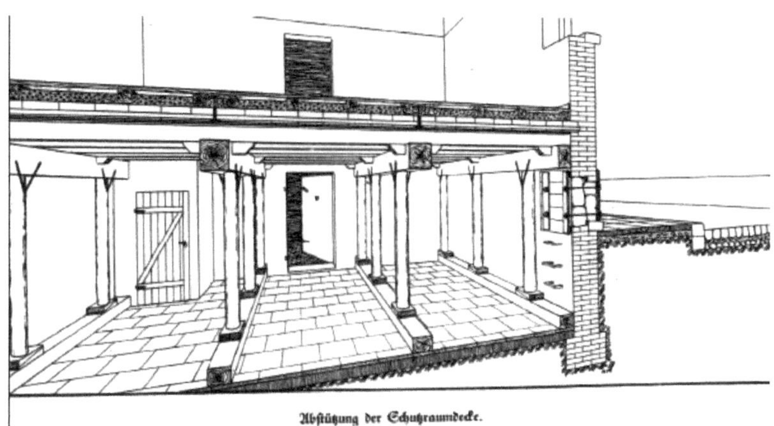

Abb. 10 Behelfsmäßige Herrichtung von Schutzräumen: Abstützen der
Decke.
Quelle: Knipfer/Hampe 1934, S. 51.

Behelfsmäßige Herrichtung von Schutzräumen

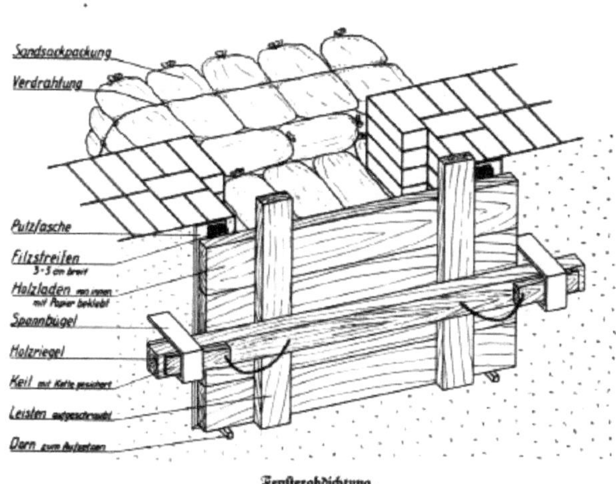

Abb. 11 Behelfsmäßige Herrichtung von Schutzräumen:
Fensterabdichtung.
Quelle: Knipfer/Hampe 1934, S. 51.

Abb. 12 LS-Raum (Luftschutzkeller) Äußere Kennzeichnung.
Quelle: Eigenes Photo.

Betrifft:

Baugesuch zum Hochbunker Lu 37 ......bau eines ......Gebäudes

nebst ......

auf dem Grundstücke Hummelwiese straße Nr. 13

...... Anlagen und zwar:

1 amtlicher Lageplan ~~doppelt~~ — dreifach;

...... Zeichnungen ~~doppelt~~ — dreifach;

...... statische Berechnung doppelt;
bereits eingereicht
...../...... Dispensgesuch doppelt;

...../...... amtlicher Nachweis über die Grundstücksgröße.

Bauherr:

Name Der Generalbevollmächtigte für die Regelung der Bauwirtschaft
Stand Referat L.S.
Wohnung **Sonderbauleitung Kiel** straße Nr.

Fernsprecher Nr. ......

Planverfasser:

Name **Gustav Bauer**
Architekt
Stand Mitgl. Nr. R. 13807
d. Rk. d. b. K.
Wohnung Lantziusstraße straße Nr. 21

Fernsprecher Nr. 6376

An

das Baupolizeiamt

Kiel.

Kiel, den 13. März 19 43

Auf Grund der nebenstehend bezeichneten Bauvorlagen sowie der umseitigen Baubeschreibung, Bebauungs- und Höhenberechnung wird die Erteilung der Bauerlaubnis beantragt zum Neubau

...... bau eines

Hochbunkers (Lu 37) Gebäudes

nebst ......

auf dem Grundstücke ......

...... straße Nr.

Das Grundstück führt die Bezeichnung Kartenblatt Nr. ...... Parzelle Nr. ...... /

Grundbuch Band ...... Blatt ....

Die gesamten Baukosten betragen ...... RM.

Verantwortlicher Unternehmer:

Name Heinrich Schacht & Co
Stand Baugeschäft, Hamburg
Wohnung Valentinskamp straße Nr. 90 II

Fernsprecher Nr. Baustelle 14242 & 15223

Für Spezialausführungen verantwortlich:

Name Heinrich Schacht & Co
Stand wie oben
Wohnung ...... straße Nr.

Fernsprecher Nr. ......

Bemerkungen:
1. Bauanträge sind für jedes Baugrundstück getrennt einzureichen.
2. Weitere Anträge z. B. auf Abbruch von Gebäuden, Inanspruchnahme öffentlichen Grundes, vorläufige Baugenehmigung usw. sind mit diesem Antrag nicht zu verbinden, sondern besonders einzureichen.

Abb. 13 Bauantrag für LS-Bunker Hummelwiese.
Quelle: OFD Bund, VV2908(04412) BV 15/152 Hochbunker Bd. II. .

Baubeschreibung.

Lfd. Nr.	Gegenstand	Beschreibung
1	**Bauklaſſe und Bauſtaffel.**	Bauklaſſe ...., Bauſtaffel ....
2	**Angabe, ob Wohnviertel, gemiſchtes Viertel, Geſchäftsviertel oder Induſtrieviertel.**	Wohnviertel
3	**Benutzungsart des Gebäudes*)** einſchl. des Keller und Dachgeſchoſſes. **Bemerkung:** a) Soweit der Ausbau des Keller und Dachgeſchoſſes zu Wohnzwecken nur bis zu einem beſtimmten Grade geſtattet iſt, iſt hierüber ein prüfungsfähiger Nachweis zu erbringen. b) Für Wohnräume im Dachgeſchoß iſt der Nachweis erforderlich, daß die vorgeſchriebene Höhe im Mittel vorhanden iſt (§ 26 Ziff. 4 d. B.O.).	Luftschutzbunker
4	**Baugrund.**	Der gute Baugrund liegt nach Maßgabe der Bodenunterſuchungen an der tiefſten in Frage kommenden Stelle ca. 4,om unter Erdoberfläche und beſteht aus grauem Sand im Grundwasser.
5	**Fundamente (Material und Bindemittel, Tiefe der Brandmauerfundamente an Nachbargrenzen).**	Eisenbetonplatte
6	**Kellermauerwerk (Material und Bindemittel).**	Beton
7	**Aufgehendes Mauerwerk (Material und Bindemittel).** **Bemerkung:** Bei Gebäuden an Straßen und Vorgärten iſt vom Gebäudeſockel eine Teilzeichnung im Maßſtab 1:10 beizufügen. Der Sockelvorſprung muß zahlenmäßig erſichtlich ſein.	Beton
8	**Nicht tragende Wände (Art und Konſtruktion derſelben).**	Ziegel- und Kalksandsteinmauerwerk
9	**Schutz gegen Erdfeuchtigkeit und Vorſichtsmaßregeln gegen klimatiſche Einwirkung.** **Bemerkung:** Bei Räumen zum dauernden Aufenthalt von Menſchen, deren freiſtehende Umfaſſungswände (auch Giebelwände) weniger als 1¹/₂ Stein ſtark ſind, iſt der Wetter- und Wärmeſchutz anzugeben.	isoliert

*) Bei gewerblichen Anlagen Angaben über Art derſelben, über die größte Zahl der in jedem Raum zu beſchäftigenden Arbeiter, die aufzuſtellenden Maſchinen und die Licht und Luftzuführung.

Abb. 14 Baubeschreibung für LS-Bunker Hummelwiese (Seite 1).
Quelle: OFD Bund, VV2908(04412) BV 15/152 Hochbunker Bd. II. .

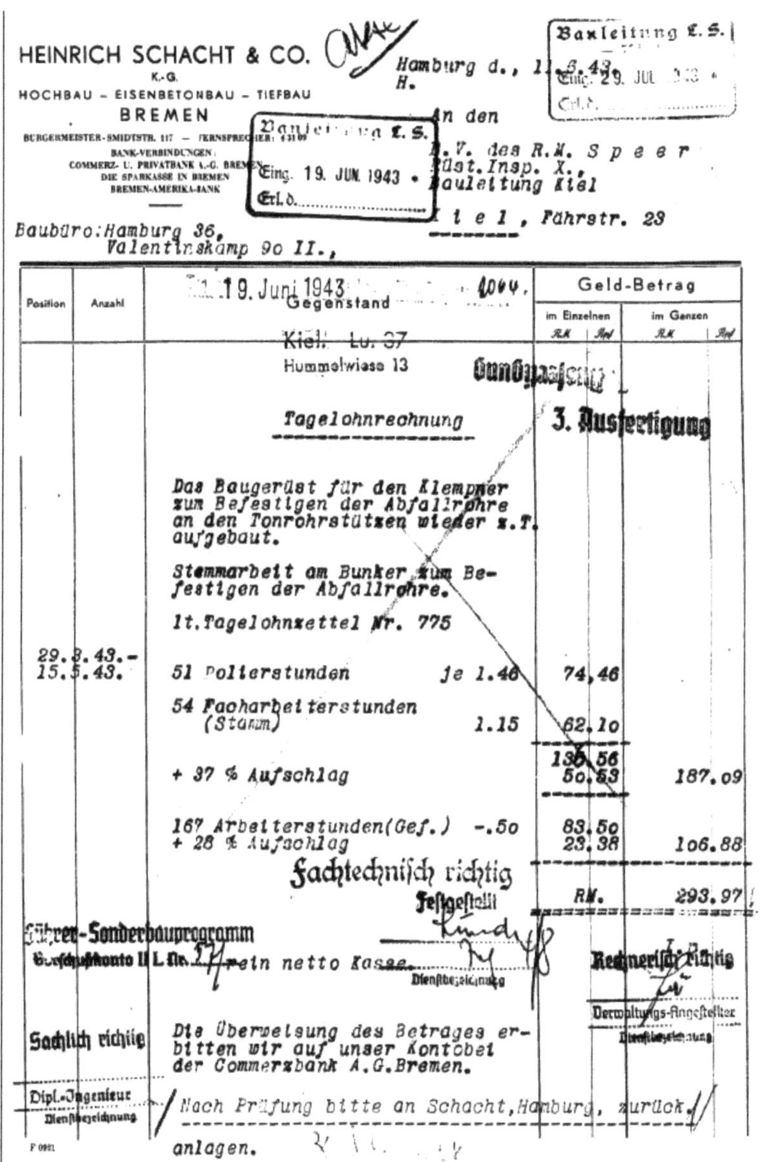

HEINRICH SCHACHT & CO.
K.-G.
HOCHBAU – EISENBETONBAU – TIEFBAU
BREMEN
BÜRGERMEISTER-SMIDTSTR. 117 – FERNSPRECHER: 43109
BANK-VERBINDUNGEN:
COMMERZ- U. PRIVATBANK A.-G. BREMEN
DIE SPARKASSE IN BREMEN
BREMEN-AMERIKA-BANK

Baubüro: Hamburg 36,
Valentinskamp 90 II.,

Hamburg d., 1. 6. 43.
H.

An den
B.V. des R.M. Speer
Rüst.Insp. X.,
Bauleitung Kiel

Kiel, Fährstr. 23

Bauleitung L.S.
Eing. 19. JUN. 1943
Erl. b.

Bauleitung L.S.
Eing. 29. JUL
Erl. b.

Position	Anzahl	19. Juni 1943 Gegenstand 1044,	Geld-Betrag			
			im Einzelnen		im Ganzen	
			RM	Rpf	RM	Rpf

Kiel: Lo. 37
Hummelwiese 13

3. Ausfertigung

Tagelohnrechnung

Das Baugerüst für den Klempner
zum Befestigen der Abfallrohre
an den Tonrohrstützen wieder z.T.
aufgebaut.

Stemmarbeit am Bunker zum Befestigen der Abfallrohre.

lt.Tagelohnzettel Nr. 775

29.3.43.-
15.5.43.

51 Polierstunden   je 1.46   74,46

54 Facharbeiterstunden
(Stamm)   1.15   62.10
                                        135.56
+ 37 % Aufschlag   50.53   187.09

167 Arbeiterstunden(Gef.) -.50   83.50
+ 28 % Aufschlag   23.38   106.88

Fachtechnisch richtig
festgestellt   RM.   293.97

Führer-Sonderbauprogramm
Geschäftskonto II L.Nr. 57 rein netto Kasse
                              Dienstbezeichnung

Rechnerisch richtig

Verwaltungs-Angestellter
Dienstbezeichnung

Sachlich richtig

Die Überweisung des Betrages er-
bitten wir auf unser Kontobei
der Commerzbank A.G.Bremen.

Dipl.-Ingenieur
Dienstbezeichnung

Nach Prüfung bitte an Schacht,Hamburg, zurück.

F 0921   anlagen.

Abb. 15 Lohnabrechnungsblatt LS- Bunker. Hummelwiese
Quelle: OFD Bund, VV2908(04412) BV 15/152 Hochbunker Bd. II.

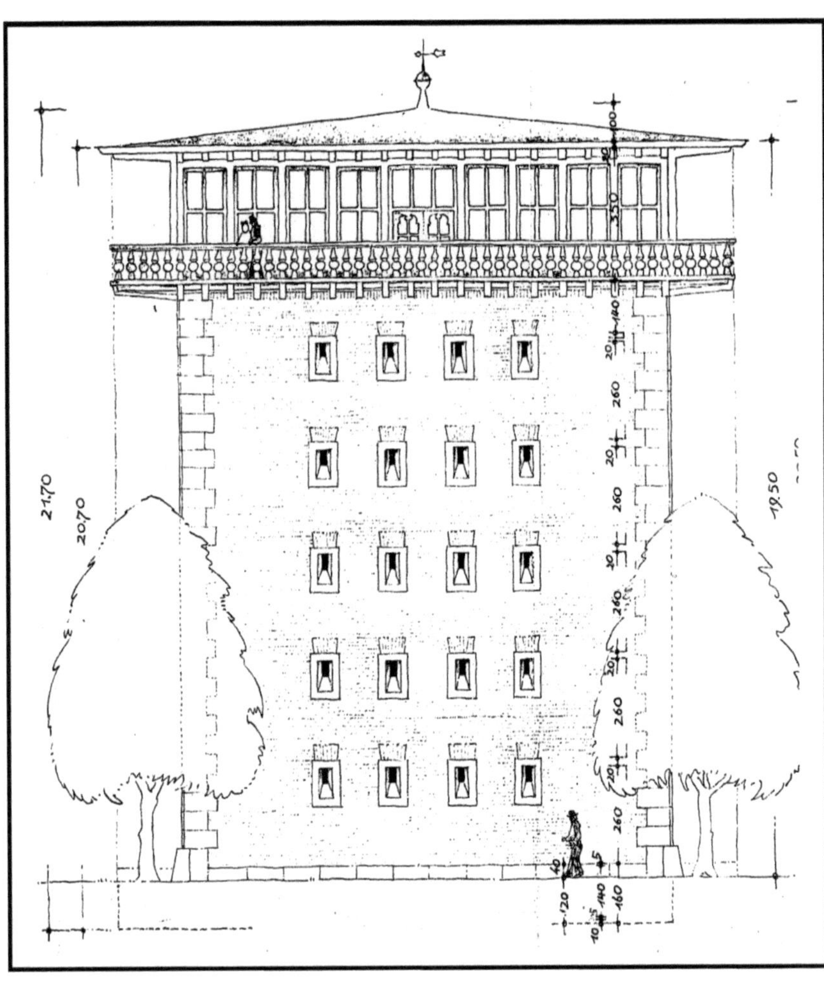

Abb. 16 Skizze eines Hochbunkers 1940.
Quelle: StAK Nr. 45796.

Abb. 17 LS- Bunker. Hochbunker Gablenzbunker
Quelle: Eigenes Photo

Abb. 18 LS- Bunker. Hochbunker Germania I
Quelle: Eigenes Photo

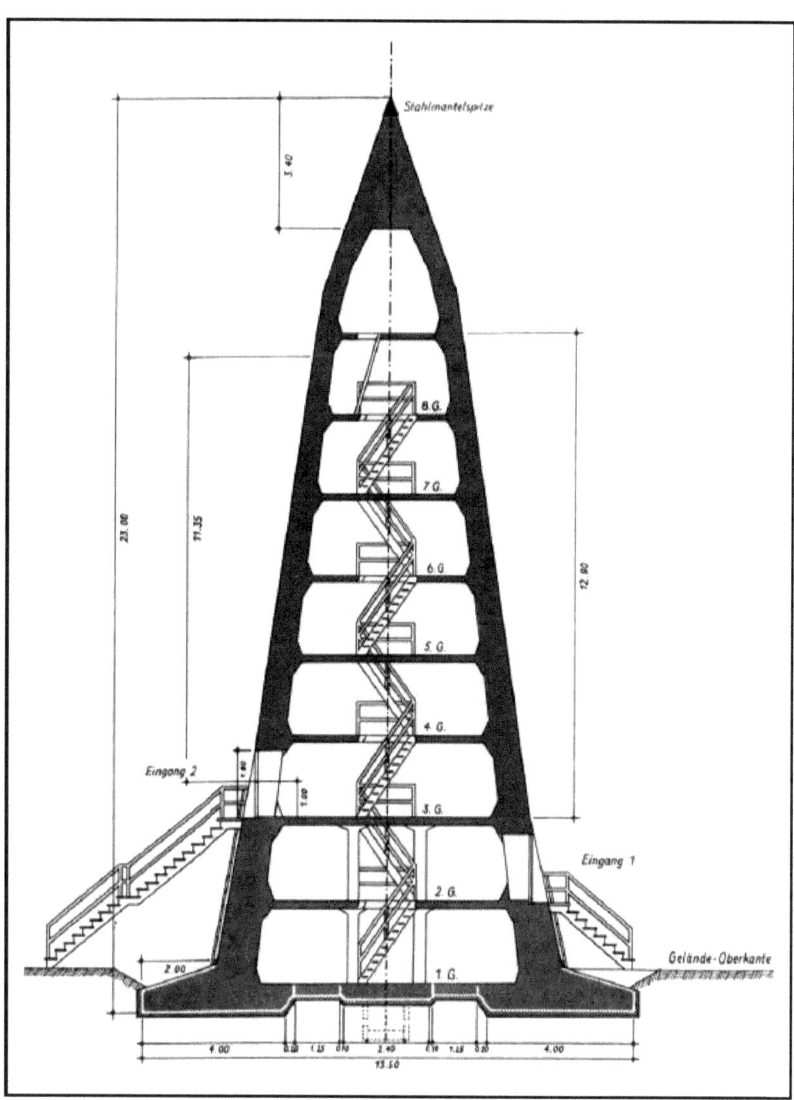

Abb. 19 LS-Turm Bauart Winkel.
Quelle: Hampe 1963, S. 256.

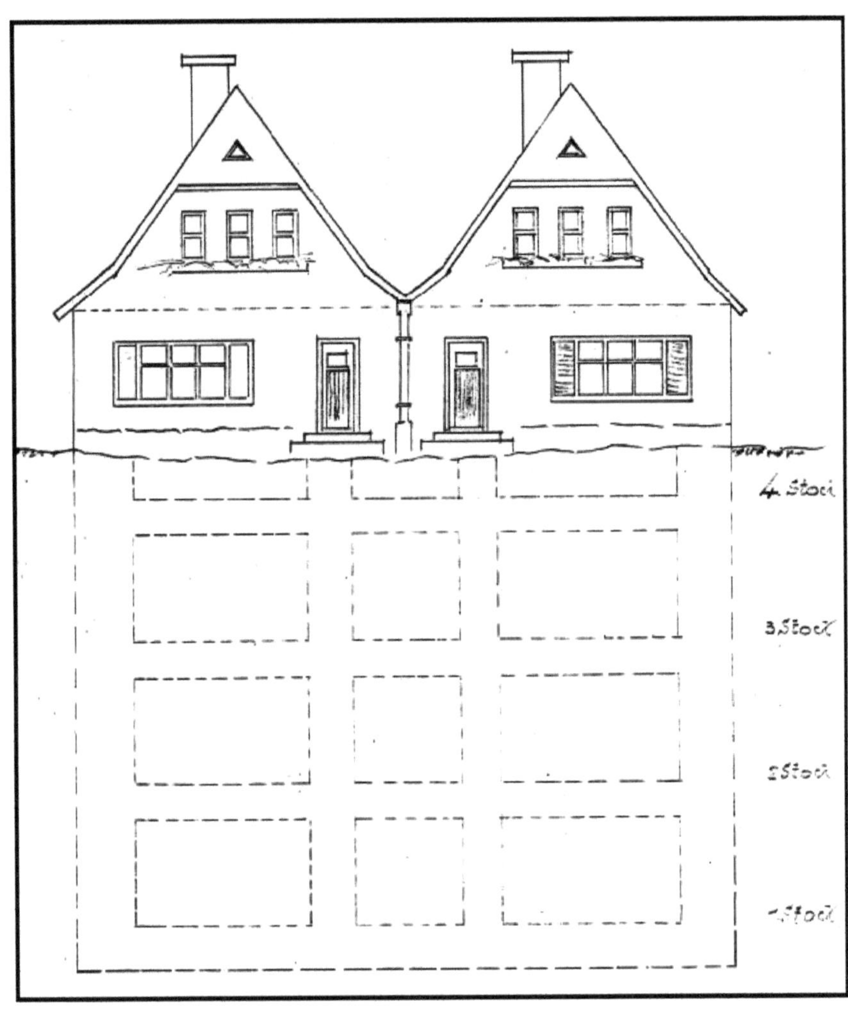

Abb. 20 Skizze eines 2/3- erdversenkten LS-Bunkers.
Quelle: StAK Nr. 45820.

Abb. 21 LS- Bunker. Tiefbunker Rathaus (Eingangsbauwerk)
Quelle: Eigenes Photo

Abb. 22 LS- Stollen Friedhof Elmschenhagen (Eingang)
Quelle: Eigenes Photo

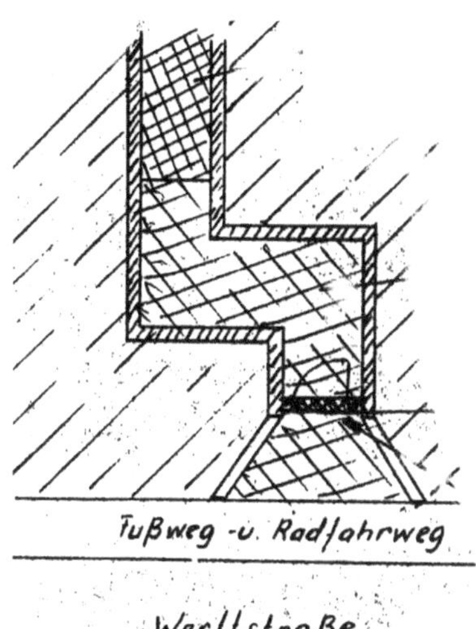

Ansicht von oben

Anmerkung:

Die abgeknickte Bauweise des Eingangsbereichs ist für die Stollenbauweise typisch. Dadurch brach sich bei einer evtl. Bombenexplosion in der Nähe des Eingangs die Druckwelle und verhinderte so Verletzungen der Insassen

Ansicht von der Seite

Anmerkung:

Die beiden Zeichnungen zeigen den Zustand des Eingangs **nach** dem Kriege.
Der Stollen ist bereits teilverfüllt und zugemauert.

Abb. 23 LS- Stollen Werftstraße (Eingangsbereich)
Quelle: OFD Bund, VV5042 LS 104

Der Führer   Berlin, den 10. Oktober 1940.
Oberste Befehlshaber der Wehrmacht

(L.)

Geheim

I.   Zur **sofortigen** Durchführung auf dem Gebiete des Luft-
schutzbauwesens ordne ich an:

1.)   Für Wohngebiete (städtische Gebiete, Siedlungen,
Laubenkolonien), in denen keine oder unzureichende
Luftschutzräume vorhanden sind, sind behelfsmässige
Schutzmassnahmen zu treffen.

2.)   Vorhandene oder neu zu bauende Verkehrsstrassen
oder Verkehrsanlagen (z.B. Untergrundbahnen und Tunnel-
bauten) sind für den Bau unterirdischer, bombensicherer
Luftschutzräume auszunutzen.

3.)   Die in Luftschutzräumen vorhandenen Öffnungen in
den Aussenwänden des Gebäudes sind zu beseitigen unter
gleichzeitiger beschleunigter Durchführung der ge-
setzlich angeordneten Brandmauerdurchbrüche.

4.)   Neu zu errichtende öffentliche Luftschutzräume
sind bombensicher zu bauen, die vorhandenen öffentlichen Luftschutzräume sind - soweit möglich - auf
Bombensicherheit zu verstärken.

5.)   Bei allen Neubauten, insbesondere bei den Bauten
der Rüstungsindustrie, sind von vornherein bombensichere Luftschutzräume auszuführen. Sie sind in die
gleiche Dringlichkeitsstufe wie die Bauvorhaben selbst
aufzunehmen.

6.)   In Berlin sowie in anderen vom Reichsminister der
Luftfahrt und Oberbefehlshaber der Luftwaffe zu be-
stimmenden Städten sind die Baulücken für die Errichtung bombensicherer Luftschutzräume als Unter-
geschoss der später zu errichtenden Neubauten auszunutzen.

                                                        7.)

- 2 -

7.)   Die Keller aller öffentlichen und privaten Gebäude sind sofort auf ihre Eignung als Luftschutzräume zu überprüfen und bei Geeignetheit für die Bevölkerung in Anspruch zu nehmen, es sei denn, dass
sie für die Aufrechterhaltung des Betriebes lebens-
wichtig sind.

8.)   Die Weisungen für die Durchführung der zu
treffenden Massnahmen erlässt der Reichsminister der
Luftfahrt und Oberbefehlshaber der Luftwaffe. Bei der
Durchführung haben die Dienststellen des Reichsministers Dr.Ing. Todt und des Generalbauinspektors für
die Reichshauptstadt mit den Dienststellen der Luftwaffe eng zusammenzuarbeiten.

9.)   Mit der Durchführung der Massnahmen in Berlin
habe ich den Generalbauinspektor für die Reichshauptstadt beauftragt.

10.)   Zur Durchführung dieser kriegswichtigen Aufgaben
sind die notwendigen Bauarbeiter, Baustoffe und
Transportmittel bereitzustellen.

11.)   Auf alle mit der Durchführung von Luftschutz-
massnahmen betrauten Dienststellen ist aufklärend
einzuwirken, dass von den Luftschutzbestimmungen
nicht abgewichen wird.

II.   Ich beauftrage den Reichsminister der Luftfahrt und
Oberbefehlshaber der Luftwaffe die notwendigen Massnahmen
zu treffen, dass bei allen **zukünftigen** Planungen im deutschen Raum und bei der konstruktiven Durchbildung von Bauwerken die Luftkriegserfahrungen berücksichtigt werden.

                                        gez. Adolf Hitler

                                                Für die Richtigkeit
                                                Kropstruk
                                                Ministerialrat
An den Herrn   u. Abt. Chef
Reichsminister der Luftfahrt
und Oberbefehlshaber der Luftwaffe

Nachrichtlich: Herrn Reichsminister Dr.Ing. Todt
                Herrn Generalbauinspektor für die Reichshauptstadt

Abb. 24 Befehl zur Durchführung des „Führer-Sofort-Programms"
Quelle: Foedrowitz 1998, S. 10-11.

Bunker-Ordnung

1. Eintrittsberechtigt sind nur Personen mit einem gültigen Ausweis.

2. Dieser Bunker ist durch Selbsthilfe entstanden also kein öffentlicher Bunker.

3. Gespräche die störend wirken d.h. Miesmachereien, Klettereien ... werden nicht geduldet sonst wird die Karte entzogen.

4. ...u einem Sitzplatz sind ...jenigen berechtigt die ihre Arbeitskraft zur Ver... gestellt haben.

5. Beschwerden sind beim ...stand der Bunkergemeinschaft zu melden.

6. Den Anordnungen der Ordner ist unbedingt Folge zu leisten.

7. Auf dem Wege zum Bunker nur abgeblendete Taschenlampen benutzen. Achte darauf Du gefährdest sonst das Leben deiner Mitmenschen!

8. Das Herumstehen vor den Bunkereingangen ist verboten. Nur Personen die als Brandwache eingesetzt sind, haben das Recht dazu.

9. Bei Fliegeralarm hat jeder Bunkerkarteninhaber unverzüglich den Stollen aufzusuchen, damit nicht im Augenblick der Gefahr Drängeleien entstehen.

10. Verlassen des Stollens während des Alarms ist nicht gestattet. Entwarnung wird rechtzeitig bekannt gegeben.

11. Wer der Bunkerordnung zuwiderhandelt, hat mit der Einziehung der Bunkerkarte zu rechnen.

Im Oktober 1943   Die Bunkergemeinschaft.

Abb. 25 Bunkerordnung 1943
Quelle: Groehler 1990, S. 242.

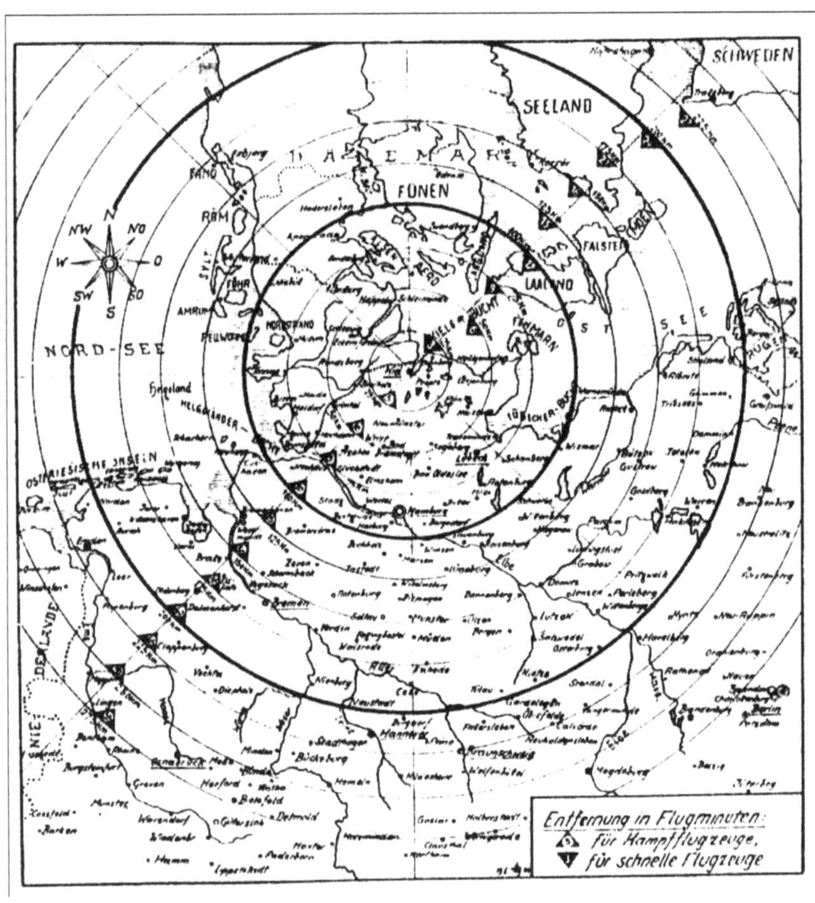

Abb. 26 Einflugzeiten für Feindflugzeuge
Quelle: Neuerburg 1961, S. 47.

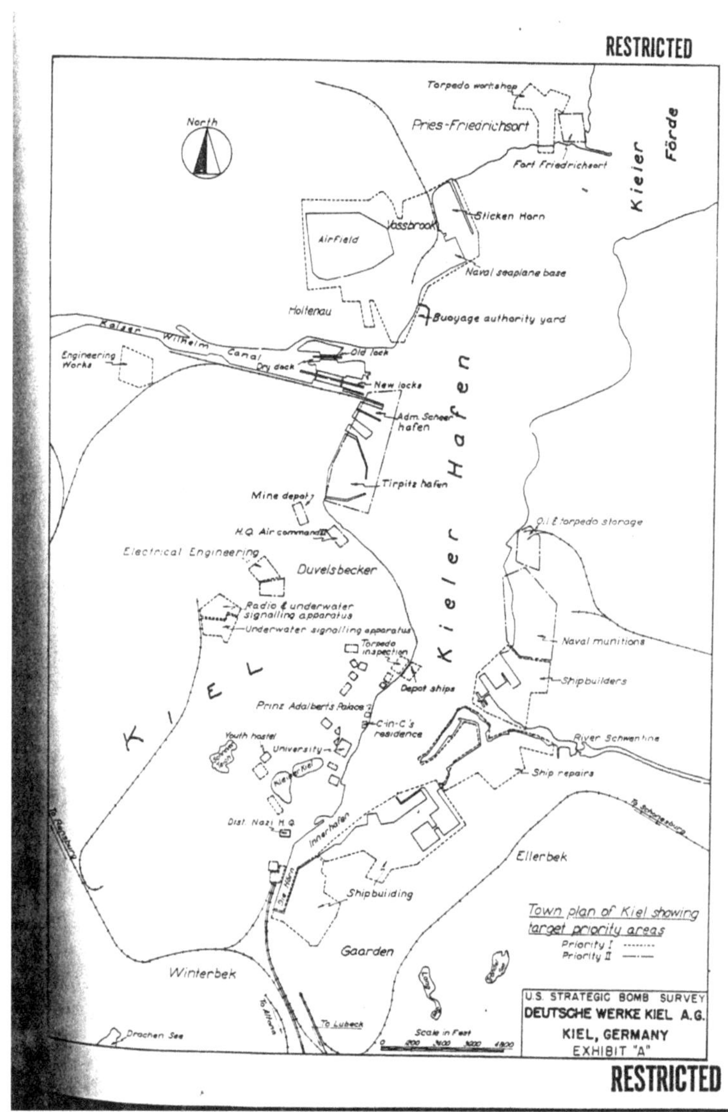

Abb. 27 US-Stadtplan von Kiel mit Bombenzielen
Quelle: USBS-DW 1947, Anl. A.

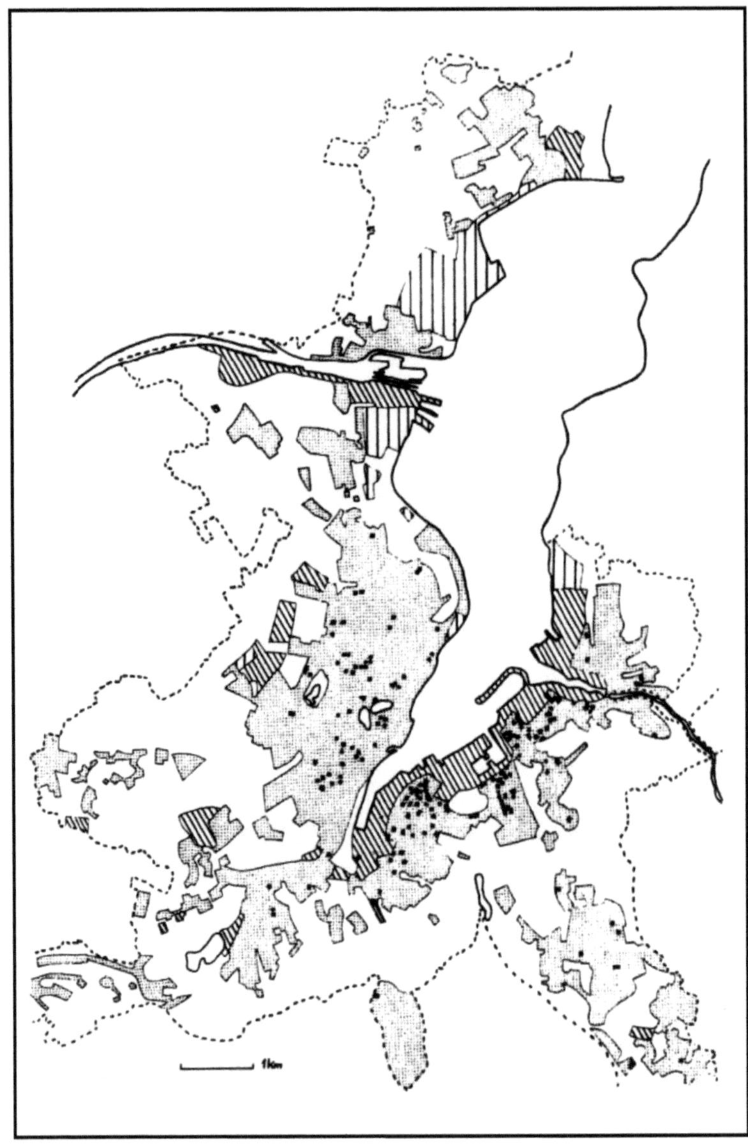

Abb. 28 Zerstörungen in Kiel 1942
Quelle: Jensen 1989, S. 18.

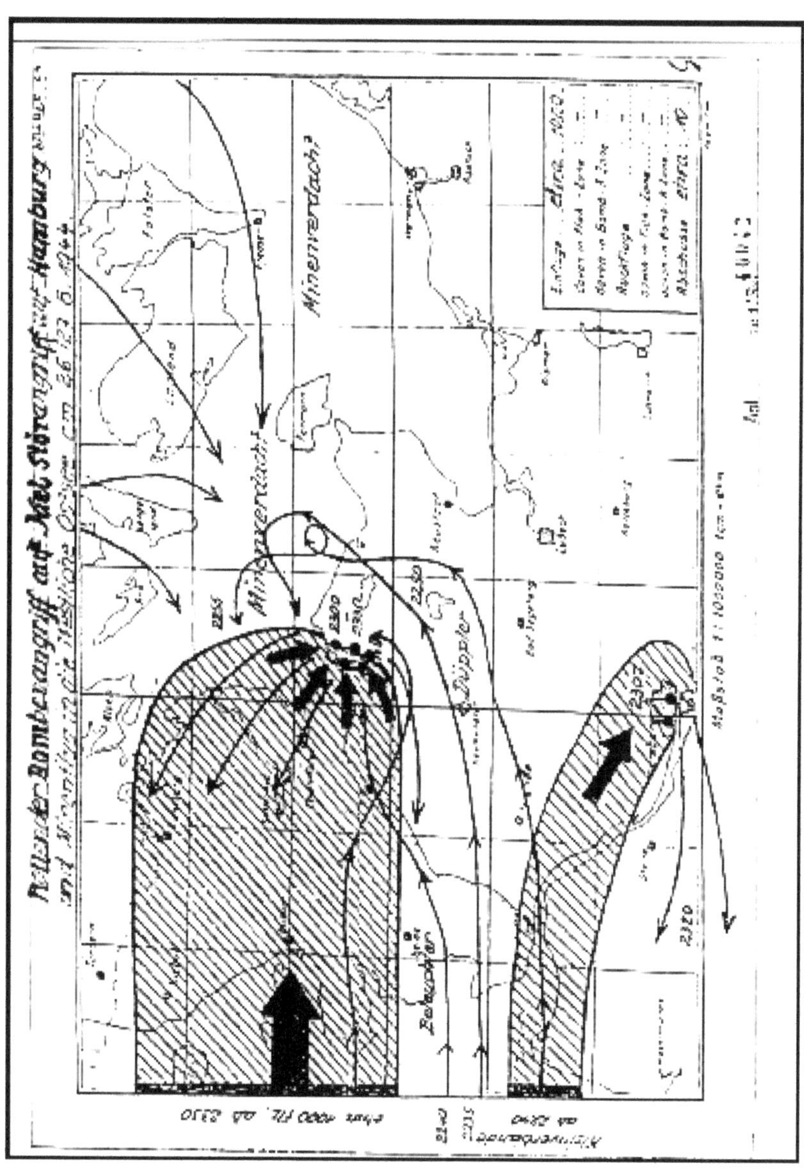

Abb. 29 Bombenangriff auf Kiel vom 26./27.8.1944
Quelle: Hupp 1998, S. 89.

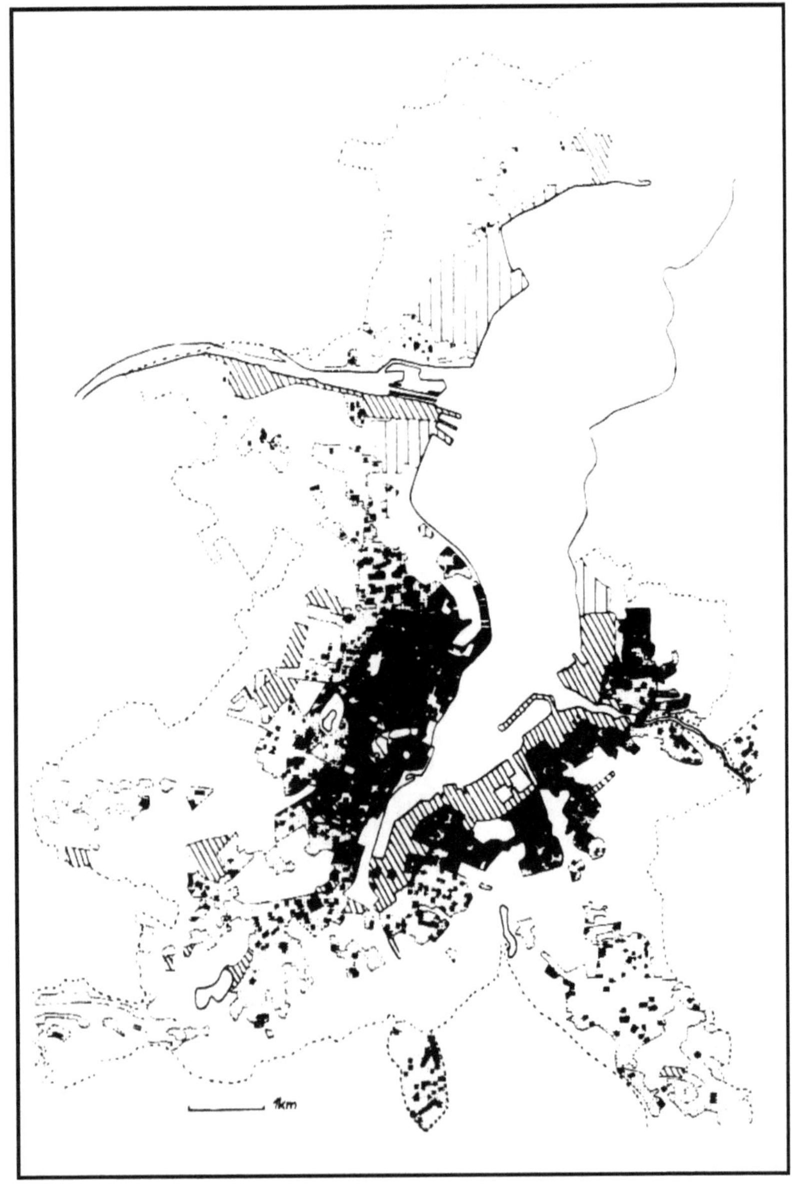

Abb. 30 Zerstörungen in Kiel bis Kriegsende 1945
Quelle: Jensen 1989, S. 25.

```
                           KBefwOstsee
                              Kiel

                           I. MFlakBrig
                        Dreilinden bei Pries
```

MFlakAbt 211 Eckernförde	MFlakAbt 221 Kiel- Friedrichsort	MFlakAbt 231 Rendsburg	MFlakAbt 241 Kiel- Elmschenhagen	MFlakAbt 251 Kiel- Schönwohld	MflakAbt 261 Röbsdorf	MFlakAbt 271 Kiel- Jägersberg	MFlakAbt 281 Kiel
1./211: Eckernförde –Stadt	1./221: Marienfelde	1./231: Schwabe	1./241: Lilienthal	1./251: Nordmarksportfeld	1./261: Heidkate	1./271: Kieler Stadtgebiet	1./281: Mönkeberg
2./211: Barkelsby	2./221: Schilksee	2./231: ?	2./241: Heidberg b. E'hagen	2./251: Schwartenbek	2./261: Passade	2./271: Kieler Stadtgebiet	2./281: Schulensee
3./211: Hemmelmark	3./221: Pries (Dreilinden)	3./231: Lohklint	3./241: Meimersdorf	3./251: Ottendorf	3./261: Laboe	3./271: Kieler Stadtgebiet	3./281: Wellsee
4./251: Eckernförde Ykern-burg	4./221: Holtenau	4./231: Marienhof	4./241: Preetz	4./251: Hasseldieksdamm	4./261: Heikendorf	4./271: Kieler Stadtgebiet	4./281: Hassee(?) (fraglich)
5./251: Bookniseck	5./221: Dehnhöft		5./241: Pohnsdorf b. Preetz	5./251: Voorde b. Flintbek	5./261: Schönhorst	5./271: Kieler Stadtgebiet	5./281: Diedrichsdorf
6./251: Ykernburg	6./221: Krusendorf		6./241: E'hagen	6./251: Hohenschulen b. Achterwehr	6./261: Röbsdorf	6./271: Kieler Stadtgebiet	
7./251: Loose	7./221: Tüttendorf		7./241: Havighorst b. Kirchbarkau	7./251: Sehberg	7./261: Schönberg (Probstei)	7./271: Kieler Stadtgebiet	
8./251: Osterby	8./221: Dehnhöft		8./241: Warnau	8./251: Kl. Königsförde	8./261: Röbsdorf	8./271: k.Ang.	
9./251: Eckernförde TVA-Süd	9./221: Warleberg b. Neuwittenbek		9./241: Rönne	9./251: Sehberg			
10./251: Altenhof	10./221 Gettorf		10./241: Oppendorf	10./251: Schulensee			
				11./251: Westensee			

Abb. 31 Organisation der Marineflak in und um Kiel
Quelle: Nicolaisen 1982, S. 79-83 und Hupp 1998, S. 16-20; S. 59-61.

Endnoten

[1] Zur Bevölkerungsentwicklung in Kiel von 1939 bis 1945 siehe Tabelle 5, S. 122.

[2] Diesen Komplex behandelt Hupp eingehend in seinem Buch „Bei der Marineflak", Husum 1998.

[3] Siehe Abb. 31, S. 205.

[4] Das Zentralregister des Reichsluftfahrtministeriums ist verbrannt. (Vgl. dazu Foedrowitz 1998a, S. 189)

[5] Nach Auskunft der Siedlungsgesellschaft Frank Heimbau. Die Firma baute ab 1939/40 die Siedlung Elmschenhagen Nord. In die Siedlungshäuser Elmschenhagens baute man von vornherein Luftschutzräume ein.

[6] Diese Firma ist inzwischen erloschen. Ihre Unterlagen sind daher vermutlich gleichfalls vernichtet. Die o.a. Aussage bezieht sich auf das Jahr 2000.

[7] Zum Problem der Bunkerstandorte, der Benennung sowie zur Bunkerzahl siehe „Kieler Luftschutzbauten in der Übersicht", S. 135.

[8] Zum Wehrkreis XI gehörten die Gebiete der heutigen Bundesländer Niedersachsen, Hamburg, Schleswig- Holstein sowie die westlichen Teile Mecklenburgs.

[9] Foedrowitz 1998b, S. 8 – 31.

[10] Hampe 1963, S. 8-14.

[11] Hampe 1963, S. 17. Siehe dazu auch S. 101.

[12] Hampe 1963, S. 19.

[13] Das betraf gem. § 2, 2 LSchG auch diejenigen Ausländer und Staatenlosen, die „im Reich Wohnsitz, Aufenthalt oder Vermögen" hatten.

[14] § 2 LSchG.

[15] § 2, 1 LSchG.

[16] Siehe dazu S. 11.

[17] Hampe 1963, S. 19.

[18] Hampe 1963, S. 19.

[19] Gas und Luftschutz 1941, S. 64.

[20] Die Bereitstellung von Geldmitteln erwies sich dabei häufig leichter als die Beschaffung von Rohstoffen. 1937 wurde z.B. dem zivilen Luftschutz kein Eisen zugeteilt. (Hampe 1963, S. 51.)

[21] Die Vorschriften erschienen als „Luftwaffendienstvorschriften (L. Dv.)"; z.B. die L. Dv. 755 „Richtlinien für die Durchführung des erweiterten Selbstschutzes im Luftschutz". (Hampe 1963, S. 58)

[22] Hampe 1963, S. 50-52. (Bei der Luftwaffe und im zivilen Sektor galten die L. Dv. 'n, das Heer und die Marine gliederten die Vorschriften als H.Dv. bzw. M.Dv. in ihr Vorschriftensystem ein)

[23] Hampe 1963, S. 52-54.

[24] StAK Nr. 48554. (Auszug aus der Niederschrift über die Dezernentenbesprechung v. 28.2.1939) Das Argument des OB ist allerdings aus seiner Sicht nachvollziehbar, denn in der Stadt herrschte zu dieser Zeit große Wohnungsnot. Der Zuzug von Arbeitern für

die Rüstungsindustrie hatte die Einwohnerzahl der Stadt erheblich ansteigen lassen.

[25] Paetsch 1953, S. 17.

[26] DdK, Band II/2, S. 342.

[27] Groehler 1990, S. 239. Hampe 1963, S. 52.

[28] Hampe 1963, S. 52.

[29] Hampe 1963, S. 52.

[30] Hampe 1963, S. 20. (Unabhängig von der Bewertung und Einteilung als Luftschutzort war die Schutzzone der aktiven Luftverteidigung. Der Flak- Abwehrgürtel lag wesentlich weiter vor der Stadt. (Vgl. dazu Abb. 31, S. 205.) Gleichermaßen unabhängig von der Begrenzung des Luftschutzortes auf den Ortspolizeibezirk war auch die Grenzziehung des Festungsbereiches. Kiel war ja Marinefestung!)

[31] StAK Nr. 45823. Bei diesen Überlegungen spielten die Pläne zur Eingemeindung der genannten Orte in die Stadt Kiel eine Rolle. (Brief Oberpräsident Schleswig-Holstein an OB Kiel v. 04.11.1937)

[32] StAK Nr. 45823. (Schreiben Polizeipräsident Kiel an OB, Kiel v. 14.12.37)

[33] StAK Nr. 45823. (Schreiben Polizeipräsident Kiel an OB, Kiel v. 14.12.37)

[34] Die Eingemeindung Elmschenhagens erfolgte aber nicht aus Gründen des Luftschutzes, sondern weil die Marine dort einen neuen Stadtteil für ihre Bediensteten errichten ließ.
Als eine Art „Trostpflaster" wurden dem Kieler Polizeipräsidenten jedoch die Feuerwehren der Randgemeinden unterstellt. (Vgl. dazu S. 22)

[35] Hampe 1963, S. 59 und 298, sowie Biel 1970, S. 3.

[36] Zur Gliederung siehe Abb. 3, S. 179.

[37] Hampe 1963, S. 58-60 und 299-302.

[38] Groehler 1990, S. 230.

[39] StAK Nr. 33417. (Besprechungsprotokoll Nachrichtenversuchsanstalt Marine v. 18.03.1933) Zu Kieler Straßennamen während der Zeit von 1933 – 1945 siehe Tabelle 18, S. 131.

[40] StAK Nr. 33417. (Schreiben StOV Kiel an Magistrat der Stadt v. 20.03.1933)

[41] Statistik Kiel Nr. 24, S. 6. Vgl. dazu auch Talanow 1978, S. 69.

[42] Hupp 1998, S. 11.

[43] Hupp 1998, S. 11. (Hupp übersieht hier, daß eine Unterstellung des Örtlichen Luftschutzleiters unter die Marine rechtlich nicht möglich gewesen wäre. Die Befugnisse des Örtlichen Luftschutzleiters ergaben sich aus dem LSchG. Der Luftschutzleiter unterstand als Angehöriger der Polizei dem Innenminister.)

[44] Nordelbisches Kirchenarchiv (NEK- Archiv) 18.11.00, Nr. 50 - 815.

[45] NEK- Archiv 18.11.00, Nr. 50 - 815.

[46] In Kiel wurden ab 1943 die Nachrichten über Drahtfunk aus der Warnzentrale im Schloß gesendet. (Mitgeteilt durch Herrn Stoltenberg)

[47] Groehler 1990, S. 235.

---

[48] NEK- Archiv 22.02 Nr. 6616.

[49] Talanow 1978, S. 74.

[50] Sievert 1960, ohne Seitenangabe.

[51] § 2, Abs. 3, I. DVO zum LSchG: „ … der Selbstschutz obliegt der Bevölkerung … " (LS-Recht, S. 10).

[52] Hampe 1963, S. 430.

[53] Siehe dazu Tabelle 2, S. 120 und Tabelle 4, S. 121.

[54] Hampe 1963, S. 438 – 439.

[55] Der Preis betrug 5,00 RM, für Bedürftige 0,50 RM.

[56] Hupp 1998, S. 11.

[57] § 2, Abs. 3, der I. DVO zum LSchG verpflichtete den RLB zur Organisation und Ausbildung der Bevölkerung im Luftschutz (LS-Recht, S. 10).

[58] Davis/Leigh/Turner 1980, S. 178.

[59] Hampe 1963, S. 440 und Davis/Leigh/Turner 1980, S. 178.

[60] Neufeld/Huck/Tessin 1957, S. 178. Vgl. Grimme 1937, S. 11 und Paetsch 1953, S. 14. Paetsch schreibt: „ … 1927 wurde der „Deutsche Luftschutzbund" gegründet … ". Die Gründung des RLB erwähnt Paetsch nicht.

[61] Grimme 1937, S. 22 und Davis/Leigh/Turner 1980, S. 178.

[62] Hampe 1963, S. 439-442. (Die Umwandlung wurde durchgeführt, damit der RLB endlich eine seiner Bedeutung für den Luftschutz gemäße Rechtsstellung bekam. Der RLB konnte als nunmehr staatliche Dienststelle mit den anderen Dienststellen des Reiches, besonders der Polizei, auf gleicher Ebene verhandeln.)

[63] Hampe 1963, S. 255.

[64] Zur Gliederung des RLB siehe Abb. 1, S.176.

[65] L. Dv. 755, I A1.

[66] LS-Recht, S. 10.

[67] L. Dv. 755, I A2.

[68] Hampe 1963, S. 80.

[69] Das Muster eine solchen Planes ist auf S. 114 abgedruckt. Abb. 4, S. 180 ist ein Lageplan aus dem Betriebsluftschutzplan des 3. Polizeireviers Kiel.

[70] Zur Ausrüstung der Trupps siehe Tabelle 3, S. 121.

[71] L. Dv. 755, II A-C.

[72] Neufeldt/Huck/Tessin, 1957, S. 29.

[73] Hampe 1963, S. 62.

[74] Hilfspersonal war somit meist fachfremdes Personal.

[75] Hampe 1963, S. 324-325.

[76] Neufeldt/Huck/Tessin, 1957, S. 29.

[77] Dort versah Detlef Boelck während des gesamten Krieges Dienst.
Sein Tagebuch über diese Zeit veröffentlichte Ploeger in dem Band „Kiel im Luftkrieg 1939-1945", Kiel 1980.

[78] Kettenbeil 1986, S. 47 – 48.

[79] Koch 1958, S. 88 – 90.

[80] Kettenbeil 1986, S. 51.

[81] Kettenbeil 1986, S. 52.

[82] Kettenbeil 1986, S. 52.
Zur Personalstärke der Kieler Feuerwehr siehe Tabelle 7, S. 123.

[83] Kettenbeil 1986, S. 52.

[84] Kettenbeil 1986, S. 52.

[85] Hampe 1963, S. 328.

[86] Duggen o.J., S. 110.

[87] Mitgeteilt durch Herrn Stoltenberg. (Die Feuerwehrregimenter sollten die Kieler Brandschutzkräfte unterstützen, weil Kiel zu dieser Zeit als Versorgungsbasis für die in Ostpreußen kämpfenden Wehrmachtsteile und später als Aufnahmehafen für die Flüchtlingstransporte aus den Ostgebieten immer wichtiger wurde.)

[88] Mitgeteilt durch Herrn Stoltenberg.

[89] Hampe 1963, S. 330. Zur Übernahme der Krankentransporte durch die Feuerwehr siehe S. 24.

[90] Mitgeteilt durch Herrn Petereit.

[91] Duggen o. J., S. 99.

[92] Duggen o. J., S. 99.

[93] Hampe 1963, S. 332-333.

[94] Hampe 1963, S. 332.

[95] Bei Kriegsende wies die städtische Kanalisation über 1.000 Schadensstellen auf. (Duggen o. J., S. 99.)

[96] StAK Nr. 32879. (Bericht über den Einsatz der Bau- und Störtrupps für Gas, Wasser und Elektrizität v. 22.4.1942)
Zur Organisation der Fachtrupps in Kiel siehe Abb. 2, S. 177.

[97] StAK Nr. 32879. (Bericht über den Einsatz der Bau- und Störtrupps für Gas, Wasser und Elektrizität v. 22.4.1942)

[98] StAK Nr. 32879. (Bericht über den Einsatz der Kanalisationstrupps v. 19.2.1942)

[99] Vergleichbar mit dem heutigen Technischen Hilfswerk (THW).

[100] Hampe 1963, S. 329.

[101] Hampe 1963, S. 334.

[102] Hampe 1963, S. 73.

[103] Hampe 1963, S. 74.

[104] Hampe 1963, S. 73.

[105] Wende 1953, S. 55.

[106] Groehler 1990, S. 239.

[107] Groehler 1990, S. 239.

[108] Neuerburg 1961, S. 7.

[109] Kettenbeil 1986, S. 48.

[110] LAS 371, Nr. 1471. (Korrespondenz G. B. –Bau, Außenstelle Kiel mit G. B. –Bau, Berlin)

[111] Diese beiden Stollen der Ziegeleien sind möglicherweise *nicht* als Werkluftschutzbauten errichtet worden.

[112] Vgl. hierzu Tabelle 26, S. 169. (Luftschutzplätze Kieler Firmen, Mai 1941)

[113] StAK, Karte Nr. 1190. (Lageplan Howaldtswerke Kiel AG, Stand 1944)

[114] Hampe 1963, S. 546.

[115] Groehler 1990, S. 240.

[116] Hampe 1963, S. 547.

[117] Talanow 1978, S. 59.

[118] StAK Nr. 33417.

[119] Talanow 1978, S. 59.

[120] StAK - Niederschrift über die Sitzung der Gemeinderäte (NSdGR) vom 31.08.1939.

[121] Kieler Neuste Nachrichten (KNN) Nr. 204, S. 8; Nordische Rundschau Nr. 205; beide v. 01.09.39.

[122] KNN Nr. 204 v. 1.9.1939 (Kieler Chronik).

[123] Talanow 1978, S. 59.

[124] StAK NSdGR v. 19.10.1939.

[125] StAK Nr. 48554.

[126] NR v. 10. 12. 1941.

[127] Groehler 1990, S. 240.

[128] So galt z. B. der RLB bis zur Umwandlung nominell als „staatlich unabhängiger" Verein.

[129] Dies traf hingegen nicht auf Angehörige der Wehrmacht zu. Angehörigen der Wehrmacht war die Mitgliedschaft in der NSDAP verboten. Traten Mitglieder der Partei in die Wehrmacht ein, so ruhte ihre Parteimitgliedschaft während des Wehrdienstes, denn nach den Bestimmungen der Weimarer Verfassung und den Wehrgesetzen vom März und Juni 1921 war den Soldaten eine politische Betätigung und die Zugehörigkeit zu einer politischen Partei verboten. (Menger 1957, S. 11) Diese Bestimmung war nach 1933 nicht aufgehoben worden. Änderungen traten erst nach dem 20. Juli 1944 ein.

[130] Am 6. 3. 1933 übernahm der Kreisleiter der NSDAP Behrens das Amt des Oberbürgermeisters. Er verblieb bis 1945 im Amt. (Lange 1996, S. 556)

[131] Oberpräsident war Lohse, Regierungspräsident Hankens und Kieler Polizeipräsident Meyer-Quade.

---

[132] StAK Nr. 45796 und LAS Abt. 371, Nr. 1440. (Stadtplan)

[133] Sperrung durch d. Verf.

[134] StAK Nr. 45796. (G. B. –Bau, Sonderbauleitung Kiel an OB Kiel v. 30.11.41)

[135] Hampe 1963, S. 255.

[136] Hampe 1963, S. 269.

[137] Groehler 1990, S. 240. (Sperrung d.d.Verf.)

[138] Hampe 1963, S. 18.

[139] Hampe 1963, S. 276.

[140] Hampe 1963, S. 280.

[141] So z. B. die Schutzraumbestimmungen v. 4.5.37, Zentralblatt der Bauverwaltung 1937, Heft 21, 5. Beilage. (aus: Löfken 1937, S. 48).

[142] LAS Abt 309, Nr. 23790. (Anträge auf Baudispens mußten vor genehmigungspflichtigen Umbauten eines Hauses gestellt werden, wenn Bauauflagen der Gemeinde/der Stadt durch einen Bauherren nicht eingehalten werden konnten.)

[143] Hampe 1963, S. 270.

[144] LS-Recht 1943, S. 50. (Abs. I, Satz 1 der Bestimmungen)

[145] Hampe 1963, S. 271.

[146] LS-Recht 1943, S. 51.

[147] Hampe 1963, S. 272.

[148] LS-Recht 1943, S. 69.

[149] LS-Recht 1943, S. 156-158.

[150] Groehler 1991, S. 240.

[151] Foedrowitz 1998a, S. 10. Siehe dazu Abb. 24, S. 198.

[152] StAK Nr. 45824. Vgl. auch Foedrowitz 1998a, S. 14 – 17.

[153] In Kiel war das der Polizeipräsident.

[154] Der Gebietsbauftragte des G. B. Bau richtete seine Kieler Dienststelle in der Gartenstraße ein.

[155] Foedrowitz 1998a, S. 12.

[156] Hampe 1963, S. 291. (siehe Tabelle 15, S. 129.). Foedrowitz führt nur 61 Städte auf (Foedrowitz 1998a, S. 12 und S. 188). Bei seiner Liste ist aber festzustellen, daß er etliche Städte als einen Ort zählt, so z.B. Frankfurt und Offenbach. Zählt man, wie Hampe, alle Orte einzeln, kommt man bei Foedrowitz auf 80 Städte. Groehler nennt 79 Städte, ohne die Namen der Orte zu erwähnen (Groehler 1990, S. 243). In Kieler Akten, einem Vermerk des städtischen Bauamtes an OB, Kiel v. 28. 2. 1941 (StAK Nr. 45824) ist die Zahl der Städte mit 71 angeführt. Die Namen der Städte sind auch dort nicht erwähnt.

[157] Foedrowitz 1998a, S. 13.

[158] Foedrowitz 1998a, S. 13 und S. 189. Groehler nennt andere Zahlen. Nach seiner Darstellung sind für den Zivilschutz höchsten 2000 Bunker fertig geworden. (Groehler 1990, S. 245).

[159] Groehler 1990, S. 247. Groehler zeigt nur eine Graphik. Er erklärt allerdings nicht, welche Zahlen den Werten in der Graphik zugrunde liegen. Benutzt man dagegen die Zahlen, die Foedrowitz (Foedrowitz 1998a, S. 76) nennt, kommt man für die norddeutschen Städte zu etwas anderen Ergebnissen. Vgl. dazu Tabelle 16, S. 129 und Tabelle 17, S. 130.

[160] In Elmschenhagen z. B. erhielten Bewohner der Neubausiedlung Elmschenhagen- Nord Zutritt zum Flak- Bunker Heidberg, der sich in unmittelbarer Nähe der neuen Siedlung befand. (Mitgeteilt durch Herrn Ubben)

[161] BauBestLS-Bunker 1941, Heft I, S. 6.

[162] Hampe 1963, S. 272.

[163] Hampe 1963, S. 272 – 273.

[164] Hampe 1963, S. 288.

[165] Nach Neuerburg 1991, S. 6 besaß die Werft seit 1936 „Bunker". Dies können aber keine „Bunker" im Sinne der Luftschutzgesetze gewesen sein. „Bunker" waren nach der gesetzlichen Definition nur „bombensichere" Bauwerke.
Einer Meldung aus dem Jahre 1941 zufolge gab es aber auf der Werft zu diesem Zeitpunkt noch keine „bombensicheren" Luftschutzbauten. (LAS Abt. 371, Nr. 1473). Vgl. dazu Tabelle 26, S. 177.

[166] LS-Recht 1943, S. 51 und S. 69. Vgl. dazu S. 37.

[167] LAS Abt 371, Nr. 1440. (Stadtplan)

[168] LS-Recht 1943, S. 69 und 70.

[169] StAK NSdGR 1940, S. 743.

[170] MG- Archiv, Anschreibebuch, Bau.Nr. 803, 952 und 991.

[171] StAK Nr. 45824. (Vermerk des städtischen Bauamtes an OB, Kiel v. 28. 2. 1941)

[172] StAK Nr. 45824. (Vermerk des städtischen Bauamtes an OB, Kiel v. 28. 2. 1941)

[173] Denkschrift Heeresbautruppen 1941, S. 30.

[174] Denkschrift Heeresbautruppen 1941, S. 30.

[175] Denkschrift Heeresbautruppen 1941, S. 31.

[176] Denkschrift Heeresbautruppen 1941, S. 44.

[177] LAS Abt 371, Nr. 1473. (Meldung Beauftragter G. B. –Bau, Kiel an GB-LS, Berlin v. 8.8.41)

[178] LAS Abt 371, Nr. 1440. (Stadtplan)

[179] Statistik Kiel Nr. 24, S. 10-11.

[180] LAS Abt 301, Nr. 6210. (Meldung des Polizeipräsidenten v. 4.1.1944. Siehe dazu auch S. 46.)

[181] Mitgeteilt durch Herrn v. Elm, Herrn Feld, Herrn Scharbau und Herrn Stoltenberg.

[182] Seit dem 2.7.43 war nach einer Verordnung im MbliV, S. 1110 für die Luftkriegsopfer der Begriff „Gefallene" anzuwenden.

[183] LAS Abt 301, Nr. 6210.

[184] StAK Nr. 48554. (Erlaß „DRdLuObdL, Insp.d.LS v. 29.1.41 Az: 2a30 10 Nr. 7050/40 (2 II D) II. Ang".)

185 Zu Preisen und Löhnen vgl. Tabelle 19, S. 132 und Tabelle 20, S. 133.

186 OFD Bund VV 5099 (04412), BV 15/152. (Quittenstraße)

187 LAS Abt. 309, Nr. 35123. (Schreiben Polizeipräsident Kiel an LuftgauKdo XI v. 17.3.41)

188 OFD Bund VV 5099 (04412), BV 15/152. (Hollmannbunker)

189 StAK Nr. 45796. (Vermerk Stadtplanung v. 14.1.43)

190 LAS Abt. 309, Nr. 35123. (Schreiben Polizeipräsident Kiel an LuftgauKdo XI v. 17.3.41)

191 LAS Abt 309, Nr. 35123.

192 OFD Bund VV 5099 (04412), BV 15/152. (Schwester-Therese-Straße)

193 Interview Herr Schnack v. 5.3.99.

194 StAK Nr. 45821. (Schreiben „Der Beauftragte für den Luftschutz" an Stadtoberbaurat – Stadtplanung- v. 10. 5. 1939 -Vertraulich-)

195 StAK Nr. 45821. (Abschrift des Besprechungsprotokolls v. 16.5.1939)

196 StAK Nr. 45821. (Geschäftsvermerk Stadtoberbaurat Jensen v. 24. 10. 1939)

197 Die Baumaßnahme auf dem Vinetaplatz wurde bereits nach kurzer Zeit wieder eingestellt, da sich der Baugrund als zu schlecht erwiesen hatte. (StAK Nr. 45821; Geschäftsvermerk Stadtbauamt v. 23. 12. 1939). Auf dem Vinetaplatz ist aber offenbar zu einem späteren Zeitpunkt doch noch ein Bunker gebaut worden. Vgl. dazu Statistik Kiel Nr. 24, S. 8. Dort wird ein „Tiefbunker Vinetaplatz" erwähnt.

198 StAK Nr. 45821. (Auszug aus der Niederschrift über die Dezernentenbesprechung v. 7. 11. 1939)

199 StAK Nr. 45821. (Geschäftsvermerk Stadtoberbaurat Jensen v. 23. 12. 1939)

200 StAK Nr. 45821. (Schreiben Küstenbefehlshaber westliche Ostsee an Stadtoberbaurat Jensen v. 20. 3. 1940)

201 StAK Nr. 45821. (Schreiben Oberbaudirektor Jensen an Polizeipräsidenten Kiel v. 25. 4. 1940)

202 StAK Nr. 45821. (Auszug aus der Niederschrift über die Dezernentenbesprechung v. 9. 4. 1940 und Schreiben OB an Polizeipräsidenten Kiel v. 25. 4. 1940)

203 StAK Nr. 45821. (Schreiben Regierungspräsident, Schleswig an den Polizeipräsidenten in Kiel v. 24. 5. 1940 und Schreiben Stadtplanungsamt an Polizeipräsidenten Kiel v. 10. 6. 1940)

204 Zur Firma Luz-Bau vgl. Foedrowitz 1998b, S. 14. Siehe dazu auch Abb. 16, S. 190.

205 Siehe Abb. 17, S. 191 und Abb. 18, S. 192.

206 StAK Nr. 45821. (Besprechungsprotokoll v. 30. 8. 1940)

207 StAK Nr. 45821. (Schreiben OB, Abt LS an Stadtplanungsamt v. 8. 8. 1940. Schreiben Stadtplanungsamt an OB Abt. LS v. 13. 8. 1940)

208 StAK Nr. 45821. (Auszug aus der Niederschrift über die Dezernentenbesprechung v. 15.10. 1940)

209 LAS Abt 371, Nr. 1473. (Meldung Bevollmächtigter G. B. – Bau, Kiel an G. B. – Bau, Reichsminister Todt)

210 Vgl. dazu S. 39.

211 StAK Nr. 45824. (Vermerk des städtischen Bauamtes an OB, Kiel v. 28. 2. 1941)

212 StAK Nr. 45824. (Liste der Bauverwaltung)

213 Der Bunker ist hier im 1. Bauabschnitt angeführt, nach einer Unterlage des G. B.- Bau (LAS Abt
371, Nr. 1440; Stadtplan) gehört dieser LS- Bunker aber eindeutig zur II. Welle.

214 Zu den Gründen für die Bauverzögerungen siehe Kapitel „Bauwirtschaft und Handwerk" ab S. 83.

215 LAS Abt 371, Nr. 1473. (Meldung Bevollmächtigter G. B. - Bau, Kiel
an G. B. - Bau, Reichsminister Todt)

216 BauBestLS-Bunker 1941, Heft II, S. 9.

217 Splittersichere Bauwerke waren Bunkerbauten, die nicht im vollen Umfang den „Bestimmungen
für den Bau von Luftschutz- Bunkern" von 1941 entsprachen. Solche Bauwerke hatten geringere
Decken- und Wandstärken als in den Bestimmungen vorgesehen und waren nicht mit gasdichten
Eingangstüren ausgerüstet. Gebaut wurden sie, um Material und Geld zu sparen.
(Vgl. dazu Foedrowitz 1998a, S. 34).

218 LAS Abt 371, Nr. 1473. (G.B.-Bau, RMin. Todt: Erlaß „G.B.Luftschutz 99 EL 143/41 S/J" v. 22.7.41)

219 StAK Nr. 45796. (Vermerk städtisches Bauamt v. 4. 8. 1941)

220 LAS Abt 371, Nr. 1440. (Stadtplan)

221 LAS Abt 371, Nr. 1440. (Stadtplan)

222 Die Planung für diesen Bunker ist anscheinend mehrfach geändert worden. Vgl. dazu S. 63 und
Fußnote 235.

223 StAK Nr. 45796. (Mehrere Vermerke städtisches Bauamt v. 4. 11. 1941)

224 Siehe dazu den Abschnitt „Bauwirtschaft" (S. 83), hier speziell den Unterabschnitt „Materialbeschaffung und Transport" (S. 91).

225 StAK Nr. 45826. (Schreiben Polizeipräsident Kiel an Befehlshaber Ordnungspolizei Hamburg v. 11.
März 1944)

226 LAS Abt 371, Nr. 1440. (Stadtplan)

227 StAK Nr. 45796. (Schreiben GB-LS, Sonderbauleitung Kiel v. 30. 11. 1941)

228 StAK Nr. 45796. (Schreiben GB-LS, Sonderbauleitung Kiel v. 30. 11. 1941)
Die Anmerkungen in dem Vorgang stammen wahrscheinlich von einem Mitarbeiter des Stadtbauamtes.

229 StAK Nr. 45796. (Vermerk Stadtplanung v. 5.2.42)

230 StAK Nr. 45796. (Vermerk Stadtplanung v. 11. 3.42)

231 StAK Nr. 45796. (Schreiben Festungsbaustab Kiel v. 9. 4.42)

232 StAK Nr. 45796. (Vermerk Stadtplanung v. 14. 1. 1943)

233 StAK Nr. 45796. (Vermerk Stadtplanung v. 14. 1. 1943)

234 Siehe dazu Fußnote 217, S. 57.

235 Der LS- Bunker ist wohl doch gebaut worden. Es war aber nicht zu ermitteln, wann der Bau begonnen wurde und ob er völlig fertiggestellt wurde. Auch der Standort ist unbekannt.

236 Beide LS- Bunker wurden nicht gebaut, weil die Schwierigkeiten mit dem Baugrund eine Ausführung letztlich nicht zuließen.

237 StAK Nr. 45796. (Vermerk Stadtplanung v. 9. 2. 1943)

238 StAK Nr. 45826. (Meldung Polizeipräsident Kiel an Befehlshaber Ordnungspolizei HH v. 11. März 1944)

239 Soweit bei diesen LS- Bunkern der Baubeginn feststellbar war.
In der Spalte -Welle- bedeutet: P = Bauten vor dem „Führer- Sofortprogramm", römische Ziffern die „Welle" des „Führer- Sofortprogramms".

240 Der Stollen im Horst-Wessel-Park hatte zunächst eine Aufnahmekapazität von 1350 Personen und wurde dann später auf 1450 Personen erweitert. Vgl. dazu S. 57 und S. 83.

241 Hampe 1963, S. 288. Vgl. dazu S. 41.

242 Vgl. dazu S. 89.

243 StAK Nr. 45826. (Liste Kieler Stollenbauten, Stand 15.2.44)

244 LAS Abt. 309, Nr. 34666. (Schreiben Reg.Präs. Schleswig an Reichsarbeitsminister v. 7. 10. 1943)

245 OFD Bund VV 2908 (04412), BV 15/152. (Stollenanlagen, Starnberger Straße)

246 Bei diesem Luftangriff sollen 6 holländische Arbeiter im Stollen den Tod gefunden haben. (Mitgeteilt durch Herrn Petereit)

247 Bis zum 1. Juli 1940 gab es in Kiel nur 4 Alarmierungen wegen feindlicher Flugzeuge. (Statistik Kiel Nr. 24, 1959, S. 19)

248 Vgl. dazu S. 42.

249 Durch eine bessere Planung hätte die paradoxe Situation, die auf dem Kieler Arbeitsmarkt gegen Ende des Jahres 1942 eintrat, m.E. vermieden werden können. Wie aus dem Bericht über die Lage der Bauwirtschaft hervorgeht, hatten kleinere Baufirmen keine Aufträge mehr und den größeren Firmen fehlten die Arbeiter.
Siehe dazu den „Lagebericht über die Lage der Bauwirtschaft" S. 112.

250 Vgl. dazu Fußnote 160.

251 Vgl. dazu S. 52.

252 StAK Nr. 45821. (Auszug aus der Niederschrift über die Dezernentenbesprechung v. 15.10.1940)

253 LAS Abt. 371, Nr. 1509. (Der Baubevollmächtigte LS, Bauleitung Kiel an G. B.- Bau, Kiel v. 5.2.1944)

254 StAK NüSdGRä 1944, S. 145r. (Niederschrift über die Beratungen mit den Ratsherren v. 29.6.1944)

255 Plöger 1980, S. 65.

256 Nordelbisches Kirchenarchiv 18.11.02 (Kirchengemeindeverband Kiel) Nr. 418.

257 OFD Bund SHVK64 (Bunkerliste ohne Datum). Vgl. dazu Tabelle 28, S. 180.

258 OFD Bund SHVK64. (Aktenvermerk Stadtoberbaudirektor v. 19.7.1945)

259 OFD Bund SHVK64. (Brief OB, Städtische Grundstücksverwaltung an Mil. Gouverneur v. 4.9.1945)

260 OFD Bund SHVK64. (Brief Pastor Both, Elmschenhagen an Mil.Gouverneur v. 8.6.1945)

261 Sonderkarte des Stadtbauamtes Kiel, 1997.

262 Beim Neubau des Schlosses wurde ein völlig neuer Bunker unter dem Schloß errichtet. Der neue Bunker wird auch als Tiefgarage genutzt.

263 LS-Recht 1943, S. 156.

264 LAS Abt 371, Nr. 1440. (Stadtplan) Zum Einsatz von Bautruppen des Heeres bei Brandmauer-durchbrüchen siehe S. 44.

265 StAK Nr. 45821. (Schreiben Kdo. Marinestation Ostsee, Chef d. Stabes an OB Kiel v. 15. 3. 1940.)

266 Baulicher Luftschutz 1944, S. 19 – 24.

267 Statistik Kiel Nr. 24, S. 10.

268 Statistik Kiel Nr. 24, S. 12-18. Siehe dazu Tabelle 25, S. 167 und Tabelle 22, S. 164.

269 BauBestLS-Bunker 1940, Hefte I und II.

Beim Bau wurde wohl auch damals schon von manchen Firmen oder deren Mitarbeitern „ge-pfuscht". So wird gerüchteweise erzählt, daß sich der Bauleiter des Tiefbunkers an der Gablenz-brücke erschossen habe, weil die Betonfestigkeit nicht den vorgeschriebenen Standard erreicht habe. Der Bunker sei nämlich 1 Tag vor der offiziellen Übergabe von einem Bombentreffer durch-schlagen worden. Der Bauleiter habe wohl befürchtet, für mangelhafte Arbeit verantwortlich gemacht zu werden. (Mitgeteilt durch Herr Petereit).

Insgesamt muß man aber feststellen, daß die Betonqualität der noch vorhanden Bunker außer-ordentlich hoch ist. Der „Zahn der Zeit" hat den meisten Bauten bislang wenig anhaben können.

270 StAK Nr. 45826 und MG-Archiv (Anschreibebuch).

271 Der Bunker ist nie gebaut worden. Die Gründe dafür sind unbekannt.

272 StAK Nr. 45826. (Liste Kieler Stollenbauten, Stand 15.2.44)

273 StAK Nr. 45826, 43420, 43506, 44492, 43940 und OFD Bund VV 2908 (04412), BV 15/152. (Hum-melwiese)

274 Neitzel 1991, S. 92.

275 Diese war auf Veranlassung des Reichsinnungsverbandes des Bauhandwerks, Gaugeschäftsstelle Schleswig-Holstein aus verschiedenen Handwerksbetrieben unter Führung eines Baumeisters De-cker aus Schwetzingen/Bad, gebildet worden. Welche Firmen sich im einzelnen hinter dieser Be-zeichnung verbargen ist unbekannt. (LAS Abt. 371 Nr. 1359 II).

276 LAS Abt. 371 Nr. 1359 II (Schreiben Reichsinnungsverband des Bauhandwerks, Gaugeschäftsstelle Schleswig-Holstein v. 7.4.43) Neitzel 1991, S. 93.

277 LAS Abt. 371 Nr. 1359 II. (Schreiben Bevollmächtigter Bau, Oberbauleitung Kiel v. 13. 5. 43)

278 LAS Abt. 371 Nr. 1359 II. (Schreiben Reichsinnungsverband des Bauhandwerks, Gaugeschäftsstelle Schleswig-Holstein v. 7.4.43)

279 OFD Bund VV 2908 (04412), BV 15/152; (Hummelwiese) und LAS Abt. 371 Nr. 1359 II.

280 OFD Bund VV 2908 (04412), BV 15/152. (Hummelwiese)

281 Vgl. dazu S. 51 und Fußnote 204.

282 Foedrowitz 1998a, S. 42.

283 StAK Nr. 45796. (Schreiben G. B. –Bau, Sonderbauleitung Kiel an Stadtplanungsamt v. 16.12.1941)

284 OFD Bund VV 5099 (04412), BV 15/152. (Hollmannbunker)

285 StAK Nr. 45796. (Vermerk Stadtplanung v. 5.2.42). Nicht alle Bunker aus der Liste wurden auch gebaut.

286 OFD Bund VV 2908 (04412), BV 15/152. (Hummelwiese)

287 StAK Nr. 45821. (Besprechungsprotokoll v. 30. 8. 1940) Vgl. dazu S. 52.

288 StAK Nr. 45824 (Vermerk des städtischen Bauamtes an OB, Kiel v. 28. 2. 1941).

289 StAK Nr. 45822. (Anlage zum Schreiben GB II/3814/40g)

290 StAK Nr. 45822. (Anlage zum Schreiben GB II/3814/40g)

291 LAS Abt. 371 Nr. 1462. (Lagebericht über die Lage der Bauwirtschaft. Der Absender ist unbekannt, möglicherweise war es die Dienststelle des Gaubevollmächtigten des G. B. –Bau in Kiel. Text des Berichtes siehe S. 112.)

292 Zu den Gründen für die Abwanderung von Firmen ins Ausland siehe auch Abs. 1 des Lageberichts über die Lage der Bauwirtschaft, S. 95.

293 Seidler 1987, S. 243.

294 LAS Abt. 371 Nr. 1359 II. (Schreiben Baufirma Heinrich Butzer, Hamburg v. 19. 6. 43)

295 LAS Abt. 371 Nr. 1359 II. (Schreiben Firma Lagoni, Kiel v. 19. 8. 1943)

296 Am Langsee befand sich ebenfalls ein Gemeinschaftslager.

297 OFD Bund VV 2908 (04412) BV 15/152. (Hummelwiese)

298 LAS Abt. 309 Nr. 34666, Bd. 2. (Schreiben RegPräs Schleswig an Reichsarbeitsminister v. 07. 10. 43)

299 LAS Abt. 309 Nr. 34666, Bd. 2. (Schreiben RegPräs Schleswig an Reichsarbeitsminister v. 07. 10. 43)

300 LAS Abt. 309 Nr. 34666, Bd. 2. (Schreiben RegPräs Schleswig an Reichsarbeitsminister v. 23. 02. 44)

301 Ripplinger war pensionierter Bergbauingenieur. Er wohnte in Eckernförde und betreute im Kriege den Stollenbau in mehreren Städten Schleswig- Holsteins und Mecklenburgs. (LAS Abt. 309 Nr. 34666)

302 LAS Abt. 309 Nr. 34666. (Schreiben Ripplinger an Gewerbeaufsichtsamt Schleswig v. 28. 01. 1944)

303 LAS Abt. 371, Nr. 1509. (Schreiben „Baubevollmächtigter RM Speer, Bauleitung L.S. Kiel" an „Gaubeauftragten für die Regelung der Bauwirtschaft" v. 5. 2. 44.)
(Text des Schreibens siehe S. 109)

304 LAS Abt. 371, Nr. 1509. (siehe dazu auch Text S. 109)

305 Foedrowitz 1998a, S. 55.

306 Mitgeteilt durch Herrn Scharbau.

307 Foedrowitz 1998, S. 50.

308 LAS Abt. 371, Nr. 1461. (Zementzuteilung für Juli 1941)

309 Foedrowitz 1998, S. 49.

310 LAS Abt. 371, Nr. 1510. (Baustoffsparaktion; G. B. Bau, Anordnung Nr. 22 v. 8.12.41)

311 StAK Nr. 45796. (Schreiben GB-Bau Reichsminister Todt v. 19.2.42)

312 LAS Abt. 371 Nr. 1434. (Zementzuteilungen für den Wehrkreis X im Dez. 1942)

313 LAS Abt. 371 Nr. 1462. (Lagebericht über die Lage der Bauwirtschaft v. Jan. 1943) Siehe dazu den Bericht S. 95.

314 StAK Nr. 45796. (Brief Stadtplanung Kiel an G. B. –Bau, Sonderbauleitung Kiel v. 17.6.42)

315 Foedrowitz 1998a, S. 80.

316 Mitgeteilt durch Herrn Scharbau.

317 L. Dv. 755, Anlage 6, Richtlinien für die Durchführung des Luftschutzes in Museen, Büchereien, Archiven und ähnlichen Kulturstätten v. 26. August 1939.

318 Hampe 1963, S. 512.

319 Hampe 1963, S. 512.

320 Hampe 1963, S. 513.

321 Hampe 1963, S. 512.

322 Gas- und Luftschutz 1942, S. 215- 219.

323 Bei diesem Angriff fielen insgesamt nur 4 Bomben auf die Stadt. Eine davon traf das Schloß. (Mitgeteilt durch Herrn Stoltenberg)

324 Seebach 1965, S. 173.

325 Talanow 1978, S. 63.

326 Zu Verlusten/Verbleib von Kulturgut in Kiel siehe Tabelle 14, S. 127.

327 KNN v. 29. 4. 1942.

328 LAS Abt 371, Nr. 1359 II.

329 NEK Archiv 18.11.00 Nr. 50 - 816.

330 Talanow 1978, S. 63. Am 18. Mai 1944 zerstörte ein Bombenangriff das Museum. Das Nydamboot überstand den Krieg an seinem Auslagerungsort und kam 1947 ins Schloß Gottorf bei Schleswig.

331 Talanow 1978, S. 77.

332 LAS Abt. 371, Nr. 1509

333 LAS Abt. 371 Nr. 1462. (Lagebericht über die Lage der Bauwirtschaft)

334 NEK - Archiv 18.11.00, Nr. 50 - 815.

335 Gem. „Statistisches Jahrbuch der Stadt Kiel 1950, Nr. 1" hatte Kiel 1939 nur 265.443 Einwohner.

336 Siehe Liste auf S. 172.

337 StAK Nr. 34327.

338 Siehe dazu Absatz 2, S. 139 „Ungeklärte Bunkerstandorte".

339 OFD Bund SHVK64.

340 Foedrowitz 1998a S. 150.

Eigene Notizen

Eigene Notizen	

* * *